台灣經濟論叢 12

台灣金融體制之演變

于宗先、王金利／著

中國經濟企業研究所／編

序

　　金融之於一國經濟猶如血液之於人之身體。金融之重要，隨著台灣經濟之由農業經濟爲主流轉變爲以工業經濟爲主流，再由工業經濟爲主流轉變爲以e化經濟爲主流，益加明顯，這是一般人所感受到的經驗。雖然台灣經濟發展迄今已有近60年的歷史，而且台灣經驗，無論對開發中國家，或對本身均彌足珍貴，然而坊間有關這方面的專書尚付闕如。我們感其需要，乃決定撰寫這方面的專書，一則彌補此方面的缺陷，另外也希望引發同道者繼續從事這方面的研究，使台灣的寶貴經驗淬礪成值得令人欣賞的鑽石。

　　自1950年代台灣啓動經濟發展以來，到二十一世紀的今天，金融經濟扮演日趨重要的角色。作爲其核心的金融體制也有了很大的轉變。爲了檢討其演變的過程及其所發揮的功能，我們將金融體制之演變，按台灣經濟發展之由管制時期轉變爲鬆綁時期，再由鬆綁時期轉變爲自由化時期三個階段來敘述。其實，爲迎合工商業及一般社會大眾的需求，在每個時期，金融體制都有些改良。

在台灣經濟發展過程中，金融與財政，這兩種機制，直接關係到經濟的榮枯，而政府在運用這兩種機制時，如雙面刃的劍。運用得當，經濟會繁榮；運用失當，經濟會衰敗。比較言之，財政體制較爲穩定，主要受制於國內因素，不會一日數變，但金融體制則不然，像資本市場、外匯市場、期貨市場，不僅經常在變，而且受國際因素的影響很大，一場金融風暴的來臨，會使一國經濟面目全非。爲了防止金融風暴的發生，政府曾經再三運用它那隻看得見的手，雖然產生了些不良的後遺症，即所謂「道德危機」，但總算使台灣安然度過金融風暴的洗禮，而不致發生全面蕭條的境遇。

1980年代後期以來，台灣金融體制曾經歷數次國內外的挑戰，三次泡沫經濟的發生與破滅，對台灣金融體制而言，都是嚴峻的考驗，使社會大眾認識到資本市場也是個有風險的市場，但不是個賭場。與此同期間，爲加入世界貿易組織（WTO），須符合其基本要求，於是開放民營銀行的設立，積極推動公營銀行民營化，以及允許利率與匯率的自由變動。於是銀行業的競爭加劇。爲了擴大經營規模，增強競爭力，政府准許銀行、證券和保險三業綜合經營。因此，金控公司於焉設立。爲了擴大經營範圍，各家銀行推出許多衍生性金融商品，供社會大眾選擇。

在金融經濟發展過程中，每當金融體制跟不上環境的變遷及工商業的需求，政府便採取一些改革措施，而這些措施都是漸進式，非盲目式或急進式。從人們習性上，任何一種制度如行之日久，容易成爲一種習慣。如果猛然改變這種習慣，必然

會引起反彈，抵銷改革的效果，如利率的決定、匯率的決定，都是採用漸進式的。無可否認，如匯率的升值或貶值不是一步到位，也會引起投機行為，從而抵銷政策的效果。近年來，由於銀行、證券和保險三業可綜合經營，乃引起金融業者的合併、購併等方式，雖然增大了經營規模，但也造成了不少失業問題；更可議的是，不少金融業者對員工的雇用，採取派遣方式（或委外方式）。對於這種雇用方式，如果缺乏完備的配套措施，也會為社會製造不安。

本書初稿完成後，為減少錯誤起見，我們邀請到三位對金融理論有深厚造詣，對金融實務有豐富經驗的學者負責審閱，他們是陸民仁教授、李庸三教授和邱正雄教授；而他們三位中，李、邱兩位教授曾是政府金融政策擬定者與推動者，又曾是民營金融機構的負責人，對金融政策的實踐有親身經驗，對於他們認真與熱心的指正，我們感激莫名。同時，在撰述過程中，蒙黃國樞先生不辭辛勞地校閱與改正錯誤，胡美雲小姐和黃素娟女士之耐心打字，或蒐集統計資料，都是完成本書的功臣，特在此一併致謝。如本書仍有謬誤之處，全由作者負責。

對於資助這本書撰寫的俞國華文教基金會，雖在利率大幅下滑、收入欠豐的情況下，仍能撥出我們需要的補助，使我們順利完成這本書的撰寫工作，更感恩重難忘。

于宗先、王金利 謹識

目次

序……………………………………………………………………………i

第一章　導論………………………………………………………1
　第一節　撰寫本書的動機………………………………………1
　第二節　金融體制演變的動力…………………………………4
　第三節　台灣金融自由化的歷程………………………………7
　第四節　台灣金融體制所存在的問題…………………………14
　第五節　金融體制之改善………………………………………17
　第六節　本書架構………………………………………………25

第二章　台灣金融體制演變過程…………………………27
　第一節　經濟嚴格管制時期的金融體制………………………28
　第二節　經濟管制鬆綁時期的金融體制………………………42
　第三節　經濟自由化時期的金融體制…………………………53

第三章　金融機構的家數與營運 ················· 69

第一節　台灣現行金融體制 ····················· 69

第二節　金融機構的家數與其變化 ············· 75

第三節　金融機構的營運 ······················· 98

第四章　金融市場 ······························· 119

第一節　直接金融與間接金融 ················· 119

第二節　貨幣市場 ····························· 122

第三節　資本市場與衍生性金融商品市場 ······· 137

第四節　保險市場 ····························· 166

第五節　外匯市場 ····························· 171

第五章　金融監督管理制度之演變 ··············· 175

第一節　金融監督管理的法律架構與體系 ······· 175

第二節　金融行政管理與其機構 ··············· 186

第三節　金融檢查 ····························· 194

第六章　公營銀行民營化 ······················· 207

第一節　公營事業為何要民營化 ··············· 208

第二節　公營銀行與國際競手 ················· 213

第三節　公營銀行民營化推行成效 ············· 216

第七章　股市泡沫的發生與破滅 ················· 231

第一節　股市泡沫發生的背景與狀況 ··········· 232

第二節 股市泡沫與金融體系 ……………………… 249

第三節 股市泡沫破滅後的省思 ………………… 254

第八章 金融危機與金融改革 ……………… 259

第一節 問題金融機構與金融危機 ……………… 259

第二節 問題金融機構、金融危機與處理機制 ……… 268

第三節 危機後的金融改革 ……………………… 287

第九章 台灣金融體制之特質 ……………… 305

第一節 政府對金融體制之態度 ………………… 306

第二節 金融機構不夠健全的形態 ……………… 310

第三節 股民行為不當風氣 ……………………… 316

第十章 金控體制下之台灣金融 …………… 319

第一節 金融機構經營業務綜合化的發展 ………… 319

第二節 台灣存在金融集團嗎 …………………… 326

第三節 金融控股公司與其發展 ………………… 334

第四節 金控公司的地位與影響 ………………… 346

第五節 對金控體制的評價 ……………………… 352

第十一章 全球化與台灣金融體制 ………… 355

第一節 全球化在金融領域的意義 ……………… 355

第二節 直接投資(FDI)的全球化 ……………… 356

第三節 直接投資與外交政策 …………………… 359

第四節　間接投資的全球化 ……………………………………… 362

第五節　金融機構設置全球化 …………………………………… 364

第六節　外匯可自由移轉 ………………………………………… 365

第七節　金融機構因應全球化的對策 …………………………… 366

第十二章　金融在經濟發展中之角色 ………………………… 369

第一節　金融發展與經濟發展 …………………………………… 369

第二節　金融在經濟發展過程中的角色 ………………………… 379

第十三章　結論與政策意涵 …………………………………… 391

第一節　結論 ……………………………………………………… 391

第二節　政策意涵 ………………………………………………… 394

參考文獻 …………………………………………………………… 401

一、中文部分 ……………………………………………………… 401

二、英文部分 ……………………………………………………… 414

索引 ………………………………………………………………… 417

圖表次

圖次

圖3.1 金融體制圖……………………………………………………71

圖3.2 銀行業圖………………………………………………………77

圖4.1 證券市場整體組織結構與其參與者………………………141

圖12.1 金融機構資金流入率與融通比率…………………………387

表次

表2.1 1950年代台灣金融機構家數………………………………31

表3.1 歷年來台灣地區銀行家數變動情形………………………81

表3.2 台灣地區存款貨幣機構家數的變動情形…………………87

表3.3 縣市別本國貨幣機構分布情形……………………………91

表3.4 台灣地區各類金融機構家數統計表………………………93

表3.5 各類金融機構存款餘額與所占比例………………………100

表3.6 各類金融機構放款餘額與所占比例………………………103

表3.7 各類別金融機構放存比率…………………………………104

表3.8 各類金融機構資產比例……………………………………106

表3.9　各類金融機構放款占資產之比例‥‥‥‥‥‥‥108

表3.10　台灣地區各類金融機構淨值與其比例‥‥‥‥‥109

表3.11　金融機構逾放比例‥‥‥‥‥‥‥‥‥‥‥‥111

表3.12　金融機構逾放金額‥‥‥‥‥‥‥‥‥‥‥‥111

表3.13　台灣地區整體銀行資產品質‥‥‥‥‥‥‥‥112

表3.14　2004年3月各家銀行營運狀況‥‥‥‥‥‥‥114

表4.1　間接金融與直接金融之存量‥‥‥‥‥‥‥‥121

表4.2　直接與間接金融之流量‥‥‥‥‥‥‥‥‥‥122

表4.3　貨幣市場主要金融工具發行額‥‥‥‥‥‥‥129

表4.4　貨幣市場主要金融工具交易額‥‥‥‥‥‥‥129

表4.5　市場各種類別利率‥‥‥‥‥‥‥‥‥‥‥‥132

表4.6　2003年貨幣市場各類別金融工具利率‥‥‥‥133

表4.7　貨幣市場交易的參與者‥‥‥‥‥‥‥‥‥‥134

表4.8　2003年票券金融公司營運比較‥‥‥‥‥‥‥136

表4.9　有關股市規模統計資料一覽表‥‥‥‥‥‥‥153

表4.10　上櫃規模‥‥‥‥‥‥‥‥‥‥‥‥‥‥‥‥155

表4.11　台灣股市收盤價高低情形‥‥‥‥‥‥‥‥‥157

表4.12　各類債券發行概況‥‥‥‥‥‥‥‥‥‥‥‥162

表4.13　歷年來各類債券交易情形‥‥‥‥‥‥‥‥‥164

表4.14　保費收入‥‥‥‥‥‥‥‥‥‥‥‥‥‥‥‥168

表4.15　保險業發展指標‥‥‥‥‥‥‥‥‥‥‥‥‥169

表4.16　保險業資金運用情形‥‥‥‥‥‥‥‥‥‥‥171

表5.1　台灣地區金融檢查制度之沿革‥‥‥‥‥‥‥200

表6.1　公營銀行移轉為民營情況‥‥‥‥‥‥‥‥‥223

表6.2　2004年3月公營銀行市場占有率……………………………224

表7.1　台股在泡沫期間的股價與其相關重要訊息………234

表7.2　1980年代台灣重要經濟指標………………………………236

表7.3　台股融資餘額…………………………………………………250

表8.1　1990年代金融機構擠兌事件與善後處理情形………274

表8.2　中央存款保險公司各年度大事紀要所示遭擠兌
　　　或異常提領的金融機構……………………………………277

表8.3　1998年下半年來台灣企業發生財務危機的集團
　　　與公司………………………………………………………284

表8.4　本國銀行轉銷呆帳金額彙總表………………………………293

表8.5　本國銀行資產品質統計………………………………………293

表8.6　金融機構逾放比率……………………………………………295

表8.7　重建基金處理經營不善金融機構一覽表……………298

表8.8　信用合作社遭受合併情形一覽表……………………………300

表8.9　銀行間與票券金融公司的合併情形…………………301

表10.1　台灣金融集團股權結構及主要從事業務…………328

表10.2　台灣金融集團企業的金融事業機構……………………330

表10.3　金融控股公司成立一覽表…………………………………339

表10.4　金融控股公司的發展………………………………………342

表10.5　2004年12月金控公司銀行子公司財務資料………348

表10.6　2004年金控公司票券金融子公司財務資料………349

表11.1　對外(外人來台)直接投資……………………………………358

表12.1　以與GDP比所示的金融深化指標………………………375

表12.2　以與人口比所示的金融深化指標………………………378

表12.3　歷年國民儲蓄流入金融機構比······························382
表12.4　歷年金融機構對投資資金的融通比率··················385
表12.5　家庭部門及非營利團體金融性資產結構··············389
表12.6　家庭部門及非營利團體金融性資產結構比··········390

第一章
導論

第一節　撰寫本書的動機

　　隨著時代的嬗遞，社會環境的變遷，金融對一國經濟活動愈來愈重要，而其重要程度，猶如血液之於人體。尤其自二十世紀末葉以來，由於台灣逐漸進入以金融經濟為主流的時代，我們已體認到：如果金融體制之演進不能配合時代之脈動、環境之需要，那麼國家的經濟活動就會因此而問題叢生，甚至癱瘓。

　　金融對一國經濟活動既然如此重要，1960年代後期台灣經濟已由農業為主的經濟進展為以傳統工業為主的經濟；1990年以來，又從傳統工業進展為以高科技工業為主的經濟，或者以知識經濟為基礎的經濟。台灣金融與台灣經濟發展到底有多大關係？也就是說，它對台灣經濟發展曾起了多大作用？這是很多人想要知道的答案，這是撰寫本書的第一個動機。

自1990年以來，金融問題不再是一國之內的大事，而是一個區域或全球性的問題。由於對外投資之頻繁，資金流動不分畛域，以及網絡的發達，資訊之傳遞無遠弗屆，任何一地區發生了金融危機，甚至不必通過資金的交流，即在各地引起了反應。像1997至1998年泰國爆發金融危機，一夕之間即傳染到東南亞國家，接著東北亞國家也身受其害，甚至波及俄國和墨西哥的金融，使其產生了危機。只有金融體制健全的國家，始可免遭波及。這是撰寫本書的第二個動機。

同時，我們也體認到：金融不僅對一國經濟重要，對個人經濟也格外重要。作為交易媒介的貨幣已從有形變為無形，交易過程已從當期變為遠期，新發展的衍生性金融商品愈來愈多，也愈來愈不可捉摸。更重要的是，對很多國家而言，銀行、證券和保險的經營已由分離演變為合併。這種轉變也正考驗台灣的金融體制是否有能力承擔這種變化，而無後遺症。這是撰寫本書的第三個動機。

任何制度都會有慣性，一旦有了慣性，就會使人墨守成規，不願改革。應改革而不改革，到後來就會付出很高的代價。然而，由於時代的推移，經濟環境的變化，台灣的金融制度需要因應這些變化而不斷地改革。在過去50多年來，台灣金融制度確有多次的改革。它的改革究竟來自哪些力量？是自發的，還是外來的？到現在為止，台灣的金融體制較西方先進國家仍屬落後，其原因何在？這是撰寫本書的第四個動機。

就我們的了解，在台灣一般大學教科書中，所講授的金融一課，大都是西方國家的金融體制、金融問題及政策，對台灣

金融反而較少涉及；尤其對過去60年間台灣金融體制演變的論述，除對金融專題有些論文外，尚缺少一份系統完整的專書。這是撰寫本書的第五個動機。

　　金融體系是將社會大眾的儲蓄，通過銀行的運作，貸給社會上的需求者。在台灣，這三者相互聯繫的管道，一直不夠暢通。即使到了1980年代，除大型企業及部分中型企業的融資可利用銀行外，一般小型企業或消費者在需要資金時，仍無法很順利利用銀行這個管道，他們多數由地下金融組織，如銀樓、當鋪、標會等，以較高的代價，解決融資問題。即使大企業向銀行借錢，除必要的金融報表外，或以等值的不動產做抵押，或以超值的股票、債券做質押。問題在於金融機構對借錢者缺乏信心。對於建立信心，是否有可利用的機制？這是撰寫本書的第六個動機。

　　在台灣，較受人注目的，是自1980年代開始所發生的金融危機，而其所產生的影響相當深遠，諸如國泰信託、亞洲信託、華僑信託、十信、花信等均出現金融危機，其中國泰信託金融危機對政府之衝擊為最大，它不但使一個財團崩潰，也使兩位財政部長掛冠而去。到了1990年代，又陸續發生數個金融危機的案件，如國際票券、宏福證券、中聯信託和台中商銀，其影響範圍也相當大。政府處理這些案件時，自始即利用了「概括承受」的辦法。政府的用心是考慮到一旦金融機構坍台，受害的是一般存款人眾，即他們的存款會付諸流水。可是這種拯救有問題金融機構的方式，也使一般金融機構產生一種錯覺，即一旦有了危機，政府一定會想辦法拯救，結果有不少金融機構

利用社會大眾的資金，中飽私囊，然後拖垮這些金融機構。為了健全金融體制，如何消除製造這種「道德危機」（moral hazard）的心理，這是撰寫本書的第七個動機。

在經濟落後時期，一般人認為錢莊是只賺不賠的生意，因為他們看到了開錢莊的人都是富有的人。到了工業化時期，一般人認為開辦銀行是只賺不賠的生意，尤其是在公營金融機構獨占金融業時期，每家公營銀行每年上繳的歲計盈餘，都在百億元之上。1990年，政府開放民營銀行設立時，有些銀行招募股東，不少人用出售房地產的錢投資新設的銀行，成為其股東。一旦銀行股票上市，他們認為一夜之間，股價會增值四、五倍。因此，民營銀行一開放設立，即有16家獲准。台灣金融市場本來就不大，一個2300萬人口的海島竟然有如此多的銀行設立。除此，又准許信合社改制及外國銀行來台設立分行。一時之間，台灣銀行密度之高為世界之冠，其競爭激烈情況可想而知。在這16家民營銀行中，家族財團所擁有的銀行數目占大多數。這種現象到底代表了什麼？這是撰寫本書的第八個動機。

第二節　金融體制演變的動力

台灣的金融自由化並不是水到渠成、自然演變的，而是受到外來的壓力、內在的推力，以及客觀環境的變化而形成的。僅有外來的壓力，而無內在的推力，其效果有限；僅憑內在的推力，而無外力相互支應，也會有無力感。如果具有了這兩種力量相互支應，再配合上客觀環境的有利變化，才能對執政當

局產生難以抗拒的壓力[1]。其實，大多數的制度之改變都是被動的，自動的先例並不多。就台灣金融制度之由管制到鬆綁，然後到自由化的演化，是通過一段實地試驗的過程。

一、外來的壓力

在1980年初期，經濟自由化、國際化在已開發國家掀起了巨大的浪潮，衝擊各國的經濟管制制度。金融自由化則是這個浪潮之下的一個重要支流。以台灣情況而言，為響應經濟自由化、國際化的潮流，政府於1984年宣布要推動經濟自由化、國際化。但是政府並未劍及履及地採取實施作業。在當時，只具標籤的意義。與此同時，對外貿易擴張迅速，尤其對美國貿易擴張更快，因此所創造的出超曾高達國民生產毛額的20%。為了改善貿易逆差，美國政府與台灣政府年年進行貿易談判，要求台灣減少對美國的巨額順差；減少的途徑，就是讓新台幣隨金融市場波動而波動。當政府試圖讓新台幣對美元升值時，也是一步一步，用漸進的方式，使新台幣兌換美元的匯率鬆綁。其用意，主要怕新台幣自由變動會失去控制；一旦失去控制，便會有不可收拾的局面。

2000年底以前，台灣尚不是關稅暨貿易總協定（GATT）的會員，在與GATT會員國進行貿易時，享受不到GATT會員應有的待遇，因此，貨物出口到這些國家，通常被課以較高的關稅，從而削弱了出口品的競爭力。為了準備加入GATT及以後改變成

1　于宗先、王金利，《一隻看得見的手》，頁17、101-106。

立的世界貿易組織（WTO），試圖使金融自由化是需要的。

二、內在的推力

　　經濟自由化、國際化一向受到經濟學者的支持。自1980年以還，無論報章雜誌的社論、專欄，討論經濟自由化、國際化的論調不絕如縷。政府經常接受到類似的建議，早日使金融的管制體制得到鬆綁的機會。而且自1980年以來，反對經濟自由化、國際化的論調並不多見，表示學術界及輿論界對這個問題有一致的看法。況且每年都有很多國內及國際學術性會議的召開，在議案中，經常討論到經濟自由化、國際化的議題。例如政府於1985年成立經濟革新委員會，該會參加者包括財經官員、學者專家及工商界領袖，經半年時間的會商，提出有關經濟自由化的建議，金融方面包括：

　　（一）提高公營銀行經營自主性。
　　（二）開放民營金融機構設立。
　　（三）銀行存款利率逐步自由化。
　　（四）適度放寬外匯管制。
　　（五）維持金融秩序，強化金融管理。
　　（六）強化貨幣市場。
　　上述建議，到1980年代後半期才逐一實施。

三、安定與富裕產生的信心

　　到了1980年代，台灣社會相當安定，兩岸關係開始緩和，因為中國大陸正推動對內經濟改革，對外開放政策，而且在這

方面，借鑑於台灣的經驗相當多，兩岸兵戎相見改變爲海上物物交換貿易，形成了社會安定、人心安定的局面。同時在1980年後期，台灣普遍富裕起來，有所謂「台灣錢淹腳目」的論調。這種現象予執政當局以信心，認爲使金融自由化不會造成資金外流，導致國內資金匱乏現象；況且台灣連年出超，外匯資產大量累積，其數額之大，僅次於日本，成爲世界第二位。處在這種情況下，何懼資金外逃？於是政府逐漸有了信心，始敢鬆綁對金融方面的各種管制。

　　1980年代末期所形成的泡沫經濟，終於1990年爆破。自此之後，台灣經濟由勞力密集產業爲主導步入以技術與資本密集產業爲主導，但過去，台灣的高速經濟成長也開始趨緩。政府開放民營銀行的設立，更加大了金融自由化的空間，無論利率、匯率的變動不再受政府的直接操縱，這使台灣金融體制有了與國際規範接軌的條件。

第三節　台灣金融自由化的歷程

　　在一個經濟落後，民生凋敝，而物資極度匱乏，且物價又飛漲的社會，它的政府在「粥少僧多」的環境下，往往採取管制措施，台灣亦不例外。就台灣的金融體制而言，它是經過嚴格管制、鬆綁、局部自由化和全面自由化的歷程。

　　關於金融自由化，能否一步到位？一向有兩種不同的看法，一種是一步到位的金融自由化，另一種是逐步的金融自由化。關於前者，1970年代後期，拉丁美洲的國家全面開放民營

銀行的設立，不久即爆發金融危機。有鑑於此，台灣是採取循序漸進的方法，也就是一步一步地開放，以免爆發金融危機。

金融自由化包括匯率自由化、利率自由化、金融市場自由化（包括金融機構設立自由化）、外匯市場自由化與資本帳開放等。不過，我們先從二戰後幣制改革論起，因為當時的金融情勢是形成金融管制的主要原因。

一、幣制改革

在二次大戰後，國民政府接收台灣，首先是法幣對台幣的兌換問題。1946年5月22日，台幣對法幣的兌換率為1：30，即1元台幣可兌換30元法幣；到8月21日，調整為1：40。為隔離大陸惡性通貨膨脹對台灣經濟的影響，法幣對台幣的兌換率不斷調整。到1947年12月24日，調整為1：90，顯示法幣貶值之快。1948年1月15日至8月19日，共調整70次，兩者之兌換率已改為1：1,635，由於大陸經濟局勢惡化，同時物價飛漲，法幣幾被視為廢紙，政府乃改採金圓券以取代法幣，並訂為1：1,835，即1元金圓券可兌換1,835元台幣。兩個月後，改採機動兌換率，即1948年11月1日台幣兌金圓券為1：1,000；1949年1月6日，升為1：190；到1949年5月27日大陸河山絕大部分陷於中共之手，國民政府開始撤退來台，其兌換率為1：2,000，至6月，大陸易手，兩岸匯兌終止。

1949年6月15日，台灣省政府實施幣制改革，發行新台幣代替原台幣，新台幣1元兌換舊台幣4萬元，即1：40,000。

二、匯率制度改革

　　1950年代，外匯極端缺乏。為限制進口，並保護本國產業，採複式匯率，使用結匯證，即對不同的進、出口商品，採用不同匯率，由於缺乏客觀公平標準，使利益分配不均，扭曲價格機制，乃於1958年4月12日將匯率改為兩種：一為台灣銀行掛牌的基本匯率1：24.78，適用於民生物資進口；另一種為基本匯率加結匯證，適用於其他一切結匯，實際匯率為24.78＋11.60＝36.38元。1961年6月1日取消36.38元官價匯率，改訂為40元，無買進賣出之分。至此，複式匯率歸為單一匯率，一直維持到1973年初。

　　至於匯率制度之演變，係由固定匯率制改變為機動匯率制。

(一)固定匯率制：到1970年代，出超增大，而外匯存底累積攀升，貨幣供給大幅增加，物價上漲壓力增強，政府乃調升匯率由1：40改為1：38，升幅為5%。

(二)機動匯率制：1975年下半年起，台灣經濟復甦，出口增加，而出超繼續擴大。1978年7月政府乃使新台幣升值為1：36，升幅為5.56%。同時將固定匯率制度改為機動匯率制度，政府的干預逐漸減少。

(三)議定匯率制：1979年2月1日，中央銀行指定台灣銀行、華南、第一、彰化與中國國際商業銀行的代表與央行代表組成外匯交易中心，議定當日美元對新台幣的匯率。1979年，廢除「外匯清算辦法」，容許民間將所得外匯存入指定銀行持有或供應外匯支出。1980年，僅

　　　　五家銀行的代表參考前一日外匯供需情形，議定當日
　　　　最高與最低美元匯率，唯匯率變動之幅度，係以前一
　　　　營業日買賣平均中價上下各1%為限，到1981年8月，擴
　　　　大為2.25%。

（四）中心匯率制：1982年9月，匯率議定方式改為「中心匯
　　　　率制」，係以當日銀行間美元交易之加權平均匯率為下
　　　　一營業日銀行對顧客交易之中心匯率，每日匯率變動
　　　　幅度以中心匯率上下各2.25%為限。

（五）匯率市場化：1989年4月廢止「中心匯率」，任由外匯
　　　　供需來決定。當時匯率為1：26.12。自此之後，匯率隨
　　　　外匯供需浮動。1992年，新台幣大幅升值，對美金匯
　　　　率為1：25.40；之後，新台幣貶值，1997年曾貶至1：
　　　　32.64，然後，又小幅升值，1999年為1：31.40；至2001
　　　　年，台灣經濟不景氣，新台幣大幅貶值，為1：35.00，
　　　　到2004年底，因為美金對各國貨幣貶值，新台幣匯率
　　　　為1：32.23。

三、利率變動改革

　　台灣的利率制度向為雙元制，一為官方法定利率，適用於
一般金融體系；一為民間非法定利率即黑市利率。民間非法定
利率主要取決於需求迫切程度，一向是自由變動的，既無上限，
亦無下限。官方法定利率在很長一段時間是由政府規定的，後
由銀行公會議定，唯1980年後期取消議定方式。

　　1973年底，物價飛漲，使實質利率成為負值；唯恐銀行存

款流失,乃大幅提升利率。1975年5月政府放寬信用,降低利率。
1980年11月,中央銀行實施「銀行利率調整要點」,重點為加強
銀行公會議定利率的功能,使利率能根據資金供需情況,經常
做小幅之調整。銀行公會係由台灣銀行及其他八家行庫總經理
組成銀行業利率審議小組,負責研議利率調整事宜,適時報請
中央銀行核定銀行之放款利率。除此,不受此審議小組決定的
利率為:發行銀行可轉讓定期存單及金融債券的利率,得由銀
行自行訂定,不受最高存款利率之限制;票據貼現亦得自行訂
定其貼現率。自該「調整要點」公布之後,曾多次調整利率[2]。

　　至於存款準備率原為保障客戶而設,但它的調高或調低,
對銀行利潤、貸款以及貨幣供給會產生影響。自1984年7月起,
即隨經濟環境的變化,做不同程度之調整。調高存款準備率可
減輕工商業成本,亦因存款準備充裕,可避免通貨膨脹心理發
生。

　　到1980年後期,銀行利率審議小組撤銷,讓利率由市場資
金供需來決定。尤其自1991年政府允許民營銀行設立以來,銀
行間競爭激烈,從而壓縮存款利率與放款利率之差距。到2003
年,利率降至最低點,存款年息為1.4%,且對大額存款加以限
制。

四、外匯市場自由化與資本帳開放

　　1971至1984年,可稱為管制性的外匯體制。1979年外匯市

2　李國鼎、陳木在,《我國經濟發展策略總論》(下冊),第八章。

場成立，規定：凡自備外匯者，才能存入外匯存款，亦可自由提取。1984年6月5日台北開辦境外金融業務（亦即OBU, Offshore Banking Unit），唯與居民間之交易仍受管制。1987年7月15日起，外匯管制大幅放寬，採用「匯出從嚴，匯入從寬」政策。起初規定經常帳以外之民間匯出款，每人每年以5萬美元為限，匯入款為500萬美元。1989年6月10日，民間匯入款結匯限額提高為20萬美元，到1991年3月15日，此項匯入款結匯提高至300萬美元。

1989年4月3日，外匯交易自由化，即中央銀行取消銀行間外匯交易之價格限制。1990年，在外匯市場，銀行與顧客間外匯交易自由化，匯率由銀行自訂。同時開放外國銀行在台辦理儲蓄存款與信託業務。

由於匯出、匯入的放寬，民間非銀行部門之長期資本淨流出，由1984年之6億美元增至1989年之74億美元；短期資本淨流出也大幅增加，這有助於國際收入及外匯市場之均衡。

五、為活絡資本市場，政府大幅開放民營銀行的設立、證券市場的開展，以及期貨市場的設立

（一）民營銀行之設立

1965年花旗銀行在台設立分行，為台灣第一家外國銀行，1985年，第一家外國資產管理公司在台設立分支——怡富投顧誕生。1991年開放新銀行之申設，有15家獲准成立；1992年又有一家獲准成立。1988年花旗貴賓銀行成立。對於公營事業民營化，始於1998年，其中部分為公營銀行的民營化，如三商銀（即

第一、華南和彰化銀行）於2000年開始民營化，除此，還有高雄
銀行、台北銀行等。

（二）證券市場之開展

　　1960年9月證券管理委員會成立，1962年10月，證交所開
業，為台灣唯一的證券集中交易市場。1988年全面開放證券商
申設，1989年店頭市場出現。1994年櫃檯買賣中心成立，2002
年證券投資人保護機制成立。

（三）期貨市場之設立

　　1997年期交所成立，1998年7月21日，期交所推出第一個期貨
市場——股價指數期貨契約，1999年7月21日再推出兩個股價指數
期貨，即電子類股價指數期貨，以及金融保險類股價指數期貨。

六、金融改革

　　2000年11月開始推動金融現代化與紀律化，揭露金融機構
業務資訊網站。2000年12月通過金融機構合併法，同時通過金
融重建基金設置及管理條例，成立資產管理公司，處理金融不
良資產。2001年6月，立法通過金融控股公司法，允許銀行、保
險、證券、票券業合併，以減低交易成本，發揮綜合效益。2002
年2月，通過保險條例修正案，存款戶獲得金額保障，從而降低
經營者道德風險。由於自2001年以來，經濟不景氣，許多企業
經營困難，致各公私銀行之逾期放款增大，且瀕臨危險境界，
政府乃於2003年4月實施加速降低本國銀行逾放款措施。2003年
7月，立院通過不動產證券化條例，建立以不動產為標的之金融
市場。同時也通過金融監督管理委員會組織條例，並成立金監

會，落實金融監督一元化，強化監理效能。通過農業金融法，成立農業金庫。至2004年，已有14家金控陸續成立，而各種衍生性金融商品也陸續開辦。

第四節　台灣金融體制所存在的問題

一、金融體制與金融危機

　　經濟愈發達的國家，其金融體制愈健全，也愈進步，此可由歐美的先進國家見證之。反之，凡經濟落後的國家，其金融體制多不健全。像東亞最先現代化的國家和地區，如新加坡和香港，其金融體制也是最進步的。已開發國家並非無金融危機發生，一旦發生，對其經濟也會產生不利影響，不過，它們會採取一些有效措施，使金融危機範圍不致蔓延，而且很快使金融市場恢復正常。至於金融危機在一般開發中國家發生，它的嚴重程度通常都很大，常須費較長的時間，才能使金融市場恢復正常。

　　金融危機發生有很多原因，無不與金融體制有關。在金融體制不良的社會多表現在銀行經營不善，呆帳比例過高，致發生存款戶擠兌現象，如果該銀行無足夠的資金應付，銀行的信用就會破產。由於借貸關係複雜，就會產生骨牌效應，一場金融風暴就會來臨。同時該銀行發行的股票就會大跌，從而又連累到許多股民。這種情況的發生，或由於銀行監理制度不健全，有力的大股東從銀行中大量貸款，從事另種企業的發展，由於該企業虧空過多，幾近倒閉，致無法償還貸款，從而構成該銀

行的危機；或因為貸款對象太集中，而這些貸款企業發生財務
危機，致到期無力償還貸款；因整個經濟不景氣，且達兩年以
上，銀行也會發生金融危機。

　　金融體制之良窳，又與一國經濟之盛衰有關。在許多新興
工業化國家，它們的金融基礎多很脆弱。由於缺乏長期融資的
管道，業者慣以短期貸款做長期投資之用，一遇金融危機，最
先受到衝擊。如果政府的財政赤字和對外貿易赤字並存，也會
容易感染地區的金融危機，像1997年7月2日在泰國爆發的金融
危機，瞬息之間，東亞各國都受到波及。在當時，台灣幸免於
難。考其原因在於外匯豐足，無外債負擔，企業以短期貸款做
長期投資之用者極少，而國家經濟成長率相當高，也無雙赤字
現象，故能逃過一劫。然而，到了1998年秋，由於少數企業過
度玩弄財務槓桿，致周轉不靈，造成企業財務危機，從而也引
發許多銀行逾放比例過高，有少數金融機構陷於危機。政府採
用「概括承受」的辦法，予以拯救，使其免於倒閉。

二、金融體制與泡沫經濟

　　在1980年代末期，台灣和日本均曾發生泡沫經濟，而泡沫
經濟於1990年崩潰之後，台灣和日本同蒙其害，而且長達十四
年之久。泡沫經濟表現在股市和房市，股市和房市又密切聯繫
在一起，相激相盪，形成兩個市場的瘋狂現象。

　　泡沫經濟發生的根源在哪裡？追根究柢是在金融體制的不
健全，才會使股市和房市聯袂瘋狂起來。1980年代是經濟達到頂
峰時代，日本的外匯存底豐碩，每年大量出超，人民儲蓄量大，

社會上游資多，得不到適當的出路，乃湧向股市和房市。因為外匯太多，日本人也在美國購買大量房地產。在日本，諸大都市的房地產不停地上漲，漲價的境界令人咋舌。台灣又何嘗不是如此？外匯存底不斷累積，每年有大量出超，人民儲蓄倍增，「台灣錢淹腳目」，乃導致股價指數由1987年之2,135點上漲到1990年2月之12,400多點，上漲了5.2倍；房地產價格在五年之內也漲了三、四倍。如果匯率制度早在1980年代上半期，即令其自由變動，無論日圓或新台幣均能慢慢升值，則會使出超大幅降低，甚至發生入超現象，從而減緩外匯累積的速度，在這種情況下，股市和房市就不會瘋狂到那種「令人咋舌」的程度。由此可見，金融體制不健全，是爆發泡沫經濟的一個重要原因。

三、公司治理與金融犯罪

進入二十一世紀，台灣的企業，無論大小，仍缺乏現代化的公司治理機制，即使具備了，也是徒具形式，多不能產生制衡作用。一般中小企業的財務不健全是普遍現象。至於一般科技企業或大型企業多未認真地建立起公司治理制度，乃有所謂大股東、會計師和券商結成利益共同體，即大股東對會計師不提供真實資料，或者會計師甘願與大股東合作編假帳，粉飾財務報表，而這種現象早為不少學者指出。同時，國內券商為了多分一杯羹，也同流合污，向金融機構貸款投資。募資成功後，放消息給媒體，誘使散戶買進其所發行的股票，然後大股東出脫股票獲利。如果操作金融遊戲失敗，大股東掏空公司資金曝光，其所發行的股票便成為「地雷股」，像2004年6月發生的博

達公司破產，就是最佳的說明。

　　近年來金融商品發展快速，從而也為犯罪者開闢了新的領域，而犯罪者之應變能力已凌駕在金融法治的防堵之上。復因公權力執行不彰，乃使投資人屢遭欺騙，而且投訴無門。

四、聯貸為政商勾結所利用

　　在台灣金融體制演變過程中，曾創出「聯貸」的行為。所謂聯貸，通常是大型企業需要龐大資金，非一個金融機構所能負擔，乃由一個具影響力的銀行負責規劃聯貸，通常這個負責規劃聯貸的銀行要同貸款的企業直接打交道，由這個主導聯貸的銀行找其他幾家銀行參與。由於主導銀行有較大的影響力，其餘參與的銀行也就不認真去審查貸款企業是否完全符合條件。本來這種方式，一方面可為客戶累積較多的資本，另方面也可分散風險。如果運作適當，可解決巨額融資的問題。可是，關鍵就出在彼此的信任上。如果主導銀行與貸款企業有某些關係，或者因受民意代表說項，而規劃是項聯貸，則易發生逾期放款問題，此類例子在台灣已發生多起，政商勾結的結果為聯貸蒙上陰影。

第五節　金融體制之改善

一、金融風險與存款保險制度

　　金融機構健全與否，主要在於公司治理機制之是否徹底執

行。鑑於台灣經濟自進入工業化階段，財務危機不斷在金融機構發生。一旦發生，受傷害最大的莫過於存款戶，他們的存款主要為節省而來的儲蓄。

政府為了保障金融機構存款人利益，鼓勵儲蓄維護信用秩序，促進金融業務健全發展，乃於1975年初制定存款保險條例，並於1999及2000年修正及增訂，存款保險由主管機構會同中央銀行，設立中央存款保險股份有限公司。該公司對要保機構每一存款人最高保額，由主管機關會同中央銀行定之。自實施以來，存款保險公司對每一要保人存款在100萬元之內者，負責全部賠償，凡超過100萬元之金額則不賠，這種規定對小存款戶比較有利。事實上，一般家庭之存款多超過此一限額，為安全計，只有到不同銀行存款，以符合該存保公司之規定。

起初，採取自由投保之商業經營方式。由於自由投保產生逆選擇問題，健全之大型金融機構均不願參加，財務不健全之基層金融機構因不符合投保資格而無法參加，以致存保公司業務規模無法擴大，又因長期以來被迫採用偏低之保險費率，存款保險理賠基金有限，無法有效發揮存款保險之功能，政府乃於1999年立法修正存款保險條例，改採全面投保制度（蔡進財，2003）。

二、「概括承受」與危機處理

1985年初，台北十信、國泰信託、亞洲信託、華僑信託等金融機構因逾期放款過巨，發生連鎖性擠兌事件，復由於資金流動性不足，危及金融安定與支付系統之運作。政府為防止系

統性風險擴大,乃指定合作金庫「概括承受」台北十信,其餘
問題金融機構由三家國家行局、中國國際商銀及世華銀行予以
接管,以保障存款人權益,擠兌風波方告平息(蔡進財,2000)。

　　自此之後,每遇金融機構發生財務危機,政府就採取「概
括承受」的方式,化險為夷。2001年,農會與漁會的信用部門
經營不善,負債大於資產,財政部乃以迅雷不及掩耳的手段,
下令十家銀行進駐代管36家農漁會信用部,後來並以「概括承
受」方式,併入銀行。在合併過程當中,由會計師計算信用部
資產、負債,計算出差額,然後由金融重建基金將差額撥付予
各銀行。2003年之後,農會主張信用部所使用財產仍登記在農
漁會名下,不得記入信用部資產。當時財政部採取強硬態度,
主張既然信用部實際使用這些資產,就必須連帶移給接管銀
行。此一決定乃埋下日後農漁會的抗爭(《中國時報》社論,2004
年8月1日)。

三、金融機構呆帳問題

　　所謂呆帳或壞帳係指逾期放款(non-performing loan)發生
後,已超出某一期限仍收不回本利的貸款。逾期放款係指貸放
款到期未償還,而且達相當時日。逾期放款過重是金融機構風
險發生的主要原因,衡量逾期放款的指標為逾放比,即:

$$逾放比 = \frac{逾放金額}{貸放金額} \times 100\%$$

逾放比愈高表示金融風險愈大。造成逾放比過高的原因很

多，較重要的爲：(一)貸放對象發生財務危機，而不能解決，累及本身無力償債；(二)對貸放對象的審查不夠徹底與精確，爲貸放對象所提供的財務報告及資產負債表虛假瞞過；(三)經濟嚴重不景氣，房地產低迷，股市不振，致貸款者的抵押品或質押品大幅縮水，無法償還所欠債務；(四)金融機構之貸款常集中某些特定股東，而他們利用所貸的款在發展其他事業時遭遇危機；(五)金融機構成長過速，業務同質性金融機構競爭相同業務，導致惡性循環。

對於解決逾放比過高問題，政府採取以下諸措施：

(一)2000年實施「金融機構合併法」，並納入資產管理公司運作機制。

(二)2001年7月，政府成立金融重建基金，爲期三年(經立法院同意後得延長一年)，專門處理經營不善之金融機構。所謂經營不善之金融機構係指調整後淨值爲負數，且無能力支付其債務者，財務狀況顯著惡化，經主管機構認爲無法繼續經營者。利用重建基金，促使銀行合併或轉讓。該基金之收入，包括過去四年期間之營業稅稅款；過去存款保險費收入；處理經營不善金融機構之收入；本基金孳息及運用等有關之收入；其他經行政院核定之貸款來源。此基金施行迄今，已成功建立台灣問題金融機構退場機制，而金融機構亦積極配合政府金融改革政策，大幅打銷呆帳(蔡進財，頁12)。重建基金有三種功能：即賠付資產管理、收購逾期放款、加入特別股，唯後兩項迄未使用。

四、購併與增大規模

自從全球化的觀念流行以來,「小而美」(the Small the Beautiful)的歌頌之聲愈來愈微弱,而「大而強」(the Large the Strong)成為一般工商業者追逐的目標。在他們的觀念中,規模愈大的企業,對價格形成有決定性的影響力,從而會提高其國際競爭力。於是不論是製造業或金融業多追逐大規模的企業。增大規模專靠自行增資的速度太慢,最快是「借殼壯大」,於是購併便成為一般企業擴大規模的策略。

根據湯姆森金融(Thomson Financial)的調查指出,亞洲(日本市場除外)在2004年的購併案總規模達到1039億美元,年增幅為3.06%,其中,較活躍的購併活動的產業為投資機構與大宗物資產業。總規模達117.9億美元,市占率為14%;其次為金融業,規模達92億美元,市占率為11.4%;然後是通訊產業,規模為49.2億美元,市占率為6.1%。亞洲地區購併最頻繁的國家,首推中國大陸,在總規模中,占30.2%;其次為香港,占16.72%;再其次為韓國,占15.53%

自2001年6月台灣政府通過金融控股公司法以來,迄2004年底為止,已有14家金控公司成立,金控公司的形成,主要是結合銀行、證券和保險三種業務,在一個大公司控制之下運作。如何結合這三種業務,主要是通過合併、購併。合併是不同企業立於同等地位而形成的結合;購併的方式有多種,如「合意購併」,即購併通過公開收購方式,在預定50天內取得公開發行公司已發行股份總額20%以上有價證券者;也可以「拍賣」及「股

份交換」方式,取得公開發行公司股權超過20%者。

　　購併中有所謂「敵意購併」。一旦遭「敵意購併」,最佳的防禦是設法增加「敵意購併」的成本,如金融控股公司依約應給付其高階主管優厚的遣散費或退休金,以嚇阻「敵意購併」;或者以執行「庫藏股」的方式,減少在外籌碼的數量,增加「公司派」的持股比例[3]。以購併方式增大規模是否即具國際競爭力,尚待時間考驗。

五、基層金融之蛻變

　　台灣的合作金融構成台灣的基層金融體制。它包括各地的信用合作社、農會和漁會的信用部。自日據時代迄1991年開放銀行設立為基層金融機構的輝煌時期,直到1991年後,新銀行大量開放設立,漸見窘態。1997年起,少數大型信用合作社改制為民營銀行,這對信用合作社消長影響甚大。

　　1905年,台灣首次出現信用組合,由於銀行多設於都市,廣大農民需求資金則仰賴信用組合。迄1941年止,全台437家信用組合中,專用合作金融者僅剩46家。台灣光復後,信用合作社之上級機構為「台灣產業金庫」,後改組為「台灣省合作金庫」。自光復迄1991年,信用合作社計74家,分行425個單位,在全體貨幣機構中占重要地位,其存款總額占全體金融總存款的13%,而放款總額占全體金融機構放款的11%,而其逾放比率

3　林進富、金文悅,〈金控併購要訣心得(上、下)〉,《經濟日報》(2004年12月22日及29日),A7。

很低，介於0.87%與0.97%之間。

　　信用合作社之重要在於它對地方發展之貢獻。諸如：(一)小型工商自營業者，更新生產設備，可由信用合作社獲得貸款；(二)協助經濟弱者，獲取所需資金，以免受高利貸業者之剝削；(三)吸收社員餘裕資金，將之貸給資金需求者，活絡資金流通；(四)以較低利率貸予資金需求者，防杜高利貸業者橫行[4]。

　　唯自1991年，政府准許設立民營銀行，而且也允許外國銀行在台設立分行，便形成金融同業之激烈競爭，信用合作社家數銳減。同時農、漁會的信用部貸款給非會員之數額大幅增加，其中不乏地方勢力人物的作爲，致信用合作社的逾放比達11%，而農、漁會信用部逾放比更高達21%，所有這些基層金融組織已岌岌可危。到2002年，農、漁會信用部面臨被解體的危機，且曾一度引起農、漁會會員的集體抗爭。2003年7月1日政府成立農業金庫，以解決農、漁會信用部的存在問題。它歸屬於農業委員會管轄，而非財政部的金融部門所管轄，在金融業激烈競爭之下，基層金融能否永續發展而不受侵蝕，尚待嚴峻的考驗。

六、不動產證券化之興辦

　　2003年7月不動產證券化條例完成立法程序。依據該條例，將不動產(包括土地、建築改良物、道路、橋梁、隧道、軌道、碼頭、停車場及其他具有經濟價值之土地定著物)相關權利化爲

　　4　見李儀坤、黃建森，〈合作金融制度之研究〉，《信用合作》，8期(民國93年7月)，頁19-45。

受益證券,向社會大眾公開銷售。其效益為:

(一)活絡不動產市場:經由證券化的商業性包裝,不僅可使身價數億元的不動產,很容易成為社會大眾的投資對象,而且讓擁有不動產的業主得以透過證券化直接自資本市場取得資金,並降低所持有不動產的數量。

(二)增加籌措資金管道:提供不動產擁有人傳統融資管道以外的新的籌措資金方式。根據中華民國建商公會估計,台灣整體不動產總值約77兆元,抵押貸款金額約3兆餘元。由此可見,利用不動產受益證券籌資的潛力不可低估。

(三)提供社會大眾投資理財新工具及增加收益機會:因為不動產受益證券具備利率較高及稅負較低的優惠,可增加投資者的收益。到2004年,金融機構推出各種名目金融債權受益憑證,籌措大量資金,並增加社會大眾投資理財機會[5]。

(四)可帶動國內金融從間接金融走向直接金融的最佳工具:國內債券的初級市場尚可,但次級市場不夠活絡,不僅是因為公司債參與者不足,公司債尚未無實體化,而且也因為債券期貨不夠活絡所致。資產證券化則是導引市場由間接金融轉往直接金融的最佳標的。

不動產證券化早在30年前,美國即已建立。為使台灣不動產證券化具有優良機制,在發展初期,不僅要吸取外國經驗,

5　〈不動產證券化時代終於來臨〉,《工商時報》(2004年5月7日),2版。

更要針對台灣金融市場的特質及時修訂。依不動產證券化條例，不論是先由業主將其不動產信託給受託機構，或由受託機構先募集基金再將業主的不動產買下來，都須由受託機構或受託機構委託的不動產管理機構經營管理，但經營績效卓越的業主依法反而不具經營管理資格，有欠妥當[6]。

第六節　本書架構

　　除在導論，點出撰寫本書的動機，金融體制演變的動力，台灣金融自由化的歷程，台灣金融體制所存的問題，金融體制改善之道，以及不動產證券之興辦外，本書所探討的是金融體制演變過程，係將過去50多年分成經濟管制嚴格時期，經濟管制鬆綁時期，以及經濟自由化時期來敘述，從而說明金融機構的家數與管理，及對台灣金融市場之剖析，包括貨幣市場、資本市場與衍生性金融商品市場、保險市場與外匯市場。進而探討金融監督管理制度之演變，近年來正進行的公營銀行民營化，以及過去15年來所經歷的股市泡沫。股市泡沫的發生與破滅，均給我們留下慘痛的印象。然後論述金融危機與金融改革，而這部分為近年來一般人所最重視的議題，它包括問題金融機

6　1986年美國的稅務改革法(Tax Reform Act of 1986)，主旨為鬆綁法令，允許不動產投資信託可直接管理自有不動產及允許擁有股權，讓經營管理者與投資人利益共享。參見李宜豐，〈談重建台灣不動產證券化優良機制〉，《經濟日報》(2004年3月22日)。

構、金融危機與處理機制,以及危機發生後,金融改革問題。

　　台灣的金融體制之特質有別於其他國家的部分,特在此做了說明,對近年來所發展的金控體制也在此做了較詳細地說明,它包括金融機構經營業務綜合化的發展,金融控股公司的發展,金控公司的地位及影響,然後為對金控體制的評價。

　　全球化的潮流正衝擊各國經濟,尤其金融部門所受之衝擊最大,但當貿易自由化之後,及外人直接投資盛行以來,間接投資勢必也要全球化。因之,金融機構設置全球化,外匯自由移轉是必然現象。對這些變化,我們也提出金融機構因應之道。至於金融在經濟發展中的角色,隨著金融深化,金融功能愈來愈重要。最後為對本書的結論與政策建議。

第二章
台灣金融體制演變過程

　　1949年，中央政府遷台後，台灣在經濟發展的50餘年過程中，創造世人所稱讚的「經濟奇蹟」：快速的經濟成長伴隨著均化的所得分配；國人生活的處境，從貧窮變爲富裕。當在貧窮時，台灣經濟落後，產業結構不良，資金嚴重短缺，政府對經濟採取高度管制；在各產業或部門，都可發現政府那隻看得見的手在操縱。當經濟走向富裕時，便產生了信心，同時因受國際自由化潮流之衝擊，政府乃進行一連串的政策鬆綁，市場機制逐漸替代政府的指令與管制。經濟發展的過程可謂是一系列管制措施鬆綁的過程。金融是整體經濟的一環，經濟管制的鬆綁也會擴及到金融；甚至金融管制的鬆綁反而成爲經濟管制鬆綁的主要對象。

　　依政府干預經濟體系運作程度的緊與鬆，我們可將之分爲三個時期：1972年前的經濟管制嚴格時期，1973到1989年的經濟管制鬆綁時期，與1990年後的經濟自由化時期。在政府嚴格管制時期，因金融業所居地位重要，對其所加的管制也嚴緊，

甚至可說政府掌控了金融機構。金融體制演變的過程，實際上也就是金融自由化過程中金融體制的調整，茲就上述三個時期劃分方式，逐節分析金融體制的演變過程。

第一節　經濟嚴格管制時期的金融體制

一、台灣光復後至進口替代產業發展時期之金融體制

台灣光復後，政府對日人所經營的金融機構，經由檢查、監理、接收與整理改組的過程，分別成立下列的省屬單位：台灣銀行、台灣土地銀行、台灣省合作金庫、第一商業銀行、華南商業銀行、彰化商業銀行、台灣合會儲蓄公司、台灣人壽保險公司與台灣產物保險公司，其中台灣銀行與台灣土地銀行全部資金由國庫撥給，其餘7個單位均為公司組織，但政府公股均占50%以上。各產業組合均依法令完成整理改組，市街地信用組合改組為城市型的信用合作社[1]，農村信用組合改組為鄉鎮型的信用合作社，如此便將原屬於鄉鎮農會之金融部門劃出。信用合作社為社團組織，並非營利事業。1949年7月基層金融體系再一次調整，政府頒布「台灣省農會與合作社合併改組辦法」，將鄉鎮信用合作社併入鄉鎮農會，在農會下設置信用部，辦理農

1　改組後的信用合作社形態分為專營信用合作社、建築信用合作社、土地信用合作社與倉庫利用合作社(兼營信用業務)。

村信用業務，此種體制一直沿用到現在[2]。

政府爲整頓未經核准而自行設立的各合會公司，於1948年1月公布「台灣省合會儲蓄業管理規則」，核准設立7家合會儲蓄公司，分別設在台北區、新竹區、台中區、台南區、高雄區、台東區與花蓮區，均爲民營機構，限區經營[3]。

1949年中央政府遷台，國家行局如中央銀行、中國銀行、交通銀行、中國農民銀行、郵政儲金匯業局等亦相繼遷台。當時政策上仍基於對台灣幅員不大的考量，銀行不宜太多，不但新銀行不准設立，連遷台的國家行局也暫不復業，只有中央信託局例外。中央信託局在1947年10月在台北就設有「台灣分局」，經營人壽與產物保險等業務，總局遷台後，撤銷分局，由總局繼續營業，業務擴及銀行、信託與貿易等。在保險金融方面，中國產物與中國航聯產物兩家保險公司，遷台後繼續營業；太平產物保險公司的情形與中央信託局類似，裁併分公司而由總公司繼續經營。郵政儲金匯業局簡易壽險處遷台後雖裁撤，但因各地郵政局可代辦業務，實際上壽險業務仍照常經營。由此可知，政府遷台後，台灣地區的金融體制仍以光復時接收改

2　農會組織系統分爲三級，省農會與縣農會無信用部門，只有基層的鄉、鎮、地區農會及因行政區域編制而升格爲市的市農會才設有信用部。

3　台北區限區經營台北市、台北縣、宜蘭縣與基隆市，新竹區限在新竹縣、桃園縣與苗栗縣，台中區在台中市、台中縣、彰化縣與南投縣，台南區在台南市、台南縣、雲林縣與嘉義縣，高雄區在高雄市、高雄縣、屏東縣與澎湖縣，台東區在台東縣，而花蓮區在花蓮縣。

組的體制爲主，金融機構未曾有大量的增加，體制也無重大的
變動。1949年底，台灣地區金融機構的家數中，有6家省屬行庫，
分支機構共有208家，1家國家行局，合會儲蓄公司5家，分支機
構36家，信用合作社71家，其中專營者54家，農會信用部86家，
保險公司9家，其中人壽保險有3家，產物保險有6家。

　　1949年後，政府認爲各類金融機構的數量已達飽和，不再
受理申請新設，唯1950年台灣重劃縣市行政區域，市鎮未設信
用合作社的地區有7處，經各縣政府與議會一再建議，於1955年
行政院核定新設7家信用合作社，這是在1950年代唯一新增的金
融機構類型。

　　台灣自光復至1950年代的金融體制，係以台灣銀行爲金融
系統之中心，其體制可分成商業金融系統、農業金融系統、合
作金融系統、平民金融系統與保險金融系統。台灣銀行爲全省
的金融樞紐，與其他一般銀行不同，除負有一般銀行的任務，
辦理存貸業務外，也兼具中央銀行的功能，主持貨幣發行，管
理外匯業務，代理執行金融政策，辦理國庫業務。台灣銀行具
有一般銀行與銀行的銀行之雙重性質[4]。第一、華南與彰化銀行
構成商業金融體系，其業務旨在輔導經濟建設，發展工商事業，
規定在其放款總額中至少生產事業貸款應占1/3。台灣土地銀行
負調劑農村金融之責，協助政府推行土地政策，爲當時農業金

4　台灣銀行的特殊業務有發行台幣、辦理國際匯兌及進出口貨品簽證、
　　辦理黃金儲蓄存款、代理公庫、對行庫融通資金、收受行庫存款、收
　　存行庫存款準備金等。

融支系的上層機構，下層為各鄉鎮農會信用部。台灣省合作金庫為合作金融支系的上層機構，其業務旨在調劑合作事業資金，扶助合作事業發展，下層機構為信用合作社。為樹立合作金融系統，政府規定合作金庫的資金以合作社貸放融通為限，而合作社的存款準備金與多餘資金也須存放於合作金庫。合會儲蓄公司為平民金融支系的代表，其經營著重於平民相互融通協助。經過10年的發展，到1958年台灣地區金融機構的家數，省屬行庫仍維持6家，但分支機構已增到235家，淨增27家；國家行局還是1家，合會儲蓄公司增到8家，分支機構為76家，淨增40家；信用合作社也增到78家，淨增7家，其中專營者47家；農會信用部增到288家，淨增202家；保險公司反而少了1家，變為8家，其中人壽保險家數不變，產物保險變為5家。從金融機構家數增加的變動中得知，1949到1953年間金融機構家數的發展，係為因應基層金融與戰後重建的需求，基層金融機構數量成長快速，主要是為了建立基層金融體制。之後，金融機構的數量發展呈現停滯現象，則是政府嚴格管制的結果，尤其在金融總機構的家數部分。

表2.1　1950年代台灣金融機構家數　　　　　　　　單位：家數

	國家行局	省屬行庫		信用合作社	農會信用部	合會儲蓄		保險公司	
		總行	分支			總公司	分公司	人壽	產物
1949	1	6	208	71	86	5	36	3	6
1953	1	6	231	74	288	8	76	3	5
1958	1	6	235	78	288	8	76	3	5

資料來源：台灣銀行經濟研究室編印，《台灣金融之研究》（1969），頁5-8。

二、出口導向經濟發展時期的金融發展

　　台灣經濟經過戰後重建與1950年代進口替代產業策略的發展，已初步解決物資短缺的現象，但外匯仍處於失衡狀況。1950年代後期，經濟發展有趨緩現象，失業問題仍嚴重，在發展策略上改弦易轍的時機已到來，政府於1958年4月公布「改進外匯貿易方案」與「外匯貿易管理辦法」，對外匯貿易進行改革，而工業化也轉為出口導向的發展策略。政府為推動經濟發展，鼓勵儲蓄，動員資金於投資事業上，在金融機構與金融市場上自然就會有些作為。從1958到1972年，工業突飛猛進地在擴展，台灣的貿易與經濟都發生顯著變化，經濟實體擴增6倍[5]，金融體制若不跟著發展，落後的金融就會成為阻礙經濟發展的瓶頸。為了因應經濟發展之所需，對金融體制的變動，我們分三部分論述：(一)國家行局的復業與金融機構的新設，(二)證券交易所的成立與證券集中交易，(三)外匯貿易改革與外匯管理。

(一) 國家行局的復業與金融機構的設立

1. 復業的國家行局

　　運用儲蓄，促進民間投資，政府乃考慮建立專業銀行體系，如此一來，政府不但讓已遷台的國家行局復業，也特許金融機構新設，但新設的金融機構數量是有限的。基本上，政府對新設金融機構的心態仍相當保守。有關國家行局復業的先後順序以及所負的政策任務簡述如下：

5　以名目GDP計算，1958年為449.66億元，1972年為3161.72億元。

(1) 交通銀行於1960年2月復業，以扶助全國工、礦、交通事業的發展。

(2) 中國銀行於1960年10月復業，經營國際貿易、匯兌及一般銀行業務。

(3) 中央銀行於1961年7月復業，為銀行的銀行，因而將原本由台灣銀行代理的業務逐漸收回，任務為調節金融、調度外匯、發行貨幣與經理國庫，同時也對金融機構檢查金融業務，執行貨幣金融政策。

(4) 郵政儲金匯業局於1962年6月復業，吸收民間零星儲蓄。

(5) 民營的上海商業儲蓄銀行於1965年6月復業，辦理一般銀行業務。

(6) 中國農民銀行於1967年5月復業，其任務為提供農業信用。

2. 新設的金融機構

在新設金融機構方面，1956年10月政府召開華僑經濟檢討會議時，會中決議輔導華僑設立金融機構，並於1957年11月展開籌設，1961年3月開業，實收資本為5351.4萬元。華僑銀行為台灣光復後第一家經政府特許新設的民營銀行，其業務除包含一般銀行業務外，也辦理外匯業務，同時經營信託、代理、投資與華僑服務等業務。1967年台北市升格為院轄市，為調劑地方金融，支援地方市政建設與代理市庫，依台北市組織規程第20條規定籌設台北市專屬銀行，名為台北市銀行，於1966年1月正式開業。

政府為因應美援結束後中長期資金的融通問題，認為應成

立一家開發公司，以利經濟建設，於1958年經濟安定委員會通過創設開發公司的原則大綱，是年11月行政院通過「開發公司策進委員會組設辦法」，正式展開作業，並朝民營機構之性質去組設，於1959年5月中華開發信託公司正式開業[6]。政府為配合經濟發展，加強中長期資金授信體系，1960年公布「信託投資公司設立申請審核原則」與「信託投資公司管理辦法」，正式開放民營信託投資公司的設立，財政部共核准8家，其中有6家開業，分別為華僑信託、中國信託、中聯信託、國泰信託、台灣第一信託、亞洲信託，而1972年省營的台灣土地開發公司也改組為台灣土地開發信託投資公司。因而，在1972年台灣就有8家信託投資公司營業，提供生產事業所需的中長期資金，同時政府也在1972年1月以行政命令方式暫停信託投資公司設立的申請。

另者，政府為配合對外貿易發展與互惠原則，於1958年核准日本第一勸業銀行在台北設立分行，開啟了外國銀行在台經營之紀元。1964年政府公布「外國銀行設行原則與業務範圍」，作為審核依據，規定：凡與國內銀行往來10年以上或最近一年往來總額達400萬美元以上者，得申請設立分行，從而正式開放外國銀行的設立。至1972年止，還有6家外國銀行設立台北分行：1965年的花旗銀行、美國商業銀行與盤谷銀行；1967年的美國運通銀行；1970年的菲律賓首都銀行；1972年的大通銀行。

---

6 新設立的金融機構須依法辦理設立登記，依當時銀行法所規定的銀行種類只有商業銀行、實業銀行、儲蓄銀行、信託公司與錢莊五種，開發公司只能選擇第四種，因而依此命名。

唯外國銀行不得經營一般存款業務，而業務以辦理外匯爲主，同時也辦理生產外銷貸款與保證業務。

在保險公司新設方面，1950年政府凍結保險公司新設的命令，於1960年9月解凍，規定新設保險公司的最低資本額爲新台幣3000萬元。禁令解除後，民營保險公司相繼提出申請設立，1961年就有4家產物保險新設開業，分別爲國泰、華僑、泰安與明台；1962年分別有3家產物與3家人壽保險公司新設開業，即中央、第一與國華產物及第一、國光與國泰人壽；1963年也有3家產物保險與4家人壽保險公司新設開業，分別爲友聯、新光與華南產物及中國、南山、國華與新光人壽。政府鑑於公司家數的增加大於業務量的增長，市場競爭轉趨激烈，因而於1962年12月又凍結申請[7]。到1972年，人壽保險由1958年的3家，增加到10家，產物保險由5家增加到15家。

(二)證券交易所的成立與證券集中交易

早在1953年台灣就有證券交易活動，當時是一個無組織零散的店頭市場。政府爲實施「耕者有其田」政策，將省營的台泥、台紙、農林與工礦四大公司移轉民營，以其股票搭配實物土地債券，償付徵收土地價款。股票配發的數量有5.4億股，債券有12.6億元，數量頗巨。地主爲求變現，證券行號紛紛成立，代客買賣，店頭市場於焉盛行。爲保障投資者權益，於1954年1

---

[7] 1952年12月20日行政院第794次會議決議：自即日起，暫停接受保險公司設立之申請。到1992年保險法修正案通過後，公布保險公司設立標準，政府才重新開放設立申請。

月政府公布「台灣省證券商管理辦法」，明定主管機關爲台灣省
財政廳，以防止不當交易行爲。由於證券商家數仍繼續增加，
業務競爭激烈，買空賣空，墊款墊股，流行於股市，股市淪爲
賭場。

　　店頭市場毫無秩序可言，在 1958年「19點財經改革方案」
提出後，政府轉向積極設立證券市場，1959年3月經濟部成立「建
立證券市場研究小組」，1960年1月邀請美國證券市場專家George
M. Ferris來台研究，提出報告，建議設置證券管理機構與證券交
易所，是年9月證券管理委員會成立，並草擬證券法令與推動證
券市場的建立。1961年2月制訂「證券商管理辦法」，1962年2月
9日證券交易所正式開業，同時關閉店頭市場，嚴禁場外交易，
台灣證券交易始在法制化下，成爲接受監督且有組織的集中交
易制度。1968年4月，「證券交易法」完成立法，證券管理正式
取得法律依據。

　　證券交易所成立的第一年，公開發行公司的家數計有21
家，其中18家上市買賣，1970年公開發行公司的家數增加到69
家，上市者有44家，比例爲64%。證券市場的成長，由1962年成
立時的交易額4.47億元，增加到1968年證券交易法通過實施的
76.7億元，1972年增爲540.51億元，交易值呈數倍增長，市場擴
張快速。股市交易占國內生產毛額（GDP）的比例，由1962年不
及1%的水準提升到1972年的17.1%，市場規模持續地在擴張中。

（三）外匯貿易改革與外匯管理

　　外匯可視爲另一種資金。政府遷台之初，就面對外匯嚴重
不足的問題，許多嚴格管制措施，就是圍繞在外匯問題上。談

及外匯管制，牽涉兩個層面，一為外匯價格管制，另為外匯數量分配，價與量之間，原本就存有密切的關聯性，不易分開。管制之所以有效，就是指令價格一定要在市場均衡價之下，因而就會產生超額需求問題，從而政府就須分配外匯。在嚴格管制期間，新台幣一直被高估，政府以嚴格的行政管理替代市場機能的運作，可說沒有真正的外匯市場，只有政府行政上的作業。政府的外匯管理，可分兩個時期：1958年3月以前的嚴格外匯管制與複式匯率時期，與1958年4月外匯貿易改革後實施外匯集中管制與單一匯率時期。

1. 嚴格外匯管制與複式匯率時期

1950年代初期，台灣外匯短絀異常嚴重[8]，且匯率又無法充分調整，在僧多粥少的情況下，嚴格外匯分配制度因而產生。行政上強力介入，匯率呈現多元，運作模式採外匯結匯證，實施「大進出口連銷制」。管理辦法的內容，包括：貿易商的資格、進出口商品的管制、申請結匯的審核等（劉鳳文，1980[9]；王作榮，1986[10]）。有關外匯數量管制情形，依序臚列如下（見于宗先、王金利，2003a）：

1949年頒布「台灣省進出口貿易及匯兌金銀管理辦法」，將

8　1950年，台灣銀行為了償付外債，曾向前民航空運公司商借50萬美元，以資挹注；1951年初，台灣銀行積欠外匯達1000餘萬元，其信用狀已被外國銀行拒收。

9　劉鳳文，《外匯貿易政策與貿易擴展》（台北：聯經出版公司，1980年5月9日）。

10　王作榮，《臺灣經濟發展》，行政院經濟建設委員會委託計畫。

進口物品分為准許、暫停、管制、禁止進口四類；出口分為准許、管制與禁止出口三類；同時規定出口所得外匯的20%，依官價結售台銀，其餘80%發給結匯證。進口商所需外匯，除進口民生必需品按官價匯率申請結匯外，一般進口須憑結匯證報請准許。

1950年1月，設立產業金融小組，負責審定進口請匯優先程序，12月頒布「台灣銀行開發A/P、L/A及普通國外匯款審核辦法」，建立外匯審核制度，依需要、進口報價與登記先後，進行審核。

1951年4月實施「金融緊急新措施」，加強外匯與貿易管理，推行外匯結匯證制度，建立二元複式匯率，對外匯審核更加嚴格，分由進口外匯與普通匯款兩個初審小組委員會負責。同時制訂「進口物品結匯審核標準」，而初審小組也訂定「分類物資控制計畫」，將所有進口物資分為28類，依外匯頭寸及已進口物資存量，逐項分配外匯，審核極為嚴格。

1952年底，由於請匯不斷增加，每周核准率降至6%，且出現外匯權利金頂讓現象。1952年10月改按進出口實績，核配外匯；依進口實績，分仁義禮智信五級，分別規定每周請匯最高額度。

1953年7月設立外匯貿易審議小組，實施實績制度，每兩個月為一期，依過去進口、國內存量與消費，以及生產情形，編訂進口物資預算，對出口實績優良者，給予更多輸入權。1954年1月，辦理貿易商新登記，提高登記條件，家數減至1,700家。

1955年4月，外匯貿易審議小組改組為外匯貿易審議委員會，直隸行政院，同時實施外匯配額制度，即貿易商由每期進

口物資預算申請外匯時，以申請一類物品為限，在各類貨品中
規定一個最高申請比例的配額，不得超過。對出口採登記外匯、
保留外匯制度。

　2. 外匯貿易改革後之外匯管理

　　1955年4月外貿會成立，對外匯管制，仍採價、量與行政管
理措施，以行政干預替代外匯市場的價格機能，除基本匯率外，
尚有結匯證牌價、市價與依出口產品性質發給不同比率的結匯
證。在當時，由於配額的行政管理產生複雜管制辦法與分配標
準，除造成行政當局與貿易商的負擔外，也引起外匯錯置、行
政腐化與社會不公的現象。諸如嚴格進口管制，導致進口商的
暴利；為爭取外匯，廠商的設備利用率偏低；高估的匯率，也
使製造業生產成長受挫。這些問題，使外匯貿易政策不得不改
弦易轍。政府乃於1958年4月12日公布「改進外匯貿易方案」，
推行外匯貿易改革。

　　外匯改革的重點，由管制進口轉變為促進出口。匯率改革，
朝向簡化匯率與調整匯率，其間歷經五個階段，於1963年9月27
日廢止結匯證制度後，才算完成單一匯率制的實施。此後，央
行採固定匯率制度，對外匯匯率掛牌，訂定1美元兌換新台幣40
元之基本匯率。

　　改革初期，進口外匯的申請仍採每三個月為一期的進口物
資預算，每家貿易商申請貨品種類以登記營業範圍者為限，並
只能申請一類進口；廢除每類最高申請百分比之限制，並將過
去28類進口物資合併為7組，後再併為2組，在組內申請較具伸
縮。1959年1月只規定預算總額，不分組別，視市場需求，自由

選擇申請；到9月，取消進口物資預算，改為每星期兩日為申請日，自由申請，而1961年1月，周一到周五都可申請，隨請隨核。此外，政府也放寬進口貨品管制，先後開放進口貨品達130餘種。政府對工業原料及修護器材所需外匯，也由核配改為自行申請。其實，這些政策措施上的的改變，都與台灣經濟發展密切相關，到1960年代，台灣經濟拮据局面已不存在，而國家有能力適應這些變革。

1961年7月中央銀行在台復業後，政府就採外匯集中制度，即指定銀行買賣外匯，最後經由清算，集中央行收付，外匯管理與調度由央行統籌辦理。1968年9月27日行政院通過「調整外匯貿易業務及機構案」，而將成立14年的外貿會撤銷，由央行設置外匯局，辦理外匯業務。1970年12月公布「管理外匯條例」，實施單一匯率，採價格管制，即匯率的調整由財政部與央行商定後，報請行政院核定公布之；同時也規定有形貿易所得與匯入匯款之外匯，應結售給央行或指定銀行。

1950年代台灣面臨嚴重的外匯不足，經由出口擴張策略的實施，1970年後終於扭轉乾坤，外匯累積愈來愈多。1971年台灣貿易順差2.16億美元，外匯存底6.17億美元。

三、問題檢討

與1950年代相比，1960年代金融確實在發展，其體制也有變動，增加許多金融機構家數，也成立資本市場，變革外匯管理，匯率也從複式制調向單一制，體制變動不算小。在金融機構家數變動方面，復業與新設都有，貨幣機構增加13家，其中

有7家爲外國銀行在台分行，而屬於本國存款貨幣機構的銀行增加5家，1家爲民營，餘者皆爲公營，如此更強化政府對金融機構掌控的力度與範圍。中央銀行的復業，解除台灣銀行爲銀行的銀行之任務，使得在體制上裁判與球員的角色明確分隔，不再模糊，中央銀行擔負起督導之責，檢查全國金融機構業務，而金融機構制度上與行政上管理之權責爲財政部。金融體制建制管理與被管理的不同層面，是無庸置疑的正確方向，被管理者爲金融業務的經營者，而管理者爲政府部門，分別由財政部與中央銀行負責。新增的其他金融機構包括郵政儲金匯業局、8家民營信託投資公司、10家民營產物保險公司，與7家民營人壽保險公司。不可否認，這期間算是基於加速經濟發展之所需，政府讓金融機構在類別上與家數上成立較多的時期；往後的20年，政府仍持保守不開放的態度，所需的金融機構由現有金融機構設立的分支機構來替代。在金融市場方面，可說只有股票集中交易市場的建制。1960年代初期，證券管理委員會的設置與證券交易所的成立，股票集中交易正式開始運作，此爲草創時期，上市交易的公司家數不多，交易額也低，周邊事業單位更不齊全。

我們認爲這段時期採行嚴格管制是因爲：

(一)銀行爲特許產業，須經行政院院務會議通過才能設立，政府所考量的以金融穩定爲首要，政府掌握存款貨幣機構，認爲就掌握貨幣與資金，對物價與資金配置就有控制能力，在心態上，不開放銀行新設。

(二)政府政策性開放信託投資公司與保險公司新設，但受

理申請，說停就停，政府擁有絕對的行政裁量權，這
也是威權政治的表徵。

政府雖進行外匯貿易改革，對新台幣適當貶值，匯率由複
式變爲單一，但匯率仍是固定不變的，外匯也採集中收付，成
爲國家資產，個人不得擁有，所呈現的爲外匯業務，並不存有
價格機能的外匯市場。相同的，在「利率管理條例」下，金融
機構的存貸利率皆爲官定，因而也不存有銀行的存貸市場，只
有存貸業務，同時貨幣市場也沒有建立。由於對金融的壓抑，
乃產生金融雙元性現象，銀行存放與民間借貸並存；外匯黑市
也在民間運作，其中台北市以迪化街與衡陽路爲大本營。

第二節　經濟管制鬆綁時期的金融體制

出口導向發展策略的奏效，乃使台灣經濟扭轉乾坤，1970
年就開始有貿易順差，雖在1970年代遭受兩次能源危機的衝
擊，一度呈現停滯性通貨膨脹，但整體經濟仍在成長。1980年
代貿易蓬勃發展的結果，貿易順差屢創新高，國民儲蓄率也大
幅攀升；外匯存底快速累積的結果，貨幣供給年增率曾達50%以
上；物價雖處於平穩狀況，但資產（房地產與股票）價格狂飆。
國際經濟上的失衡，造成國內經濟的失衡。由於游資充斥，政
府乃大幅放寬外匯管制，同時美國強力要求台灣開放國內市
場。在經濟管制鬆綁時期的1970與1980年代，台灣金融體制的
主要轉變，除了利率逐步走向市場機制，大幅放寬外匯管制與
建立外匯市場外，還有新金融機構的設立。1975年大幅修正銀

行法，擴增證券市場周邊事業，與建立貨幣市場。金融市場是
金融體制中重要的一環，之前只有銀行存貸業務與外匯管理業
務；自進入這段鬆綁時期，由於利率管制的鬆綁，銀行存貸市
場的機能於焉開始運作；放寬外匯管理，建立了外匯市場；設
立票券金融公司，成立了貨幣市場。由於證券商的解凍與游資
的充斥，乃肇致台灣股市泡沫的發生。

一、新增的金融機構

　　繼1961年華僑銀行設立後，1975年政府又核准以華僑資金
為基礎的世華聯合商業銀行，這是在這期間裡唯一核准的一家
民營銀行。1975年銀行法修正，其中第88條明定輸出入信用為
專業信用的一種，時值台灣貿易蓬勃發展，需要有一個強而有
力的輸出入金融機構，以作為資金融通與支援，據此，1978年
完成立法程序，1979年1月國營的中國輸出入銀行正式開業，主
要業務為與貿易有關的融通、保險與保證等。高雄市改制為院
轄市後，依相關法令，比照台北市政府的方式成立代理市庫的
專屬銀行，高雄市銀行於1982年開業。

　　合會儲蓄公司以調劑平民金融為其目的，由一定數額之會
員分期繳納合會儲蓄金。1973年1月政府修改「台灣地區合會儲
蓄業管理規則」，重定合會儲蓄公司以鼓勵民間儲蓄、調劑平民
金融、供應中小企業資金為目的；繼之，1975年修正銀行法，
在專業銀行中規定：供應中小企業信用之專業銀行為中小企業
銀行。於是，公、民營的合會儲蓄公司一致爭取改制為中小企
業銀行，政府也順應民意，自1976年7月起，8家合會儲蓄公司

相繼改制，獲得核准，於1979年2月全數改制完畢。

二、證券市場周邊事業單位與證券商開放新設

1962年證券市場集中交易制度建立後，證券市場相關事業單位與組織陸續成立，相關措施也次第推展，其情形如下：

(一)股價指數的編製：1971年臺灣證券交易所開始編製發行量加權股價指數，以1966年全年平均為基期。

(二)開放信用交易：1973年台灣銀行、交通銀行與土地銀行著手辦理融通信用交易，1980年成立復華證券金融公司，專責辦理融資融券等業務，並兼營證券保管。

(三)統一股票面值：1979年開始推動，面值統一為新台幣10元。

(四)相關事業單位與組織的設立：1981年將原隸屬於經濟部的證券管理委員會改屬財政部，1983年5月與10月分別開放證券投資信託公司與證券投資顧問公司的申請設立，1984年3月成立財團法人中華民國證券市場發展基金會。至此，證券市場的構成中：管理單位為證券管理委員會，交易場所為證券交易所，交易參與者為證券商。至於相關周邊輔助市場，計有提供融資融券服務的證券金融公司，募集基金投資股市的證券投資信託公司，提供證券諮詢、研究與顧問服務的證券投資顧問公司，健全證券市場發展與投資學術研究的證券市場發展基金會等。

(五)開拓市場：1982年政府核定引進僑外資投資證券，分

三階段實施，成立國際證券投資公司，外資可透過基金間接投資台灣股市；並於1982年重開店頭市場，但以債券為主要標的，之後擴充到股票櫃檯買賣。

(六) 電腦交易系統的採用：1986年起利用電傳視訊傳播上市公司財務與業務資訊，1987年11月實施當市資訊系統，且於年底，上市股票一律納入電腦輔助交易系統。

證券市場的成長，1971年的交易額為235.98億元，1975年為1303.37億元，1980年為1621.13億元，1985年為1952.28億元。之後，因新台幣升值、外匯存底與貨幣供給快速增長，以及國內超額儲蓄等因素，證券交易值呈數倍增長，市場擴張異常快速，1986年為6756.56億元，1988年為7兆8680.24億元。台灣證券市場儼然進入高速成長階段。

1988年證券交易法經通盤檢討，修訂內容計有：上市公司公開資訊揭露品質、市場中介機構開放、公司內部人交易管理規範與國際化步驟等。證券管理委員會依法修正管理規章，落實證交法精神，其中最為重要者為於1988年頒訂「證券商設置標準」與「證券商管理規則」。由於開放證券商新設，不限家數，新證券商便紛紛成立，單就1988年言，新增核准者就有247家，在時機上恰逢股市多頭行情，股市交易空前頻繁；開戶人急增，交易量與值也急劇放大，造成全民股票買賣運動，導致台灣股市泡沫的爆發與破滅。1989年交易值達25.4兆元，股價指數為8,616點；1990年也有19.3兆元，然而股價於1990年2月10日高達12,682點，為歷史最高紀錄，但不到8個月時間，於1990年10月1日股價跌落到2,485點。這種暴起暴落的現象，使台灣股市類似

賭場。

此外，1988年起，封閉型受益憑證開始在證券集中市場上市買賣，計有光華鴻運、建弘福元、中華成長與國際國民四種。同時，也開辦股票櫃檯買賣業務，由台北市證券商業同業公會承辦，而1989年12月建弘投信成為第一支上櫃買賣交易的股票。在承銷制度上，初次上市股票公開承銷改採電腦抽籤。

三、票券金融公司的設立與貨幣市場的成立

資本市場以股票市場為主，為長期資金融通與籌措之場所，而貨幣市場為短期資金融通與籌措之場所，通常是提供一年期以下金融工具的交易市場，與資本市場具有互補性。有了貨幣市場，中央銀行就可實施公開市場操作，執行貨幣政策；一般銀行可藉此調節準備部位，增進資金運用效率；工商企業與社會大眾多了一條理財儲蓄投資的管道。民間企業對短期資金的調度，習慣上採用遠期支票，在無秩序與無政府監督管理下，民間借貸市場即有調換即期支票之情事，當時台北市迪化街就有所謂「調頭寸」的資金調度中心之稱呼。由於沒有正規的貨幣市場，地下金融自然更加猖獗。

為何1950年代與1960年代台灣沒有建立貨幣市場？這是因為：

(一)經濟規模小，短期資金需求不夠龐大。

(二)信用制度未建立，民間習慣以遠期支票來調度，少用本票。

(三)主要的信用工具，如國庫券、銀行承兌匯票、可轉讓

定期存單也未發行。

(四)沒有中介機構。

貨幣市場的建構，至少須具有兩大要件：短期的信用工具與制度化的中介機構。1974年中研院經濟組六院士撰文主張貨幣市場的建立，政府也積極著手規劃建立事宜，於1975年12月公布「短期票券交易商管理規則」，同時指定台灣銀行、中國國際商業銀行與交通銀行各籌設一家票券金融公司。第一家短期票券交易商，即中興票券金融公司於1976年5月20日開業，台灣的貨幣市場正式誕生。國際與中華票券金融公司分別於1977年1月與1978年12月相繼開業，加入貨幣市場，擔任中介機構之角色，三家票券公司在貨幣市場呈寡占局面。

在短期票券發行市場，票券金融公司得擔任票券的承銷人、簽證人、保證人或背書人，以提高票券信用，協助工商企業發行票券，取得短期資金；在流通市場，得為經紀人，中介或代客買賣票券；或為交易商，自營買賣，活絡市場。

貨幣市場主要的信用工具為國庫券、商業本票、銀行承兌匯票與可轉讓定期存單等，1976年國庫券的發行額有63億元，商業本票有20.25億元，銀行承兌匯票有12.97億元，可轉讓定期存單有27.22億元，各類票券合計發行額有123.44億元。到1989年時，國庫券的發行額增到990億元，商業本票增到8626.94億元，銀行承兌匯票增到7772.38億元，可轉讓定期存單增到1兆4433.16億元，各類票券合計發行額有2兆7822.48億元。歷經13年，整體票券發行額增加224倍。在交易金額方面，1976年國庫券的交易額有42.04億元，商業本票有52.59億元，銀行承兌匯票

有0.49億元，可轉讓定期存單有2.11億元，各類票券合計交易額有97.23億元。到1989年時，國庫券的交易額增到3233.46億元，商業本票增到3兆2819.04億元，銀行承兌匯票增到7476.71億元，可轉讓定期存單增到3兆8431.68億元，各類票券合計交易額有3兆5304.2億元。歷經13年，整體票券交易額增加75倍。

四、利率逐步交由市場機制來運作

利率是使用資金的價格，其高低應由資金的借貸雙方在供需的基礎做決定，不應受立法或政府部門人為干預與限制、甚至操縱。台灣情形恰好相反。在貨幣市場建立之初，除少數貨幣市場利率不受銀行利率上下限之限制外，銀行利率水準的決定，有很長的一段時間，是由政府替代市場來執行的，稱為官定利率，至1980年11月才開啓利率交由市場來運作的序幕。

戰後台灣，曾經歷惡性通貨膨脹的肆虐，政府為此而開辦優利存款，月息高達7%（按複利計算年息便為125%）。其後，大部分時間，政府對利率政策的基本態度為管制，在公營銀行為主體的情勢下，基於鼓勵投資，降低生產成本，促進經濟發展，採取低利率政策。

1975年前，中央銀行核定利率後，各家銀行須釘住執行，銀行體系裡存放款利率是處於僵固狀態，各家都一樣，根本談不上價格競爭，這就是在「利率管理條例」下，賦予中央銀行管制利率之權。1975年7月後，中央銀行核定利率上下限，各家銀行依資金情況與客戶信用，可在限制範圍內自由裁量，剛開始實施時，上下限差距甚小，只有0.25%，因而無法發揮作用。

眞正展開利率管制的鬆綁，爲1980年11月訂定的「銀行利率調整要點」，授予銀行公會議訂利率的功能。銀行公會組成利率審議小組[11]，負責利率調整事宜，適時報請中央銀行核定實施。同時爲落實利率差異能在作業上彈性運用，也將最高利率與最低利率的差距擴大，至少在2%以上，曾達3.75%，如此銀行間利率競爭局面才能顯現。除外，要點也規定：銀行發行可轉讓定期存單及金融債券的利率，得自行參酌市況訂定，不受最高存款利率之限制；票據貼現也可參酌短期票券市場，自行訂定貼現率。這些都是銀行利率管制鬆綁的具體措施。

利率上下限範圍擴大後，個別銀行就可自行訂價，或以最高利率減碼來操作，或以最低利率加碼來操作；加碼與減碼的標準也不一致，市場呈現零亂現象。1985年3月起實施放款基本利率制度，個別銀行根據自身經營情況、對客戶授信的長短、用途與客戶信用評等及往來業績等因素，以基本利率加碼放款。就短期放款利率言，1985年3月央行核定的上下限分別爲10%與8%，各家銀行就在這範圍內公布基本利率，如台灣銀行、台北市銀行與中國國際商業銀行的基本利率爲8%，三商銀爲8.5%，土地銀行、農民銀行與合作金庫爲8.75%，交通銀行爲9.25%。從此銀行利率差異正式展開，並實施基本利率加碼制度。「利率管理條例」在1985年8月廢止，其後基本利率由各家銀行自訂。

11　該小組由台銀、土銀、合庫、第一、華南、彰化、北銀、交銀與中國商銀等九家行庫的總經理組成，每周集會審議一次。

1989年7月19日銀行法修正，廢止放款利率上、下限的規定，而1989年4月27日便成為央行最後一次核定利率上下限的日子。之後，銀行利率水準便由個別銀行自行依市場情況決定，也無最高利率與最低利率之束縛，利率的高低完全回歸市場機能的運作。

五、放寬外匯管制與建立外匯市場

經由出口擴張策略的實施，1970年後終於呈現貿易順差的局面，且順差金額不斷創新，而外匯存底累積也愈來愈多。政府於1973年讓新台幣升值，將1美元兌換新台幣的匯率調為38元，1978年7月10日又宣布新台幣匯率不再釘住美元，改採機動匯率制度，同時將匯率調為36元。此後政府不再公布匯率，任由市場運作決定，央行採以量制價策略，必要時進場買賣。1978年12月廢除新台幣基本匯率規定，同時由商業銀行共同成立「外匯交易中心」，依外匯供需而訂定價格，1979年2月正式成立外匯市場，實施中心匯率制度，廢除外匯清算制度，此後國人，無論是人民或廠商，可將所得外匯存入外匯存款，或透過指定銀行在外匯市場出售。指定銀行可在央行核定淨買賣超額度內，自行持有外匯部位，不必悉數向央行清算。至此，台灣實施30年的外匯集中收付制度正式終止。

隨著世界各國經濟自由化的浪潮，政府於1984年宣布推動經濟自由化、國際化與制度化，1985年經濟革新委員會的建議，與外匯自由化有關者，在放寬外匯管制方面，有進出口外匯由審核制改為申報制；由於外匯存底已超過國內外資金調度所需

額度，建議部分放寬外匯管制，允許有限度的金融性外匯交易。在進口管制方面，建議進出口貨品管理採負面表列方式，除列舉項目外，准許廠商自由進出口，毋須輸出入許可證；大宗物資進口採購，建議自1987年7月起，改為自由申報、自由採購。

　　1980年後，台灣貿易出超迅速擴展，1985年順差金額超過100億美元，1986年達156.8億美元，美國不斷對台施壓，要求開放市場、降低關稅與新台幣升值，期以改善貿易差距。台灣雖已建立外匯市場，並讓匯率機動調整，但政府還是強力干預，極力維持新台幣幣值的穩定，1985年底的匯率仍為39.85，而外匯存底已攀升到225.56億美元。央行面對強大壓力，考量大幅升值會影響出口競爭力，因而採取漸進升值方式，歷經兩年，於1987年底匯率調為28.55。此種作法，乃給外匯參與者預期到新台幣的升值，於是大量匯入美元，而台灣的外匯存底也到達高峰，1987年達767.48億美元，兩年間淨增加500多億美元。

　　放寬外匯管制是政府減緩新台幣繼續升值的重要措施。1986年1月，央行開放國人購買外匯受益憑證；1987年2月，進一步放寬僑外資及匯出管制；1987年7月15日全面實施新外匯制度，為放寬外匯措施的重要里程碑，其主要內容：由市場自行決定匯率；進出口貿易外匯收支，由許可制改為申報制，政府不再管制進出口交易付款條件；准許自由持有或運用外匯從事貿易；資本帳定額開放，即個人及企業每年可自由匯入500萬美元，匯出5萬美元。自此之後，對外匯匯入的額度逐漸調高，自然人為500萬美元，法人可達5000萬美元；也開放外國法人投資台灣股市，設立境外金融市場，成立台北外幣拆款市場，銀行

可開辦外匯（定期）存款等。

　　總之，到1989年，台灣經濟經過40年的發展過程，從一個外匯極端不足的情況轉變為外匯充裕的情況；外匯管理也跟著更迭，從一個由人為的數量分配轉變為市場機能的運作；外匯被視為國家資產，由個人不能保有轉變成為個人理財的工具之一。變化之大，可以想見。

六、問題檢討

　　在經濟管制鬆綁時期，金融機構可設分支機構，且政府保守心仍強，總金融機構家數僅增加3家，其中1家為民營，即世華商業銀行，2家為公營，即高雄市銀行與中國輸出入銀行。同時為配合銀行法的修正，在專業銀行立法的精神下，將全部合會儲蓄公司改制為中小企業銀行，成為中小企業的專業信用機構。其實存款貨幣機構總行家數並沒有呈現顯著增加現象，準此而言，如何稱得上管制鬆綁呢？管制鬆綁的，是在於與股票市場有關的中介機構之開放設立，貨幣市場的建立，利率管制的解除，外匯管理的放寬，允許國人持有與買賣外匯，建立外匯市場。在這時期，金融上最重要的兩種價格管制：利率管制與匯率管制，都獲得解除，交由市場機能去運作。

　　由於在1985年爆發台北十信擠兌風波，後由合作金庫概括承受，基於存款人權益的保障，金融秩序的維護，與強化金融業務的檢查，因而促成中央存款保險公司的成立，最初採取自由投保制，於1998年改為強制投保制。由於央行檢查人力的不足，自1971年起，對基層金融業務的檢查委託合作金庫辦理，

中央存款保險公司成立後，就承接合作金庫的金融檢查業務。

　　在經濟管制鬆綁期間，最凸顯的金融體制問題便是與金融機構營運有關的問題，包括家數、業務範圍與競爭等。在穩定金融的前提下，政府嚴格管制金融機構家數，對家數數量管制的結果，也許達成金融穩定的目的，卻犧牲金融效率與公平。在為數不多的銀行家數中，公營者又占多數，政府行政干預銀行營運是很自然的現象。公營銀行可被視為是一個集體，市場自然就形成由公營銀行主導的寡占局面。利率管制雖解除，由於寡占市場競爭不足，對資金價格就有決定權。在此情況下，金融雙元性問題不但存在，銀行中介功能反而不彰。時逢台灣出現出超貿易，超額儲蓄增多，復因投資工具不足，銀行中介功能不彰，導致游資到處流竄，地下金融因而猖獗。與此同時地下投資公司的家數與資產急速擴展，反而威脅到金融穩定與秩序。由於游資無適當出路，乃炒熱房地產，形成房地產價格狂飆，進而也激發了台灣股市泡沫。政府基於金融穩定的優先考量，對金融機構家數採取數量管制，犧牲了金融公平與金融效率。由於這些問題與現象充斥於1980年代後期的台灣社會，社會上彌漫一股金融機構開放設立的思潮，以清刷金融亂象。

第三節　經濟自由化時期的金融體制

　　經濟自由化是個漸進的過程。我們雖然指出1990年代是台灣經濟自由化時期，事實上，經濟發展的過程本就是管制措施鬆綁的過程。上節所述，政府於1958年外匯貿易改革與1980年

代利率管制的解除與外匯管理的放寬，就是最佳案例。實際上，
自1960年代政府就對限制市場機能的法規與措施開始鬆綁，只
是範圍有限，到了1980年代前期，經濟自由化的口號響徹雲霄，
政府也相當重視，並於1984年將經濟自由化、國際化與制度化
一併納入經濟計畫中；然由於種種原因未能落實，到了1990年
代，政府才認真推動自由化。

　　經濟自由化的推行，是經由內在的推力、外來的壓力與富
裕產生的信心之結果（于宗先、王金利，2003a）。台灣推行經濟
自由化是全面的，包括了貿易自由化、電信自由化、產業自由
化與經濟行政調整等。在產業自由化方面，包括了企業進出市
場自由化、農業部門的鬆綁與金融自由化。在1985年為期半年
的經濟革新委員會，對金融自由化的建議內容計有：一、提高
公營銀行經營自主性；二、開放民營金融機構設立；三、銀行
存放款利率逐步自由化；四、適度放寬外匯管制；五、維持金
融秩序，強化金融管理；六、強化貨幣市場。而這些建議直到
1980年代後期，尤其在1990年代，才被逐一實施。

　　自1990年代政府推行經濟自由化起，對金融體制上所產生
的變動，論述如下。

一、金融機構設立自由化：移除市場進入障礙的人為藩籬

　　在1987年7月政府宣告解嚴時，台灣仍有42種以上行業為特
許，享有特權，市場處於壟斷或寡占局面，包括金融機構在內。
政府在內外強大的壓力下，逐步展開各行業企業進出的自由，
開放民間新機構或事業單位的設立（朱雲鵬，1999）。在金融體

系方面，首先開放上節所述1988年證券商新設，接著於1990年
開放商業銀行新設，於1992年開放保險公司新設，於1994年開
放票券金融公司與證券金融公司新設，於1998年成立期貨交易
所，建立期貨市場。1998年爆發本土性企業財務危機後，問題
金融機構浮現；政府立法通過金融機構合併法，於2001年通過
金融控股公司法，開放金融控股公司的新設。

(一)商業銀行

　　1990年前，政府嚴格管制金融機構。在金融穩定為第一的
經濟目標下，對銀行新設的心態非常保守。1940年代後期，台
灣遭受惡性通貨膨脹的肆虐，1949年進行幣制改革，政府為求
金融穩定，有效掌握資金及其配置，除允許上海銀行復業與華
僑銀行、世華銀行特許設立為民營外，其餘銀行都為公營。

　　政府開放商業銀行新設，是有其時代背景的(王金利，
2003b)。從經濟發展的觀點，在1980年代後期存有下列的經濟
狀況與金融情勢：1. 經濟成長需金融現代化的配合；2. 超額貿
易差額，超額儲蓄，游資氾濫，地下金融猖獗；3. 金融雙元性，
公營銀行金融中介角色功能不彰；4. 國際上經濟自由化的浪潮
與國內經濟自由化的推動；5. 美方壓力與國外銀行設立許可之
誘發；6. 解嚴後抬高企業的經濟自主。開放民營銀行設立，就
過程看，政府部門是被動的。在1980年代早期，學者專家與輿
論界就提出開放銀行設立的建言，而1985年召開的全國性經濟
改革會議，更將銀行開放設立列為政府金融改革的要項，直到
1987年政府才確定開放設立的政策，1989年完成銀行法的修正
立法，據此，政府於1990年公布商業銀行設立標準，將最低實

收資本額訂在100億元，以提高設立的門檻，同時受理申請。孰料提出申請者踴躍，有20家之多，政府於1991年核准成立營業，1991年12月後陸續共有16家新銀行開業[12]。從議題形成、呼籲、建言、政策確立、推動到執行，前後歷經十個年頭。

　　政府不但讓商業銀行新設，同時也讓信用合作社、信託投資公司與中小企業銀行改制為商業銀行。於1988年後，政府在政策上先核准放寬中小企業銀行經營地域的範圍，打破不得跨區經營的藩籬，之後在實收資本達100億元以上者，可申請改制為全國性商業銀行，解脫原本加諸中小企業銀行經營上的限制，到2004年已改制為商業銀行者計有3家[13]。另者，鑑於信託投資公司的信託業務推展不易，經營範圍較小與面對不公平的競爭，政府於1991年12月訂定信託投資公司申請變更登記為商業銀行資格條件後，到2004年也有3家改制為商業銀行[14]。再者，政府亦訂定信用合作社變更組織為商業銀行之標準與辦理，到2004年也有7家信用合作社改制為商業銀行，有2家合併後也改

12　此16家新商業銀行為萬通、大安、聯邦、中華、華信、萬泰、亞太、玉山、泛亞、中興、台新、大眾、寶島、遠東、富邦與安泰銀行。

13　這三家分別為：台中中小企業銀行改制為台中商業銀行，台北中小企業銀行改制為台北國際商業銀行，新竹中小企業銀行改制為新竹國際商業銀行。

14　信託投資公司改制為商業銀行者，分別為：中國信託投資公司改制為中國信託商業銀行，國泰信託投資公司變更登記為慶豐商業銀行，第一信託投資公司改制為匯通商業銀行，後更名為國泰商業銀行。

制爲商業銀行[15]。如此算來，1990年代商業銀行新增30家，比過去40年台灣地區原有的本國一般（商業）銀行總家數還來得多。

　　1998年政府公布「工業銀行設立與管理辦法」，台灣工業銀行依該辦法提出設立申請，核准後並於1999年7月開業。屬於工業銀行性質的銀行，還有中華開發工業銀行與交通銀行。

　　在開放新民營商業銀行設立，與訂頒中小企業銀行、信託投資公司與信用合作社變更改制爲商業銀行之同時，政府對金融機構分支機構的增設亦採放寬措施，1984年起對每家得增設分行及辦事處家數由每年兩家增爲二家，1993年再放寬增加爲五家分行。

　　有關近十年來銀行家數與分支機構的增長數量，1991到1993年商業銀行增加總行數量爲最多，此因開放新民營銀行設立之緣故，爾後本國銀行總行的增加大都來自於改制。在分支機構方面，本國銀行由1991年的1,046家增到2003年的3,173家，增長2.03倍；而台灣地區貨幣機構整體的分支機構由2303家增到4,451家，增長0.93倍，低於本國銀行分支機構的增長，此因自1996年以來，基層金融營運不佳，問題頻傳，導致問題基層金

15　這七家信用合作社，如：台北市第二信用合作社改制爲華泰商業銀行、台北市第三信用合作社改制爲誠泰商業銀行、板橋信用合作社改制爲板信商業銀行、台中市第三信用合作社改制爲三信商業銀行、台中市第七信用合作社改制爲第七商業銀行、高雄市第一信用合作社改制爲高新商業銀行、台中市第三信用合作社改制爲三信商業銀行與陽明山信用合作社改制爲陽信商業銀行，而台中市第六信用合作社與屏東市第一信用合作社合併改制爲聯信商業銀行。

融機構由銀行概括承受或合併，這就是銀行分支機構增加而基層金融機構減少之原因。

（二）保險公司

政府於1981年2月公布「美國保險公司申請在我國境內設立分公司審核要點」後，准許美國保險公司在台成立分公司，經營保險，但在經營業務範圍上有諸多限制。到1986年8月，因台灣對美貿易的巨額順差，美國藉由「超級301條款」，不但要求台灣市場開放，基於「國民待遇」原則，要求美國保險公司要與本國保險公司同一待遇，政府終究同意美方要求。到1992年，美國在台保險公司，產險有7家，壽險有11家，壽險家數超過本國公司的家數。此外，政府已核准22家外國產險與再保公司在台設立聯絡處（合作金庫，1994）。

外國保險公司在台經營的家數反而超過本國，這是因凍結本國保險公司設立的一種很不合理的現象。有鑑於此，財政部於1992年6月完成保險公司設立標準的訂定，將凍結30年保險公司新設的申請解凍，重新開放申請。1993年5月政府核准新設立的壽險公司有7家，產險公司也有1家[16]。

（三）票券金融公司

在金融業務專業分立經營制度下，於上節提及在1970年代後期台灣建立貨幣市場與成立三家專業中介的票券金融公司，寡占票券金融業務，直到1990年代初期。

---

16 7家壽險公司分別為富邦、幸福、國寶、三商、中興、力霸與興農公司，1家產險公司為東泰公司。

　　政府對票券金融業務的經營開放與允許商業銀行兼營票券業務，是在1991年全國金融會議上做成決定的。開放分三個階段來執行，原則為先開放次級市場業務，再開放初級市場業務。第一階段政府於1992年5月開放銀行辦理短期票券之經紀與自營業務；第二階段於1994年8月開放新票券金融公司的申請，使票券金融市場處於可競爭狀態；第三階段的開放，於1995年8月為對銀行再開放辦理短期票券的簽證、承銷業務。至此，銀行兼營票券金融業務的限制範圍完全取消，銀行可兼營票券金融公司的全部業務，票券市場實可說進入競爭激烈的狀態。到2004年，專業票券金融公司共有16家，其業務占市場的80%以上。

(四)證券金融公司

　　證券市場若有信用交易時，得融資或融券，而證券金融公司就是提供信用交易融資與融券之證券服務事業。證券金融的作用，在於活絡證券市場，調節資金供需，但不可諱言的，也增大投資者投資的槓桿倍數，對股價會產生助漲助跌效果，市場波動因而加劇。證券金融業務隨股市規模的擴大而發展。1970年代，股市規模小，只由台灣、土地與交通銀行辦理證券融資業務。復華證券金融公司成立後，獨占專營證券金融的融資融券業務。1988年修訂證券交易法，明訂證券經紀商經主管機關核准，得辦理有價證券交易之融資融券業務，政府於1990年10月開放之後，打破復華公司的獨占局面，使證券金融進入雙軌制。1994年政府開放證券金融公司新設，1995年5月有富邦、環華、安泰與嘉華四家新公司加入營運，證券金融業務的競爭更加激烈。

(五)金融控股公司

2001年7月9日政府公布實施「金融控股公司法」，該法改變了台灣地區現有金融制度，可謂是台灣另一次金融改革的立法。由於全球金融業務資訊化的發展，金融商品不斷創新，使得原本銀行、證券與保險間可隔離的業務模糊化，而金融業又傾向於大型集團化。台灣為順應國際金融業變化的趨勢，與處理本國金融機構營運上的問題，將原本為金融信用長短分立、專業分隔經營形態的立法精神，改為引進美國式的金融控股公司，進行金融制度改革。

金融控股公司以有控制性持股的子公司，跨業經營銀行、保險與證券，其業務為對投資及對被投資事業之管理，其所投資的事業包括銀行業、票券金融業、信用卡業、信託業、保險業、證券業、期貨業、創業投資業，以及經主管機關核准投資之外國金融機構與經主管機關認定與金融業務相關之其他事業等。簡言之，金融控股公司可經營的業務範圍幾為全部金融事業之大成，範圍極為廣泛，具有金融百貨性質，為綜合經營形態。

金融控股公司法公布實施後，提供了金融機構開拓金融版圖或金融集團集中化的法規依據。2001年起各家金融機構展開合縱連橫，經由經營讓與與股份轉換的方式，或合併、或概括讓與、或承受，重組台灣地區的金融市場版圖，朝向組織大型化、業務綜合化的方向發展。該法於2001年公布實施，在當年就有4家申請獲准設立，分別為華南金控、富邦金控、國泰金控與中華開發金控，2002年又有9家金控公司成立，計有玉山、復

華、交銀、日盛、台新、新光、國票、建華與中國信託，而2003年又增加第一金控公司，到2004年共有14家金控公司。

　　無疑地，金融控股公司擴張了銀行原本的業務，爲一種金融綜合業務形態，金控公司旗下的子公司，其業務可跨到保險業與證券業。

二、衍生性金融商品市場

　　證券交易除現貨交易外，期貨交易在成熟的證券市場也是重要的。台灣期貨市場開始於1990年代，其發展可粗分爲兩個階段，即開放國外期貨交易與建立國內期貨市場。爲因應證券衍生性金融商品市場的需求，增進市場效率，促進價格公平與發展，規避營運風險與增加流通性，政府於1997年6月1日核定實施「期貨交易法」，同時將證券管理委員會更名爲證券暨期貨管理委員會，而於1998年4月成立台灣期貨交易所公司，並於7月21日正式推出第一個本土期貨商品：臺灣證券交易所加權股價指數期貨契約，正式開啓國內期貨市場的交易，這在證券市場的發展上算是一個重要的里程碑。

　　國內期貨市場建立後，先推出股價指數期貨契約，於1999年7月21日又推出電子類股價指數期貨與金融保險類股價指數期貨兩項商品，爾後再推出期貨選擇權契約，如2001年10月24日推出臺灣證券交易所股價指數選擇權契約。2003年1月20日推出股票選擇權契約，契約標的有聯華電子公司、台積電公司、南亞公司、中鋼公司與富邦金控公司等；2003年6月30日推出臺灣50期貨契約。至此，台灣期貨市場商品邁向多樣化，對現貨

也提供了避險管道。

其實，在台灣建立期貨市場之前，在國外就有台股指數期貨契約的上市買賣，一在美國芝加哥商業交易所的道瓊台股指數期貨，另一在新加坡國際金融交易所的摩根台股指數期貨，它們都比國內早一年推出，即1997年。

期貨與選擇權之衍生性金融商品在台灣市場推出前，1997年9月政府就准許證券商發行認購權證，在股市集中市場掛牌交易，首先推出的是大華01（標的股爲國巨公司）、大華02（標的股爲太電公司）與寶來01（標的股爲國建等5家公司），到2001年止，證券商共發行183檔認購權證，2002年發行102檔，至2003年11月止，共發行252檔，認購權證發行數也呈逐年增加現象。

台灣股市交易的標的，除現貨交易外，其衍生的證券金融商品就有期貨、選擇權、認購權證與ETF（指數股票型基金）等，種類有指數期貨、指數期貨選擇權、股票選擇權、單一型與組合型的認購權證等，市場的商品種類愈來愈多樣化。如此，可提供給投資者與經營者多樣的投資種類與避險管道。

三、金融服務業的自由化與國際化

(一)金融業務的自由化

回顧台灣的金融制度，法規的立法精神是屬於較嚴格的專業分立體系，不但嚴格區分商業銀行與其他銀行的業務，也嚴格規範銀行與其他金融相關行業的業務。然而，在執行層面，商業銀行卻具有綜合銀行經營性質，其業務範圍得以擴展。

台灣的銀行業是採分類制度，分爲商業銀行、儲蓄銀行、

專業銀行與信託投資公司，各類銀行各有其專屬業務，可說是長短信用分立、業務隔離專營的制度。實際上，台灣並沒有如銀行法上所定義的儲蓄銀行，一般銀行得附設儲蓄部，經營儲蓄銀行的業務；也得申請附設信託部，經營投資業務，而儲蓄部與信託部的業務，在經營中長期信用方面也沒做具體明確的分離規範。因而在銀行業務運作上，並無分類業務之實，反而是銀行業務混合經營的方式。

在票券業務方面，1992年5月政府開放銀行辦理短期票券之經紀與自營業務，1995年8月又開放辦理短期票券的簽證與承銷。如此說來，票券業務已為一般銀行的一項業務，銀行可辦理票券的簽證、承銷、經紀與自營等業務。

在證券業務經營方面，早在1960年代，一般銀行經由所附設的儲蓄部與信託部，就可經營證券業務，如經紀或自營等，之後加上承銷業務[17]。鑑於美國在1999年通過金融服務業之現代化法，以及日本加速金融跨業經營制度之改革，國際上已將銀行轉投資證券、保險等相關事業視為正常業務，而國內證券商藉由合併方式提高其規模經濟，增加市場競爭力，於是政府於2000年1月也就全面開放一般銀行轉投資綜合證券商，使得兼營

17　1968年證券交易法公布實施，規定證券商不得由他業兼營，但在該法公布實施之前，商業銀行附設的儲蓄部與信託部早就開始經營證券業務，因而在法規上規定，原經主管機關核准者，如商業銀行，可兼營證券業務。1975年修正銀行法時，明訂商業銀行不得從事證券投資，因而與證券有關業務，得設立資本及會計須獨立的儲蓄部與信託部，才可經營證券業務。

證券業務的一般銀行增加其競爭；為配合國外期貨經紀業務的開放，准許銀行轉投資成立期貨子公司，經營期貨業務。

對金融機構經營業務範圍的放寬，在1989年銀行法修正時增列「經中央主管機關洽商中央銀行後核准辦理之其他有關業務」。這種概括性的規定放寬在法規上原本所規範的業務，使得業務經營範圍因時地變遷而具有彈性，如政府對下列業務的允許：銀行儲蓄部得收受支票存款，外商銀行可設儲蓄部及信託部辦理證券業務等。

對一般銀行在其他業務開放方面，計有全面推動金融業開辦互聯網銀行業務，開放的項目包括以行動電話辦理金融交易、信用卡業務、黃金買賣業務、辦理應收帳款承購業務、以電話、終端設備、支票背書方式約定轉帳、辦理各組合式存款業務、辦理財務顧問業務等（見金融局，2001）。

除對一般銀行放寬業務範圍外，政府也於1994年放寬區域性銀行的營業區域。1993年公布「信用合作社法」，以單獨立法方式統一管理信用合作社的業務，放寬其業務區域不受行政區域之限制，增列社員積極資格與準社員；大幅放寬其營業項目，除外匯業務有所規範外，其餘業務比照銀行法所規定商業銀行之經營業務；放寬農會會員資格，另加贊助會員，擴大其經營空間。

然而，對金融機構業務多元化所產生的綜合經營效能，莫過於「金融控股公司法」的實施。2001年後，台灣的金融體制，經由金融控股公司的機制，連鎖經營銀行、證券與保險等業務，使得台灣金融市場呈現嶄新面貌。

（二）金融業務的國際化

1. 銀行業務方面

銀行業務的國際化，可分別從外國銀行在台分行與本國銀行在海外設分行來論述。對於外國銀行在台分行，放寬分行設立據點，除台北市與高雄市外，也可在台中市、新竹市或桃園縣等設立分行；在業務範圍方面，依關稅暨貿易總協定（GATT）國民待遇原則，修訂管理法規，與本國銀行立於同樣基礎來營運與公平競爭。2004年6月共有36家外國銀行在台設有營業據點，分行共有68處。

繼「國際金融業務條例」立法實施，成立「境外金融中心」與「台北外幣拆放市場」後，於1994年訂定「本國銀行設立國外分支機構應注意事項」，鼓勵健全的金融機構可赴海外設置分支機構。現台灣的銀行海外分布遍及各國際金融中心，2004年3月止，共有家數184家。

在國際金融業務方面，自1983年開辦以來，持續增加國際金融業務分行業務項目，創新金融商品，擴大營運規模，本國銀行與外國銀行都設有國際金融業務分行來經營，至2004年6月止共有70個單位。

2. 證券市場方面

台灣近十餘年來證券自由化與國際化的具體措施與方案，其中較為重要者，以1990年開放外國券商來台設立分公司與外國專業投資機構（Qualified Foreign Institutional Investor, QFII）投資台灣股市總額度25億美元為重要的里程碑，接著於1994年全面開放外國人持有國內證券商的股份，而2000年取消

外資投資台灣發行公司的比例上限。到2003年10月，更加放寬外資投資台灣股市的限制，取消最高投資額度30億美元之規定；也取消於核准投資後應於兩年內匯入資金之限制；對外資申請的資格條件中有關資產規模之限制也取消。證券市場的國際化更具體地向前邁進，漸達外資進出證券市場的無障礙空間。

除開放外資投資國內股市的措施外，台灣加權股價指數於1996年4月納入道瓊世界指數，於該年9月納入摩根士丹利新興市場自由指數，同時也開放證券商受託買賣外國有價證券，開放國人公司赴國外市場發行股票上市與赴國外發行有價證券，也同意外國來台發行有價證券及上市、上櫃。在國人赴外國發行有價證券方面，海外公司債與存託憑證核准發行的件數與金額，每年都在增長，顯示國內企業已將資金籌措的範圍延伸到國外。1990年代後期，政府通過期貨交易信託業法，這對台灣金融期貨及衍生性金融商品的快速發展很有幫助。

四、問題檢討

1990年代為台灣經濟自由化時代，特許產業已成歷史名詞，金融服務業機構的設立改為申請制，解除市場進入障礙的數量管制。金融服務業開放申請設立的類別，涵蓋整個金融業，包括商業銀行、保險公司、票券金融公司、證券金融公司、期貨商、金融控股公司與資產管理公司等，再加上有關證券市場的證券商、證券投資信託公司與證券投資顧問公司等，整個金融服務業確實變為一個競爭市場。

　　除了金融服務業機構數量管制的解除外，也放寬金融機構業務範圍，各類金融機構的經營走向綜合業務形態，銀行間因功能所給予的分類愈來愈模糊，各類金融機構間的業務區隔藩籬也被跨越，而金融控股公司的設立，重整金融機構業務的版圖，異業間跨業經營，創造金融的規模經濟與範疇經營，為台灣地區金融體制的具體變革。

　　金融機構開放申請後，商業銀行家數呈跳躍式驟增。政府對金融機構家數的管理，1980年代後期，由於家數管制，致使市場呈現服務家數不足現象。1990年代初期，管制解除後，市場又呈現競爭過度現象。金融機構家數的急增，再加上貨幣市場與資本市場的持續發展，以及資金需求者籌措資金管道的多樣化，使得金融機構營運面臨外在與內在環境變遷的壓力，不但存款貨幣機構的銀行之間業務競爭加劇，老字號銀行的市場占有率也為之下滑，存放利差縮小，進而壓縮基層金融機構的生存空間。1990年代後期，問題金融機構發生，擠兌風波，成為政府在金融上忙不完的救援行動。1998年本土型企業危機發生後，金融機構的問題更加嚴重，資產品質持續惡化，逾放比率節節高升，導致金融輔導與金融改革勢在必行，而政策主旨係在改善資產品質、降低逾放比率、創造合理競爭環境、減少金融機構家數，與建立一元化的金融監理制度。

　　二十一世紀的到來，台灣金融體制也邁向現代化的建設，金融機構正走向資本集團化、組織大型化、業務綜合化。如此結構上的調整，小型金融機構必然會受到衝擊，將來何去何從？被合併？或發展出自有獨特的營運，發揮小而美的特性？另

者，台灣地區金融市場國際化的程度愈來愈深，而如何架設兩岸間金融往來的制度，也是不可迴避的問題。

第三章

金融機構的家數與營運

　　談及金融體制，無論何種國家，主要由三個層面所形成：
一、辦理金融監督、管理與檢查業務的政府部門；二、金融服
務業；三、金融市場。國與國之間的差異，在金融監理制度方
面，有一元制與多元制的差別；在金融服務業機構方面，主要
的差別在於市場是否存有人爲進入障礙的問題；而金融市場的
差異大都在於種類多寡與規模大小。本章除對目前台灣地區金
融體制的各個層面予以扼要陳述外，主要是論述金融機構問
題，包括家數變化、營運狀況與所面臨的競爭。有關金融監理
與金融市場的狀況，於後續兩章再進行分析。

第一節　台灣現行金融體制

　　台灣現行的金融體制如「圖3.1」所示。台灣即使已存有正
式組織的金融服務業部門與競爭激烈的公開金融市場，無組織
的民間借貸依然存在，但其重要性因金融自由化與法制化而遞

減。無組織的民間借貸，存有較高的違約風險，故其利率會高於正常水準；其交易形態包括了民間互助會（或稱標會）、信用借貸、質押借貸、遠期支票借貸、存放廠商、融資性租賃與融資性分期付款等。標會在民間資金往來上歷久彌堅，已成爲中小企業融資的重要管道之一[1]。融資性租賃與融資性分期付款的交易，則有租賃公司與分期付款公司之正式組織，也具有公開專業的經營性質；其他的民間借貸，交易雙方大都是親友、雇屬與業務往來之關係，有時經由當鋪與代書事務所作爲中介。

有正式組織的金融體系，係由三個層面所組成，即：主管機關、金融服務業與金融市場。台灣地區金融業務的管理與監理機關原本爲財政部與中央銀行，而財政部掌管財政與金融兩大業務，其下設證券暨期貨管理委員會，管理證券與期貨有關業務；設金融局，管理銀行有關業務；設保險司，管理保險有關業務，各會、局與司就其所管業務內，對金融機構進行檢查。由於中央銀行、財政部、存保等單位之職責重疊，常被人譏爲金融管理與監理的多頭馬車，監理績效不彰。在金融監理一元化的強力呼籲下，要求金融監理改革，將金融業務從財政部掌管中分離出來。2003年立法通過「金融監督管理委員會」組織的設置，並於2004年7月1日正式組成而展開運作，該委員會隸

1　有關中小企業資金取得管道，近年來王金利(2003a)與于宗先、王金利(2000)有深入的討論。因中小企業本身在組織、經營與財務上存有一些先天不易克服的問題，政府也不斷予以輔導與提供鼓勵措施，但在正式有組織的金融市場中，卻爲競爭上的弱者，故其資金來源反而多依賴民間無組織的部門，而標會便成爲常依賴的管道。

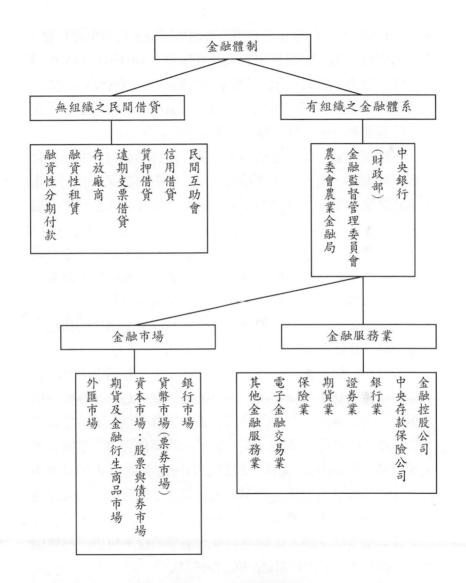

圖3.1　金融體制圖

屬於行政院。另，台灣基層金融的管理機關原本為農業委員會、內政部與財政部，因而呈現管理混亂現象。2004年在農業委員會下成立農業金融局，為農漁會信用部的中央主管機關。由此，台灣現行對金融管理與監理的中央主管機關，為中央銀行、金融監督管理委員會與農業委員會農業金融局。

金融服務業，除了包括四大行業：銀行業、證券業、期貨業與保險業外，還包括金融控股公司、中央存款保險公司、金融重建基金與電子金融交易業等。銀行業以存放款為其主要服務之行業，銀行為貨幣機構，吸收存款，辦理放款，創造信用，擔任間接金融的角色，中介資金剩餘者與資金不足者，在金融機構中銀行是最為重要的機構。票券金融公司在歸類上雖屬於銀行業的機構，但其主要任務卻為擔任貨幣市場的中介角色，不具有信用創造的功能。銀行業還包括基層金融機構的信用合作社與農漁會信用部，它們都具有信用創造的能力。

證券業的服務係以證券發行與流通為主，除證券商外，證券業的機構包括證券交易所、證券櫃檯買賣中心、證券投資信託事業、證券金融事業、證券投資顧問事業、證券集中保管事業等。證券的發行、承銷、交易與其相關事務為證券業裡各事業單位或公司的主要業務。證券業的持續發展健全了資本市場，其中以股票市場最具普遍性，另包括了債券市場；證券有發行與流通的現象，據此可分為發行市場與流通市場，而證券商是經營證券的承銷、經紀與自營的事業單位，可辦理融資融券，為證券業中最大經營部門的金融機構。

有關衍生性金融商品的發行、交易與市場，是期貨業主要

服務的內容。期貨業係指期貨交易所、期貨商、槓桿交易商、期貨信託事業、期貨顧問事業等之業務及機構。因應金融環境的變遷，1997年後，台灣在股市上也開創多種的衍生性金融商品，如認購權證、指數期貨、選擇權等，這些市場規模正逐漸擴大。

保險業係指保險公司、保險合作社、保險代理人、保險經紀人、保險公證人、郵政機構之簡易人壽保險業務等之業務及機構。在保險市場裡，人身、財產與責任為其險種，因而保險公司分為人壽與產物兩類，而保險公司就是銷售保險單與事故給付的經營機構。

金融服務業各行業機構的設立，從1988年後，政府陸陸續續地公布各類金融機構的設立標準，內容主要規範機構的最低資本額與董監事及管理人員的資格條件，作為申請審核之依據，國人可自由地依這些法規提出設立申請，以往以政策性考量的特許設立已成歷史。基本上，台灣地區各類別的金融機構與其周邊事業單位都可自由進出市場，沒有人為的限制，甚至包括商業銀行的新設在內。

金融體制中較重要的部分就是金融市場。金融市場是資金需求者與供給者之間融通的場所，其所融通的資金是經由各種不同的金融工具來達成，如存款、放款、存單、公司債、公債、國庫券、股票、本票、匯票，甚至外幣等。因而按金融工具融通時間的長短與性質，可進一步將金融市場劃分為貨幣市場、資本市場、外匯市場與衍生性金融商品市場等。台灣都有這些市場。

　　貨幣市場是指提供一年期以下金融工具融通的市場，金融工具大都為國庫券、商業本票、銀行承兌匯票、可轉讓定期存單等，主要中介機構為票券金融公司。2003年台灣地區貨幣市場票券發行餘額為1.19兆元，交易額為2.28兆元。資本市場是指提供一年期以上（通常是指長期資金）金融工具融通交易的市場，其中最大的兩個種類就是股票與債券。台灣股票集中交易起自1962年臺灣證券交易所的成立，現有三個市場，即上市市場、上櫃市場與興櫃市場[2]。台灣股票交投熱絡，股價波動也劇烈，2003年上市市場的交易額為20.33兆元，年中最高收盤價為6278.76點，最低為4140.34點，高低點的差距為51.64%[3]。資本市場與貨幣市場所為的融通，構成了直接金融，而銀行也直接參與票據買賣。

　　外匯市場為外幣買賣交易的市場，其中對象以美元為主，又可分為顧客市場與銀行間市場兩種。近年來，金融工具不斷創新，為了因應利率、匯率、價格與股價等波動，新創許多規避此種風險的衍生性金融商品，因而就有期貨市場、選擇權市場、認購權證市場等。台灣在1997年開放認購權證商品交易後，1998年成立期貨交易所，開啟本土性期貨商品的交易，2003年

2　上市市場為集中交易市場，由臺灣證券交易所制定交易制度，為證券買賣提供場地與設備；上櫃市場，又稱店頭市場，是集中交易市場之預備市場，由財團法人中華民國證券櫃檯買賣中心制定交易制度，提供證券買賣場地與設備；興櫃市場，為一些已經上市（櫃）輔導而未正式上市（櫃）的公開發行公司之股票提供一個交易流通的平台。

3　該年最高價產生於11月5日，最低價產生於4月28日。

的交易為3187.49萬口。

　　總之，台灣現今的金融體制，開始有一個事權較統一的政府監理制度，金融服務業的機構，在法規的規範下，可自由申請設立，市場進入的人為障礙大幅移除，各類金融機構與其周邊事業單位，互補的或替代的從事金融服務工作，機構間的經營競爭激烈，提高整體金融效能。政策的鬆綁，銀行、票券、證券與保險的業務區隔經營，趨向模糊，機構之間跨業經營，走向金融經營綜合化與百貨公司化的形態。金融市場的種類也多，存有各種不同類型的金融工具，有效地建構資金不足者與資金剩餘者之間的橋梁。

第二節　金融機構的家數與其變化

　　在此，所論述的金融機構，以銀行業為主。一般而言，銀行業係指銀行機構、信用合作社、農會信用部、漁會信用部、票券金融公司、信用卡公司、信託投資業、郵政儲金匯兌等之業務及機構，其中以商業銀行及基層金融的農漁會信用部為主幹。

　　銀行業的主要業務為金融中介，肩負起儲蓄者與投資者之間的橋梁，其所對應的為銀行市場，即資金的存貸業務，為間接金融。

一、銀行業的組成與分類

　　銀行業按信用創造的有無而劃分，可分為貨幣機構與非貨

幣機構[4]，如「圖3.2」所示。在台灣，現行貨幣機構包括中央銀行、商業銀行、專業銀行、信用合作社、農、漁會信用部與中央信託局，它們都具有貨幣創造的功能。中央銀行為銀行的銀行，執行貨幣政策，調劑外匯，對一般銀行具有業務檢查與管理之責。中央信託局因其歷史背景特殊，綜合經營採購、貿易、信託、保險與銀行業務。台灣的銀行以商業銀行為主，其主要任務為收受存款與供給短中期信用，本國的一般銀行與外國銀行在台分行多為商業銀行。

專業銀行為專業信用中長期供給的銀行，依性質分為六類：

(一)供給工業信用之專業銀行為工業銀行，以供給工、礦、交通及其他公用事業所需中、長期信用為主要業務，現行的交通銀行、中華開發工業銀行與台灣工業銀行皆屬之。

(二)供給農業信用之專業銀行為農業銀行，以調劑農村金融，及供應農、林、漁、牧之生產及有關事業所需信用為主要任務，現行的中國農民銀行、台灣土地銀行與合作金庫銀行屬之。

(三)供給輸出入信用之專業銀行為輸出入銀行，以供給中、長期信用，協助拓展外銷及輸入國內工業所必需之設備與原料為主要任務，現行只有一家中國輸出入

4　另一種方式是以收受存款的有無來分類。一般而言，有收受存款的金融機構，通常都會辦理放款，因而會創造信用，為貨幣機構，只有郵政儲蓄匯業局例外。

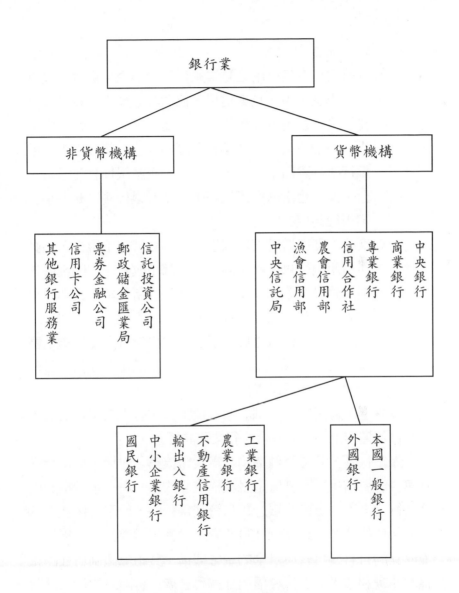

圖3.2　銀行業圖

銀行屬之。

(四)供給中小企業信用之專業銀行爲中小企業銀行,以供給中小企業中、長期信用,協助其改善生產設備及財務結構,及健全經營管理爲主要任務,因面臨金融機構的競爭與拓展經營業務與範圍,已有部分中小企業銀行改制爲商業銀行,現行中小企業銀行有花蓮區、台東區、台南區與高雄區中小企業銀行與台灣中小企業銀行共5家。

(五)供給不動產信用之專業銀行爲不動產信用銀行,不動產信用銀行以供給土地開發、都市改良、社區發展、道路建設、觀光設施及房屋建築等所需中、長期信用爲主要任務,現行只有台灣土地銀行一家。

(六)供給地方性信用之專業銀行爲國民銀行,以供給地區發展及當地國民所需短、中期信用爲主要任務,目前台灣並沒有國民銀行之設立。

事實上,台灣在法規制訂與管理上,雖有專業銀行之名,然在實際運作上已趨於綜合銀行業務的經營。

除銀行外,基層金融機構也爲貨幣機構,包括了信用合作社與農漁會信用部。基層金融機構成立的目的與上述所提的商業銀行完全不同,商業銀行係以營利爲目的,信用合作社本於互助合作的精神,以調劑社員的資金供需,增進社員的福祉,而成立的自有、自營與自享的金融機構,其組織體制爲社團組織的非營利法人;農漁會信用部爲農會或漁會附設的信用經營單位,其設立的目的在於調劑農漁村金融,促進農漁業生產,

與繁榮農漁村，以增進農漁會會員的福祉，為台灣最基層的農漁村金融機構。信用合作社與農漁會信用部的營運，深具濃厚的地方色彩，都具有「人合組織」之特性。這種特性卻帶來監理上的一些問題。

　　基層金融機構與合作金庫銀行存有密切的關係，合作金庫可稱為是基層金融機構的中央銀行，因其負有對基層金融機構資金融通與收受餘裕資金轉存之責，也負起業務檢查、保證、通匯與代理票據交換之責[5]。合作金庫於2001年改組為銀行的公司組織形態，將朝向一般銀行綜合性業務來發展。

　　銀行業裡非具有貨幣創造的金融機構包括了信託投資公司、郵政儲金匯業局、票券金融公司、信用卡公司與其他銀行服務業等[6]。信託投資公司的主要業務為收受信託資金與供給中長期信用。1990年後，在金融業競爭激烈的台灣社會，信託投資公司的業務範圍較一般銀行小，因而有些信託投資公司經由改制的途徑，變更為一般銀行。郵政儲金匯業局在台復業後，經由郵局的全省分布，深入台灣地區各個角落，吸收民間儲蓄，除了儲匯業務外，郵務與簡易人壽保險也為郵政機構的主要業務。票券金融公司為貨幣市場的中介機構，而信用卡公司大都為銀行轉投資的子公司，在台灣對個人或消費者蓬勃發行信用

5　1996年7月後，檢查業務轉給中央存款保險公司。其實，農民銀行與土地銀行也參與分攤責任。

6　郵政儲金匯業局於2003年1月1日改名為國營的中華郵政公司。為了行文方便起見，本書仍繼續使用郵政儲金匯業局這個名稱。

卡，建立了台灣另一種支付制度。

二、存款貨幣機構家數的變化

(一)各類存款貨幣機構家數的變化

1. 銀行總行的變動情形

銀行為貨幣機構，有關銀行機構總行家數增減情形，如「表3.1」所示。1949年台灣共有15家銀行，其中有7家是接收日本金融機構改組而成的，另7家為限區民營的合會儲蓄公司，1家是遷台復業的中央信託局。1950年代，政府完全凍結銀行設立，進入1960與1970年代，配合經濟快速發展，更須動員民間儲蓄於投資事業上，政府策略性的允許銀行設立，其類別有四種，即遷台的銀行允許復業，以華僑資金為基礎而特許新設，升格為院轄市後所須代理市庫之銀行，在專業銀行制度下，為了輸出入信用而特許成立國營的中國輸出入銀行，同時將合會儲蓄公司改制為中小企業銀行。在如此嚴格管制下，從1960到1982年之間共23年，特許新增的銀行只有11家，其中還包括中央銀行與郵政儲金匯業局在台之復業[7]。這11家銀行只有3家是民營銀

---

7 中央銀行有負起管理一般銀行之責，為銀行的銀行，在正常情況下，不接受民間的存款，中央銀行獨具有發行貨幣之權，又執行貨幣政策，當然為貨幣機構，為了區別起見，吸收民間存款辦理放款的金融機構，可稱為存款貨幣機構。郵政儲金匯業局只能吸收存款，不得放款，將其所吸收的存款轉存其他行庫，因而郵政儲金匯業局不具有信用創造的功能，所以不能稱為貨幣機構，可稱為收受存款機構。存款貨幣機構當然為收受存款機構。

表3.1　歷年來台灣地區銀行家數變動情形

年期	家數	性質	名稱
1949年以前	15	接收改組	台灣銀行、台灣土地銀行、台灣省合作金庫、第一商業銀行、華南商業銀行、彰化商業銀行、台灣合會儲蓄公司
		新設	台北區、新竹區、台中區、台南區、高雄區、台東區與花蓮區合會儲蓄公司
		遷台復業	中央信託局
1960	17	遷台復業	交通銀行、中國銀行
1961	19	遷台復業	中央銀行
		新設	華僑商業銀行
1962	20	遷台復業	郵政儲金匯業局
1965	21	遷台復業	上海商業儲蓄銀行
1967	22	遷台復業	中國農民銀行
1969	23	新設	台北市銀行
1971	23	更名	中國國際商業銀行(中國銀行)
1975	24	新設	世華聯合商業銀行
1976至1979	24	改制(合會儲蓄公司)	台灣中小企業銀行、台北區、新竹區、台中區、台南區、高雄區、台東區與花蓮區中小企業銀行
1979	25	新設	中國輸出入銀行
1982	26	新設	高雄市銀行
1991	27	新設	萬通商業銀行
1992	42	新設	大安商業銀行、聯邦商業銀行、中華商業銀行、遠東國際商業銀行、亞太商業銀行、華信商業銀行、玉山商業銀行、萬泰商業銀行、泛亞商業銀行、中興商業銀行、台新國際商業銀行、富邦商業銀行、大眾商業銀行、寶島商業銀行
		改制(信託投	中國信託商業銀行

		資公司)	
1993	43	新設	安泰商業銀行
		更名	台北銀行(台北市銀行)
1994	44	改制 (信託投 資公司)	慶豐商業銀行
		更名	高雄銀行(高雄市銀行)
1997	49	改制 (信用合 作社)	誠泰商業銀行、陽信商業銀行、板信商業銀行、第 七商業銀行、高新商業銀行
1998	50	改制 (信託投 資公司)	匯通商業銀行
		更名 (中小企 業銀行)	台北國際商業銀行、台中商業銀行
1999	54	改制 (信託投 資公司)	中華開發工業銀行
		改制 (信用合 作社)	華泰商業銀行、三信商業銀行
		更名 (中小企 業銀行)	新竹國際商業銀行
		新設	台灣工業銀行
2000	55	改制 (信用合 作社)	聯信商業銀行
2001	54	合併	台新銀行(大安銀行併入)
		更名	合作金庫銀行(台灣省合作金庫)、建華銀行(華信銀 行)、日盛國際商業銀行(寶島商業銀行)

2002	54	更名	國泰商業銀行(匯通商業銀行)、復華商業銀行(亞太商業銀行)
2003	52	合併	國泰世華商業銀行(國泰商業銀行與世華聯合商業銀行合併)、中國信託商業銀行(萬通商業銀行併入)
		更名	中華郵政公司(郵政儲金匯業局)
2004	52	更名	寶華商業銀行(泛亞商業銀行)

資料來源：本研究整理。

行，餘者皆為公營性質。由此可見，政府經由國營銀行的途徑，可動員與分配全國的資金於特定的用途上。1982年後政府又凍結銀行設立，直到1989年銀行法修正與1990年頒布「商業銀行設立標準」後，新設商業銀行的家數才起結構性的變化。

　　1990年以前，政府嚴格管制銀行新設，銀行家數的增長簡直不能與經濟發展相對比，又在低利率政策的管制下，金融壓抑的結果，形成強烈對比的雙元性金融現象：無組織、高效率、高風險的民間借貸單位對應著有組織、聯合性壟斷、無效率的公營銀行。1990年後，在最低資本額100億元與股權分散的條件下，開放商業銀行新設，商業銀行家數呈跳躍般的增長，1991年新增一家，1992年就有14家新設商業銀行成立，銀行機構總行的家數從27家增到42家，為歷年來增加最多銀行家數的年份。由於整個經濟與金融情勢已發生變化，政府也訂出相關辦法，鼓勵與協助信託投資公司、信用合作社與中小企業銀行改制為商業銀行。銀行總行家數仍持續增長，到2000年達55家。再者，政府在金融自由化過程中，也推動公營銀行民營化，現今的銀行機構，在資本形態上民營銀行成為主流。

2001年，「金融控股公司法」通過立法，金融機構就展開合縱連橫，重新調整金融板塊，紛紛成立金融控股公司，銀行與銀行之間也進行合併，此時才見銀行總行家數的遞減。2001年台新金控成立時，台新銀行與大安銀行合併，而大安銀行為消滅公司；國泰金控成立後，世華銀行加入其體系，後與國泰銀行合併，新銀行重新命名為國泰世華商業銀行；政府動用「金融重建基金」，處理問題金融機構，高雄企銀將概括讓與其資產、負債及相關營業給玉山銀行，並自2004年9月4日正式生效，開啟台灣的銀行退出機制。到2004年，台灣的銀行總行為52家，比2000年少3家。

2. 基層金融機構的變動情形

基層金融機構也是存款貨幣機構，它包括了信用合作社與農漁會信用部兩類別。經過接收改組的過程，於1949年信用合作社共有71家，之後政府也是嚴格管制其家數的增長。1950年因台灣地區行政區域重劃，使得某些市鎮未有信用合作社，無法服務當地平民金融，地方政府與議會強力呼籲中央政府准予設立，1955年就在7個未設有信用合作社的市鎮各准設一家，1956年總社增到76家。1960年政府規定，新興市鎮人口達4萬以上，且已設金融機構不及2家者，准予設置信用合作社；1966年修正規定，凡縣轄人口在15萬人以上者，得設2家信用合作社。如此信用合作社總社的家數，於1969年增到84家，為最多家數之年份。

1949年前，接收改組的信用合作社有多家為兼營性質，1962年政府頒布「台灣省合作事業改進方案」，1970年又公布「信用

合作社改進方案」與「金融主管機關受託統一管理信用合作社暫行辦法」，旨在使信用合作社的經營朝專營制度發展，而兼營信用合作社大都於1963與1964年間改爲專營，而最後一家改爲專營者在1971年，此後信用合作社皆爲專營者。

　　1969年後，信用合作社經由合併、解散、改組等因素，家數開始下降，到1985年總社變爲75家。1985年台北市第十信用合作社發生擠兌風波，政府對其停業清理，1986年台灣省合作金庫概括承受其資產負債，信用合作社又少了1家。

　　進入1990年代，於1995年又爆發彰化四信擠兌風波，後也由合作金庫概括承受。由於政府讓信用合作社改制爲商業銀行，又開放許多商業銀行新設加入金融業服務，因而金融環境丕變，競爭加劇，導致某些信用合作社變爲問題金融機構而退出經營。從1997年，陸陸續續就有信用合作社或改制、或退出，到2002年止，就有9家改制爲商業銀行，18家將其資產負債概括讓與銀行，7家在金融重建基金動用下將其讓與商業銀行，信用合作社一下子減少34家，總社剩爲39家。在5年間，信用合作社總社減少46%，這可謂是台灣在金融體制上結構的重大變動。到2004年6月止，又減少5家，只剩下34家總社。

　　農漁會信用部爲農漁村的金融機構。台灣光復初期，農會與合作社曾數度分分合合，1949年政府頒布「台灣省農會與合作社合併辦法」暨「台灣省有關農會與合作社合併辦法實施大綱」，才確定鄉鎭區農會將信用部納入，經營農村信用業務，調劑農村金融，其體制一直沿用到如今，形成農會爲一個經營農業信用、推廣與供銷之綜合業務團體。漁會信用部的發展較農

會信用部晚，運作方式略同於農會信用部，爲漁會部門之一。1964年鄉鎮區農會共364個單位，其中附設信用部者有297處，之後家數雖有變動，但都維持在280家上下波動，1990年後家數爲285家。漁會信用部家數的發展，由1981年的4家增長到1992年的27家，其時台灣地區的區漁會有37個單位。

進入1990年代，農漁會信用部所面臨的金融環境，與上述所提的信用合作社是同樣的遭遇，時有擠兌發生，政府卻忙著打火[8]。在金融重建基金的動支下，將27家農會信用部與2家漁會信用部讓與商業銀行，於2001年農會信用部降爲260家，漁會信用部降爲25家。到2004年農會信用部又減少7家。

3. 分支機構的變動情形

有關各類別貨幣機構的總機構與分支機構的變動情形，如「表3.2」所示。在1990年以前，各貨幣機構的總機構數，無論是一般銀行或基層金融機構，都呈停滯現象，倒是外國銀行在台的營業據點持續快速增長，顯示政府對本國貨幣機構總機構數的成長是嚴格控制的。

在嚴格控制金融機構成長的保守心態下，爲了使金融機構能配合經濟發展之所需，政府採取分支機構發展模式，爲分支機構制。如上章所述，光復後，在建制銀行與合會儲蓄公司時，各金融機構就擁有家數頗多的分支機構，爲了迎合分支機構設立的需要，政府於1962年7月公布「台灣省境內金融機構設立分機構審核標準」，銀行機構與信用合作社分支機構的增設是受這

8　參閱本書第六章所論述的問題金融機構。

表3.2　台灣地區存款貨幣機構家數的變動情形　　　　　單位：家數

年	本國一般銀行		外國銀行		中小企業銀行		信用合作社		農會信用部		漁會信用部	
	總機構	分支機構	總機構	分支機構	總機構	分支機構	總機構	分支機構	總機構	分支機構	總機構	分支機構
1951	7	228			6	76	71	15	138			
1956	7	235			8	76	76	38	280			
1961	10	250	1	1	8	76	80	38	294	91		
1966	11	327	3	3	8	92	81	127	292	94		
1971	13	404	7	7	8	110	78	150	297	97		
1976	14	480	12	12	8	131	75	189	275	276		
1981	15	542	24	24	8	171	75	211	281	461	4	2
1986	16	601	32	32	8	212	74	303	284	593	19	10
1991	17	756	36	47	8	290	74	425	285	754	26	31
1996	34	1464	41	65	8	472	73	595	285	925	27	47
2001	48	2712	38	69	5	293	39	373	260	883	25	44
2004	45	2886	36	68	5	289	34	337	253	826	25	39

資料來源：台灣銀行經濟研究室所編印，《台灣金融之研究》（1969）；吳春來，
　　　　　《台灣信用合作事業之研究》（1973）；中央銀行，《金融統計月報》。
附註：1976年前中小企業銀行為合會儲蓄公司。2004年為6月底之資料。

標準規範的，而該標準也隨金融情勢做多次修正。

　　1951到1961年之間，分支機構成長緩慢，到1961年存款貨幣機構分支機構只有456家。1962年分支機構設立的審核標準公布後，為配合業務發展的需要，各家金融機構紛紛提出申請，到1991年存款貨幣機構分支機構增為2,303家，30年間增長4倍，其中本國一般銀行的分支機構由250家增到756家，成長2倍多；

外國銀行在台分行由1家增到47家；中小企業銀行由76家增到290家，成長2.8倍；信用合作社由38家增到425家，成長10倍；農會信用部由91家增到754家，成長7.3倍；而漁會信用部也從無增到31家。自1960到1980年代的觀察，銀行分支機構雖淨增500餘家，但與基層金融機構的成長相比，反而成為落後的類別。基層金融機構分支機構快速增長，深入台灣地區民間的各個角落，頗具有金融機構服務區域範圍的普及化，對鼓勵國民儲蓄與動員國民儲蓄產生積極的作用。

進入1990年代，故事情節完全變調。由於本國一般銀行總機構由1991年的17家增到1996年的34家，銀行總機構成長一倍，而其他類別的存款貨幣機構總機構數是不變的。如此使得各類別分支機構的增長排名發生結構性改變，銀行機構在家數上大幅成長。銀行家數如此的變動便成為台灣金融體制在演變過程中的重要訊息。1996年分支機構總數為3,568家，其中本國一般銀行有1,464家，外國銀行在台分行有65家，中小企業銀行有472家，信用合作社有595家，農漁會信用部有972家，與1991年相比，成長率分別為54.9%、93.6%、38.3%、62.7%、40%與23.8%，本國一般銀行的分支機構成長變為最快，而基層金融機構反而變為最慢。

台灣金融機構設立自由化時代的來臨，就是指政府管制的鬆綁，也意味著政府保護的消失。自由化表示競爭的到來，競爭固然會替消費者帶來利益，但競爭的結果必然會產生優勝劣敗的現象，不具競爭能力者難免會被迫退出市場。當初政府在開放商業銀行新設時，也許對金融機構產生過度競爭的衝擊始

料未及，也許已料到但認為當前不會發生，因而未有任何退場機制的規劃，致使在1998年後成為政府處理金融問題的重大負擔。

　　金融自由化後，金融機構總數急增，各個金融機構的競爭趨向激烈，商業銀行以台灣地區全區為經營範圍，而基層金融機構仍固守原來經營的區域型疆域，經營空間遭受壓縮，區域性經營相對上營運風險也較高，再加上基層金融機構在監理上未能落實、又有組織上的問題與地方金權政治的介入，使得某些基層金融機構變為問題金融機構。1996年後，基層金融機構經由合併、改制、讓與與概括承受予商業銀行，無論在總機構或分支機構方面，都呈下降走勢。到2004年6月底時，信用合作社總機構僅有34家，分支機構降為337家；農漁會信用部總機構為278家，分支機構降為865家，而本國一般銀行的分支機構卻增到2,886家，比1996年反而增加約一倍。

　　在1990年代後期與2000年代前期，就金融機構家數觀察，銀行機構與基層金融機構演出完全對立的兩樣情，銀行機構的家數不斷在膨脹，而基層金融機構卻在萎縮。

(二)各縣市存款貨幣機構家數的分布情形

　　存款貨幣機構的分布情形，因機構不同而有不同的重要分布區域，銀行機構為全域型的機構，而信用合作社與農漁會信用部是基層存款貨幣機構，前者較傾向於市鎮型，而後者為鄉鎮型。1983到1993年之間，信用合作社在市鎮地區的家數有較高的成長，農漁會信用部的發展也不遜色，而銀行機構更是積極地在各個地區開拓營業據點，尤其是因經濟發展而新興的市

鎮，如台北縣、桃園縣與新竹市等，金融機構家數的發展呈現
普及化現象。1993到2004年之間，尤其在東亞金融風暴後，基
層金融面臨營運的困境，在大多數的縣市，其家數開始減少，
而銀行機構卻乘虛而入，在各縣市所占比例反而大幅提升。

從「表3.3」所示，在1983到2004年間，台灣地區金融機構
總支機構成長152.16%。在縣市比較中，成長顯著地高於一般水
準者，計有台北市（258.20%）、台北縣（367.15%）、桃園縣
（295.06%）、新竹市（309.68%）與嘉義市（215.38%）等，其中以台
北縣、新竹市與桃園縣這三個地區成長的速度為最快；顯著地
低於一般水準的縣市，計有宜蘭縣（82.35%）、新竹縣（35.85%）、
苗栗縣（60%）、南投縣（35.06%）、雲林縣（80.56%）、嘉義縣
（48.81%）、屏東縣（54.22%）、台東縣（51.43%）與花蓮縣（49.06%）
等，其中以新竹縣、南投縣與花蓮縣的成長為最慢，不及一般
水準的1/3。由於台灣經濟發展在區域間的分布原本就不平衡，
西岸優於東岸，北部重於南部，金融機構的家數深受地區經濟
發展程度的影響，經濟發展愈是深化，愈需要金融服務，金融
機構當然成長就快。金融機構在縣市中成長速度的不一，可說
是區域不平衡發展的自然結果。

就2004年金融機構在縣市分布情形而論，台北市所占比例
是最高，有917家，占有率達19.37%，其次為台北縣，家數有640
家，占有率為13.52%，其餘縣市的占有率都不及10%。在省轄市
方面，以台中市的5.13%為最高，以基隆市的1.29%為最低；在
縣方面，除台北縣外，分布比例次高者為桃園縣（6.76%），最低
者為外島的澎湖縣（0.7%）。高雄市的占有率為7.37%，遠低於台

表3.3　縣市別本國貨幣機構分布情形　　單位：家數

	本國銀行機構		信用合作社			農漁會信用部			合計		分布比例	成長率
	1983	2004	1983	1993	2004	1983	1993	2004	1983	2004	(2004)	(83-04)
台北市	187	842	58	91	53	11	19	22	256	917	19.37	258.20
高雄市	70	296	49	67	36	17	23	17	136	349	7.37	156.62
台北縣	75	489	9	21	20	53	100	131	137	640	13.52	367.15
宜蘭縣	20	37	1	3	5	30	45	51	51	93	1.96	82.35
桃園縣	37	234	4	8	11	40	75	75	81	320	6.76	295.06
新竹縣	23	38	0	0	4	30	35	30	53	72	1.52	35.85
苗栗縣	20	43	6	9	8	39	49	53	65	104	2.20	60.00
台中縣	36	148	4	8	7	49	78	87	89	242	5.11	171.91
彰化縣	30	113	16	54	43	54	85	73	100	229	4.84	129.00
南投縣	27	40	1	4	0	49	60	64	77	104	2.20	35.06
雲林縣	25	54	3	9	0	44	65	76	72	130	2.75	80.56
嘉義縣	11	20	0	0	0	73	95	105	84	125	2.64	48.81
台南縣	23	96	1	4	0	105	126	127	129	223	4.71	72.87
高雄縣	21	115	6	21	8	67	93	89	94	212	4.48	125.53
屏東縣	23	95	6	17	0	54	87	33	83	128	2.70	54.22
台東縣	13	26	2	5	0	20	26	27	35	53	1.12	51.43
花蓮縣	20	24	7	20	24	26	29	31	53	79	1.67	49.06
澎湖縣	5	6	3	16	18	7	9	9	15	33	0.70	120.00
基隆市	17	28	8	19	27	2	6	6	27	61	1.29	125.93
新竹市	9	82	22	54	35		8	10	31	127	2.68	309.68
台中市	34	219	67	103	13	14	14	11	115	243	5.13	111.30
嘉義市	12	52	11	32	24	3	5	6	26	82	1.73	215.38
台南市	31	126	30	65	31	7	11	10	68	167	3.53	145.59
合計	769	3223	314	630	367	794	1143	1143	1877	4733		152.16

資料來源：財政部，《財政統計年報》；中央銀行，《全國金融機構一覽表》。

附註：2004年為6月底的資料。

北市。

(三)本國銀行海外分行

　　台灣地區的金融機構不但實施自由化，也追求國際化。政府允許外國銀行來台設分行，亦研訂「本國銀行設立國外分支機構應注意事項」，鼓勵健全金融機構赴海外設立分支機構。本國銀行在海外設有分行、辦事處、代表處或子公司等。截至2004年3月止，共有184家的銀行海外分支機構，其中北美洲有69家，而美國就有63家之多；中美洲5家，歐洲有12家，南非只有1家；亞洲最多，有93家，而日本有6家，菲律賓有23家，新加坡有8家，香港有19家，印尼有9家，越南也有10家；另大洋洲有4家。

　　最早在國外有分支機構的銀行為中國國際商業銀行，如今至少有25家本國銀行已在海外設有分支機構，老字號的與1990年後新設的商業銀行都有。台灣銀行海外分支機構有8處，第一商業銀行有19處，華南商業銀行有6處，彰化商業銀行有8處，國泰世華商業銀行也有8處。在國外分支機構最多的銀行為中國信託商業銀行、中國國際商業銀行與建華商業銀行，分別為59處、22處與19處。

(四)與其他金融機構家數之比較

　　上述為各類別存款貨幣機構家數變化情形的討論，現將之擴大到其他金融機構，如「表3.4」所示。「表3.4」將金融機構分為收受存款機構與其他金融機構，存款貨幣機構當然為收受存款機構，只是將郵政儲金匯業局加入而已。郵政儲金匯業局只收受存款，不得放款，將所吸收的款項轉存於銀行。郵政儲金匯業局經由分布於台灣地區各個角落的郵局收受民間儲

表3.4 台灣地區各類金融機構家數統計表　　單位：家數，%

年	1961	1966	1971	1976	1981	1986	1991	1996	2001	2004
機構數										
收受存款機構	1,334	1,550	1,812	2,232	2,856	3,311	3,961	5,269	6,068	6,139
本國銀行	260	338	417	494	580	618	773	1,498	2,760	2,931
外國銀行在台分行	1	3	7	12	24	32	47	65	69	68
中小企業銀行	84	100	118	139	195	220	298	480	298	294
信用合作社	153	206	228	263	286	378	499	668	412	377
農漁會信用部	385	391	394	551	748	906	1,096	1,284	1,212	1,146
郵政儲金匯業局	451	512	648	773	1,023	1,157	1,212	1,274	1,317	1,323
其他金融機構	25	49	88	148	218	212	702	1,050	1,781	1724
信託投資公司	1	1	8	8	31	36	70	60	36	30
保險公司	24	48	80	125	167	147	181	261	344	355
票券金融公司				1	5	14	23	43	63	59
證券金融公司				1	1	1	6	8	8	
證券商				14	14	14	427	649	1,277	1,224
期貨商								31	53	48
合計	1,359	1,599	1,900	2,380	3,074	3,523	4,627	6,319	7,849	7,863
百分比										
收受存款機構	98.16	96.94	95.37	93.78	92.91	93.98	85.61	83.38	77.31	78.07
本國銀行	19.13	21.14	21.95	20.76	18.87	17.54	16.71	23.71	35.16	37.28
外國銀行在台分行	0.07	0.19	0.37	0.50	0.78	0.91	1.02	1.03	0.88	0.86
中小企業銀行	6.18	6.25	6.21	5.84	6.34	6.24	6.44	7.60	3.80	3.74
信用合作社	11.26	12.88	12.00	11.05	9.30	10.73	10.78	10.57	5.25	4.79
農漁會信用部	28.33	24.45	20.74	23.15	24.33	25.72	23.69	20.32	15.44	14.57

郵政儲金匯業局	33.19	32.02	34.11	32.48	33.28	32.84	26.19	20.16	16.78	16.83
其他金融機構	1.84	3.06	4.63	6.22	7.09	6.02	15.17	16.62	22.69	21.93
信託投資公司	0.07	0.06	0.42	0.34	1.01	1.02	1.51	0.95	0.46	0.38
保險公司	1.77	3.00	4.21	5.25	5.43	4.17	3.91	4.13	4.38	4.51
票券金融公司				0.04	0.16	0.40	0.50	0.68	0.80	0.75
證券金融公司					0.03	0.03	0.02	0.09	0.10	0.10
證券商				0.59	0.46	0.40	9.23	10.27	16.27	15.57
期貨商								0.49	0.68	0.61

資料來源：財政部金融局編印，《金融統計指標》，《金融局年報》；證期會編印，
　　　　《證券暨期貨市場重要指標》。2004年爲該年6月底之資料。
附註：不包括中央再保險公司、郵政代辦所與漁船保險合作社。

蓄，深入民間，分布之廣，無任何一家金融機構能與之抗衡。
1961年郵政儲金匯業局總支機構就有451家，1971年增到648
家，1981年變爲1,023家，之後成長變得緩慢，到2004年有1,323
家。

　　其他金融機構包括信託投資公司、保險公司、票券金融公
司、證券金融公司、證券商與期貨商等[9]。信託投資公司的家數
原本就不多，總機構只有9家，至1991年總支機構爲70家，之後
因改制爲商業銀行，家數當然就減少，2004年只剩下30家。保

9　有關金融服務業的周邊事業單位，如投資信託公司、信用卡公司等，
　　一者因沒有完整的統計資料，另者也不是直接與金融中介服務有關，
　　因而未納入一併分析。

險公司的家數卻呈穩定增長，1961年有24家，1971年就增到80家，成長2倍餘，到1981年又增長1倍，家數變爲167家。政府於1992年開放保險公司新設，新公司增加8家。隨著國人所得提高，經濟發達，愈來愈多的人將保險視爲避險與理財的雙重功能，保險業務量呈穩定增長，自然就會增多機構經營保險業務，到2004年保險總支機構有355家。票券金融業務原本由3家票券金融公司寡占經營，政府於1993年開放新設後，始見其機構家數的增長，由1991年23家增到2001年63家。由於政府開放銀行兼營票券金融業務，2000年又立法通過「金融機構合併法」，有些票券金融公司與銀行合併，而票券金融公司通常爲消滅機構，到2004年票券金融公司總支機構減至59家。證券金融業務原本由復華證券金融公司壟斷經營，政府開放新設後，總機構增到5家，由於綜合證券商也允許辦理融資融券，因而與證券金融公司處於業務競爭局面，雖然台灣證券市場的交易額龐大，而信用交易約占四成，但證券金融公司的總支機構始終不多，2004年只有8家而已。證券商家數的發展就與證券金融公司不一樣。政府於1988年開放證券商申請新設，時機上恰遇游資充斥、股價狂飆、泡沫創造時刻，證券經紀商如雨後春筍般紛紛設立，營造股市的全民運動，證券商的家數由1986年14家暴增到1991年427家。股市泡沫破滅後，交易額也跟著萎縮，證券商總機構的家數開始下降，但分支機構仍持續增長，到2004年總支機構有1,224家。進入1990年代，衍生性金融商品在台灣開始有交易，政府於1993年公布「期貨經紀商設置標準」，1997年以「期貨商設置標準」替代之。期貨交易市場在台灣運作年數不長，2004

年總支機構只有48家。

綜合上述,台灣地區整體金融機構家數,仍以收受存款機構爲多,其他金融機構家數比例的提升,來自於證券商開放設立後。在證券商開放設立之前,其他金融機構的家數所占比例不及7%;之後就跳升到15%以上,2004年爲21.93%。收受存款機構家數居多的類別爲本國銀行、基層金融機構與郵政儲金匯業局。郵政儲金匯業局的家數歷年都在增加,但在1980年代後期增長趨緩,使得在1986年前原本所占比例在1/3的局面產生動搖,開始下降,到2004年降到16.83%。農漁會信用部機構家數所占比例原本在1/4左右,進入1990年代也開始往下掉,2004年掉到14.57%;而信用合作社的比例在1996年前大都維持在1/10以上,之後急劇滑落,2001年落到5.25%,2004年再降到4.79%。

本國一般銀行總支機構所占比例的變化,可分爲三個不同階段。1961到1971年之間,比例緩慢上升,由19.13%升到21.95%;之後,由於其他類別金融機構家數的增長超過銀行,使得銀行總支機構的比例呈現穩定的下降走勢,1991年比例降爲16.71%;進入1990年代,新設商業銀行的加入,其他類別金融機構的改制,以及承受基層金融機構的讓與等因素,銀行總支機構呈現快速增長,比例也因而開始提升,2004年提升到37.28%。觀察台灣戰後整體金融機構家數規模與比例的變動,金融機構確實產生結構性的變化。

三、金融控股公司

1997年東亞金融風暴後,台灣金融問題也一一浮現,金融

機構資產品質的惡化，逾放比率的節節高升，迫使政府進行金融改革，繼2000年立法通過「金融機構合併法」後，另一項對金融體制與金融機構產生重大影響的法案，便是2001年7月9日公布實施「金融控股公司法」。該法改變台灣地區現有金融制度，金融機構變為資本集團化，組織大型化，經營百貨公司化。

　　金融控股公司，對銀行、保險公司或證券商具有控制性持股。以有控制性持股的子公司，跨業經營銀行、保險與證券，成為綜合經營形態。金融控股公司法實施後，提供了現行台灣地區金融機構開拓金融版圖或金融集團集中化的法規依據。2001年起各家金融機構展開合縱連橫，經由經營讓與與股份轉換的方式，或合併、或概括讓與、或承受，重組台灣地區金融市場的版圖，朝向組織大型化、經營業務綜合化發展。該法於2001年實施，在當年就有4家申請獲准設立，分別為由華南銀行為主體而成立的華南金控，由富邦金融集團為主體而成立的富邦金控，由國泰人壽轉型而成的國泰金控，與由中華開發工業銀行轉型的中華開發金控。

　　至2004年6月止，台灣地區共有14家金融控股公司，分別為第一、兆豐、華南、國票、日盛、復華、富邦、國泰、新光、玉山、台新、中華開發、建華與中國信託等金控公司，其中以國泰金控的資產為最高，達2兆3417億元，以兆豐金控的淨值為最高，達1565億元，而國票金控的資產與淨值為最低，分別為417億元與238億元。這些金控公司中，有些子公司多，有些只有2家而已，如兆豐、華南、復華、富邦與建華等金控公司至少就擁有7家以上的子公司，以建華金控公司為例，其子公司分別

為建華銀行、建華證券、建華客服科技公司、建華管理顧問公司、建華創業投資公司、建華人壽保險代理人公司、建華財產保險代理人公司、建華行銷顧問公司與安信信用卡公司等10家。一家金控公司，經由子公司與孫公司的擁有，有時公司數量達百家以上，顯然是一個組織大型化的金融集團。

這14家金控公司中，新光金控與國票在2004年即擁有銀行；富邦金控與兆豐金控各擁有2家銀行子公司，所以台灣地區全部的50家銀行中，就有14家是屬於金控公司的子公司。

第三節　金融機構的營運

由於金融自由化的實施，政府放寬金融機構的經營業務，銀行可兼營證券業務，也可經營票券金融業務，在金控公司的組織下，經由子公司可跨業經營證券或保險，銀行所經營業務種類的鬆綁，服務種類的異樣化，也提高服務品質。金融機構服務種類的增加，銀行雖可增加手續費收入，對證券與不動產的投資，以增進資金的靈活運用，但不可諱言的，存款貨幣機構最原始與最主要的任務仍是金融中介的角色，存款與放款才是其營運的核心。

一、各類金融機構的存款與放款

（一）存款分析

台灣地區隨著國民所得的提高，國人儲蓄額也跟著提高，所提高的儲蓄額主要依下列三種途徑來理財：1. 從事民間借

貸，2. 購買證券，3. 存入金融機構。儲蓄資金流入金融機構的
多寡，決定於儲蓄額的大小、各類金融性資產的報酬率與風險、
景氣盛衰、物價變動率與金融機構服務的效率與便捷性等。就
長期觀察，國民儲蓄額與金融機構服務的便捷性及競爭性、分
布的普及化等因素，是影響金融機構存款的規模。「表3.5」顯示
台灣地區各類別金融機構存款的長期走勢與所占比例。就規模
言，包括信託資金在內的存款餘額，由1961年186.7億元穩定地
增長到2004年21兆5943.89億元，其中在1996年前有較高的增長
率，尤其在1970年代，存款規模接近擴大10倍，增長速度驚人。

　　隨著存款規模的擴大，各類別金融機構的存款餘額也跟著
增長，但在1990年代後期卻發生結構性的變化。各類別金融機
構存款所占比例，以本國一般銀行為最高，其比例最低時也有
47%，若再加上中小企業銀行的部分，本國銀行至少占有台灣地
區存款餘額的50%以上。若與銀行總支機構比例相對照，顯示銀
行平均每家存款餘額的規模都較其他類別的金融機構為大。

　　外國銀行在台分行存款餘額所占比例，由1961年0.03%穩定
地提高到2004年2.54%，所占比例雖不高，但比例持續提升的現
象，說明其存款餘額的增長一定高於一般水準。信用合作社存
款餘額的比例，直到1996年時都維持在10%上下，顯示各年代存
款餘額的增長略與台灣整體同步；1990年代後期，存款餘額與
比例大幅滑落，2001年比例降為3.55%，2004年為3.02%。信用
合作社存款餘額與比例發生結構性的銳減，與上節分析總支機
構驟降的情節相呼應。農漁會信用部存款餘額所占比例由1961

表3.5 各類金融機構存款餘額與所占比例

年	1961	1966	1971	1976	1981	1986	1991	1996	2001	2004
金額（百萬元）										
本國一般銀行	14120	30207	76288	272534	633456	1640725	3712749	7318876	13199493	14824563
外國銀行	6	114	157	1380	5104	26120	75736	238982	488926	549102
中小企銀	915	2798	5858	14056	56713	159137	676187	1288041	861490	929547
信用合作社	1892	5666	12983	43673	126301	324202	988339	1622250	699555	651804
農漁會信用部	1105	3265	6557	25018	89964	306855	726331	1275103	1305268	1293929
郵政儲金匯業局	632	3367	11812	46112	165751	660716	1242914	2227858	3041226	3224674
信託投資公司			1167	23565	78398	203767	481597	266438	117107	120770
合計	18670	45417	114822	426338	1155687	3321522	7903853	14237548	19713065	21594389
所占比例										
本國一般銀行	75.63	66.51	66.44	63.92	54.81	49.40	46.97	51.41	66.96	68.65
外國銀行	0.03	0.25	0.14	0.32	0.44	0.79	0.96	1.68	2.48	2.54
中小企銀	4.90	6.16	5.10	3.30	4.91	4.79	8.56	9.05	4.37	4.30
信用合作社	10.13	12.48	11.31	10.24	10.93	9.76	12.50	11.39	3.55	3.02
農漁會信用部	5.92	7.19	5.71	5.87	7.78	9.24	9.19	8.96	6.62	5.99
郵政儲金匯業局	3.39	7.41	10.29	10.82	14.34	19.89	15.73	15.65	15.43	14.93
信託投資公司			1.02	5.53	6.78	6.13	6.09	1.87	0.59	0.56

資料來源：中央銀行編印，《金融統計月報》。

附註：2004年為5月底之資料，餘者皆為年底之資料。信託投資公司指的為信託資金。

年不及6%提高到1986年9.24%，之後開始滑落，到2004年為
5.99%。農漁會信用部存款餘額比例所呈現倒V字形的現象，係
因於1970與1980年代，藉由增設基層分支機構，形成遍布各地
之金融機構網，吸收為數不少的民間小額儲蓄所致；1990年代
後期的衰退，係因競爭上不利因素，農漁會信用部持續的擠兌
風波與被銀行的接收，導致比例的下降。

　　郵政儲金匯業局的任務，旨在吸收民間小額儲蓄，經由遍
布於各個角落的郵局，再加上郵政存簿儲金的免稅免扣繳之租
稅優惠，存款餘額比例由1961年3.39%快速攀升到1986年
19.89%，1990年代之後，比例降到15%左右。信託投資公司也以
各項優厚紅利吸收民間資金，其存款（係指信託資金）所占比例
由1971年1.02%攀升到1981年6.78%，於1991年還維持在6.09%，
後來因部分信託投資公司改制成商業銀行，致使存款餘額比例
大幅下降，1996年為1.87%，2004年少到0.56%。

　　其他類別金融機構存款餘額比例的變動，當然就與本國一
般銀行的變動互為消長。本國一般銀行存款餘額所占比例一路
呈現下滑走勢，由1961年75.63%下降到1991年46.97%，直到金
融自由化實施，政府開放商業銀行新設後，才在競爭局面上扭
轉乾坤，比例開始上升，1996年升到51.41%，2001年再升到
66.96%，2004年為68.65%。2004年，本國45家一般銀行總括全
國金融機構存款餘額的七成，比例算是很高的，這是因為其他
類別金融機構家數減少所致。

(二) 放款分析

　　存款貨幣機構所吸收的存款，在法定存款準備率的規範

下，最主要的運用為放款。可從事放款的金融機構，還包括信託投資公司與保險公司，「表3.6」列出各類金融機構放款餘額與比例。由於郵政儲金匯業局不得放款，與保險公司加入放款行列，使得各類金融機構放款所占比例與存款不同，但比例變動走勢大略相同。基層金融機構與信託投資公司歷年的比例低於其本身的存款比例，本國一般銀行與中小企業銀行則高於本身的存款比例，人壽保險公司的放款比例由1981年1.1%穩定升到2004年5.88%。

本國一般銀行放款比例由1961年81.42%持續下降到1991年63.37%，之後就開始攀升，到2004年為80.6%，比例走勢的正V字形，完全與其存款比例是一致的，但前者比後者至少多出5個百分點，甚至在1986與1991年多出17個百分點，顯示在制度規範下，銀行比其他金融機構在放款部門較具有競爭性。

銀行在營運上，可獲得郵政儲金的轉存，這就是銀行在整體金融機構中放款比例高於存款比例的原因。按理，金融機構的穩健營運，放存比率以不超過80%為宜，從「表3.7」所示，信用合作社、農漁會信用部與信託投資公司的放存比率不但低於80%，甚至低到50%以下，似乎呈現出這些金融機構在資產管理與結構上的不健全。而銀行的放存比率，大多數年份高於80%，甚至超過100%，這就是運用轉存資金予以放貸的結果。

二、各類金融機構的資產與淨值

金融機構的資產，係由放款、證券投資、不動產投資、對其他金融機構債權、國外資產與庫存現金等所構成，因而金融

表3.6 各類金融機構放款餘額與所占比例

年	1961	1966	1971	1976	1981	1986	1991	1996	2001	2004
金額(百萬元)										
本國一般銀行	12992	28849	86135	317704	760369	1354803	3881184	7861661	11828227	12798026
外國銀行	70	507	4733	36406	106266	101154	223609	349531	369320	423397
中小企銀	601	2139	5051	15302	60036	170236	621165	1165811	775842	829943
信用合作社	1212	3735	8270	29765	87710	144107	572486	962537	386899	359092
農漁會信用部	788	2759	4881	17406	66070	146991	392801	860117	547766	466688
郵政儲金匯業局	56	40	112	880	1705	4142	1576	3474	4909	6716
信託投資公司	237	1060	2833	19497	46851	48961	292197	219851	68260	55060
人壽保險公司					12577	37279	138651	442285	962469	934198
產物保險公司					209	418	1198	2941	4694	5711
合計	15956	39089	112015	436960	1141793	2008091	6124867	11868208	14948386	15878831
所占比例										
本國一般銀行	81.42	73.80	76.90	72.71	66.59	67.47	63.37	66.24	79.13	80.60
外國銀行	0.44	1.30	4.23	8.33	9.31	5.04	3.65	2.95	2.47	2.67
中小企銀	3.77	5.47	4.51	3.50	5.26	8.48	10.14	9.82	5.19	5.23
信用合作社	7.60	9.56	7.38	6.81	7.68	7.18	9.35	8.11	2.59	2.26
農漁會信用部	4.94	7.06	4.36	3.98	5.79	7.32	6.41	7.25	3.66	2.94
郵政儲金匯業局	0.35	0.10	0.10	0.20	0.15	0.21	0.03	0.03	0.03	0.04
信託投資公司	1.49	2.71	2.53	4.46	4.10	2.44	4.77	1.85	0.46	0.35
人壽保險公司					1.10	1.86	2.26	3.73	6.44	5.88
產物保險公司					0.02	0.02	0.02	0.02	0.03	0.04

資料來源：中央銀行編印，《金融統計月報》。

附註：2004年為5月底之資料，餘者皆為年底之資料。1980年前未計入保險公司的放款。

表3.7　各類別金融機構放存比率

單位：%

	1961年	1966年	1971年	1976年	1981年	1986年	1991年	1996年	2001年	2004年
本國一般銀行	92.01	95.50	112.91	116.57	120.04	82.57	104.54	107.42	89.61	86.33
外國銀行	1166.67	444.74	3014.65	2638.12	2082.01	387.27	295.25	146.26	75.54	77.11
中小企銀	65.68	76.45	86.22	108.86	105.86	106.97	91.86	90.51	90.06	89.28
信用合作社	64.06	65.92	63.70	68.15	69.45	44.45	57.92	59.33	55.31	55.09
農漁會信用部	71.31	84.50	74.44	69.57	73.44	47.90	54.08	67.45	41.97	36.07
信託投資公司			242.76	82.74	59.76	24.03	60.67	82.51	58.29	45.59

資料來源：依據「表3.5」與「表3.6」計算而得。

機構資產的大小也可表示其營運狀況。依據中央銀行統計資料顯示（如「表3.8」），整體金融機構的資產由1961年333億元，穩定快速地增長到2004年49兆6209億元，43年間金融性資產增長1490倍，如此高速度的膨脹，確實快速。

　　一般言之，一國存款貨幣機構的資產，隨著經濟發展，因金融活動的增加與金融工具的多樣化，會設立其他類別金融機構，如此存款貨幣機構資產的比重就會下降。然而，台灣地區金融機構的設立，在1990年之後才開放自由申請，之前都是在政策性特許下才能設立，各類金融機構的發展是在政府掌控之中。從「表3.8」中得知，存款貨幣機構的資產比重，由1961年76.02%穩定下降到1981年65.45%，而中央銀行的資產比重介於21%到24%之間，堪稱穩定，因而存款貨幣機構所下降的比重就是由其他金融機構來替代，這個金融機構就是郵政儲金匯業局。1986年，存款貨幣機構的資產比重巨幅下降到56.92%，而其他金融機構的比重提升到15.83%，部分替代了存款貨幣機構資產比重的下降。真正造成存款貨幣機構資產比重巨幅下降的原因，為中央銀行國外資產大幅攀升的結果，使其比重提升到27.25%。從1986年後，金融機構資產的變動深受國外資產累積快慢的影響，使得中央銀行資產的比重產生不穩定地起伏，於1996年比重降到11.89%，之後開始回升，2004年為18.09%。存款貨幣機構資產比重的變化，似與中央銀行互為消長，其比重由1986年的谷底開始翻身，於1996年達69.98%後，又開始緩慢下降，2004年為61.86%。至於其他金融機構資產比重的走勢，是呈穩定緩慢上升格局，1991年升到17.44%，2004年再來到

表3.8 各類金融機構資產比例

單位：億元，%

年	1961	1966	1971	1976	1981	1986	1991	1996	2001	2004
總計	333	920	2240	9016	24141	64199	153883	264133	381447	496209
中央銀行	21.57	23.88	22.79	21.78	21.68	27.25	19.06	11.89	13.15	18.09
存款貨幣機構	76.02	71.15	69.08	67.93	65.45	56.92	63.50	69.98	66.14	61.86
本國一般銀行	62.92	54.26	52.97	52.86	47.16	40.44	41.93	47.90	53.68	49.91
中小企銀	2.42	3.41	3.14	2.18	3.26	3.90	6.21	6.67	3.22	2.53
外國銀行	0.69	1.40	2.71	4.49	4.98	2.22	2.32	2.80	3.35	5.07
信用合作社	5.90	6.82	6.36	5.26	5.66	5.24	7.49	7.02	2.04	1.44
農漁會信用部	4.09	5.26	3.89	3.14	4.39	5.12	5.54	5.59	3.87	2.90
其他金融機構	2.42	4.97	8.13	10.29	12.87	15.83	17.44	18.12	20.71	20.06
信託投資公司	1.04	1.65	1.69	3.42	3.38	1.85	4.12	1.63	0.58	0.37
郵政儲金匯業局	0.66	1.94	5.04	5.65	7.57	11.50	9.16	9.32	8.49	7.01
人壽保險公司	0.19	0.89	0.98	0.90	1.23	1.96	3.38	5.71	8.39	10.08
產物保險公司	0.52	0.49	0.42	0.29	0.38	0.26	0.24	0.30	0.38	0.29
票券金融公司				0.04	0.21	0.19	0.23	0.43	2.64	2.12
證券金融公司					0.10	0.07	0.32	0.73	0.23	0.19

資料來源：依據中央銀行編印的《金融統計月報》計算而得。

附註：2004年為5月底之資料，餘者皆為年底之資料。

20.06%。造成1986年後其他金融機構資產比重穩定提升的真正原因，除來自於票券金融公司的自由申請新設外，主要為人壽保險公司持續茁壯的結果。事實上，台灣地區各類金融機構資產比重的變動，較能符合經濟發展的軌跡。

在存款貨幣機構資產比重中，從1961到1986年之間，中小企銀、信用合作社與農漁會信用部的資產比重都未見下降，而外國銀行反而上升，比重真正下降的只有本國一般銀行。1990年後，由於可自由申請新設商業銀行，以及一般銀行接受其他金融機構的讓與與其他金融機構可改制為商業銀行，因而信託投資公司、中小企銀、信用合作社與農漁會信用部的資產比重在2000年代初期呈現大幅下降的現象，其所下降的部分，大都由一般銀行所吸收。一般銀行資產比重由1991年41.93%升到2001年53.68%。

存款貨幣機構，放款為其最主要的資產項目，也為最主要與最原始的營運項目，「表3.9」列出從1961到2004年各類別存款貨幣機構放款占資產之比例。從表中顯示，歷年間各類金融機構的比例變化頗大。大致而言，本國一般銀行的比例皆在50%以上，中小企銀在60%以上，大都高於信用合作社、農漁會信用部與信託投資公司。

另一項金融機構重要營運統計為其淨值，「表3.10」列出1990年代後的資料。整體金融機構的淨值，由1991年6666.75億元增加到1996年1兆6625.28億元，2004年為3兆2126.05億元，1996到2004年整體金融機構淨值增長1倍。至於各類金融機構淨值比重雖與資產比重有所差異，但比重的變動走勢略微相同，因而於

表3.9 各類金融機構放款占資產之比例

單位：%

年	1961	1966	1971	1976	1981	1986	1991	1996	2001	2004
本國一般銀行	61.90	57.74	72.58	66.67	66.78	52.18	60.15	62.14	57.77	51.67
外國銀行	30.30	39.42	78.03	90.02	88.37	71.01	62.54	47.18	28.91	16.82
中小企銀	74.38	68.08	71.77	77.71	76.37	68.00	64.98	66.21	63.20	66.12
信用合作社	61.59	59.49	58.02	62.74	64.20	42.83	49.70	51.87	49.84	50.24
農漁會信用部	57.77	56.98	55.96	61.52	62.37	44.73	46.04	58.26	37.15	32.40
信託投資公司	68.10	69.92	74.85	63.20	57.48	41.20	46.09	51.12	30.62	30.22

資料來源：由「表3.6」與「表3.8」計算而得。

表3.10　台灣地區各類金融機構淨值與其比例

年	1991	1996	2001	2004
金額（百萬元）				
中央銀行	127254	190171	729074	1099292
本國一般銀行	283470	817244	1520425	1407365
外國銀行	15640	35671	41974	52885
中小企銀	37814	108694	45908	39048
信用合作社	46774	105681	52690	39477
農漁會信用部	29832	64885	80330	75664
信託投資公司	58079	67266	16356	10592
郵政儲金匯業局	27544	35201	19568	53600
人壽保險公司	40268	126165	174982	221468
產物保險公司		40514	80973	79401
票券金融公司		71036	127211	133813
合計	666675	1662528	2889491	3212605
所占比例				
中央銀行	19.09	11.44	25.23	34.22
本國一般銀行	42.52	49.16	52.62	43.81
外國銀行	2.35	2.15	1.45	1.65
中小企銀	5.67	6.54	1.59	1.22
信用合作社	7.02	6.36	1.82	1.23
農漁會信用部	4.47	3.90	2.78	2.36
信託投資公司	8.71	4.05	0.57	0.33
郵政儲金匯業局	4.13	2.12	0.68	1.67
人壽保險公司	6.04	7.59	6.06	6.89
產物保險公司		2.44	2.80	2.47
票券金融公司		4.27	4.40	4.17

資料來源：中央銀行編印的《金融統計月報》。

附註：1991年未將產物保險公司與票券金融公司的淨值計入，因在月報上的資料為淨額所致，而表中未包含證券金融公司，原因也在於淨額。

此不再贅述。

三、存款貨幣機構逾放情形與資產品質

　　1990年後，隨著商業銀行家數的增加，銀行業務的競爭趨向激烈，使得存放款之間利差縮小，提高營運成本；開挖邊際客戶，增高營運風險。銀行的資產報酬率（ROA）與淨值報酬率（ROE）逐年下降。1990年本國一般銀行的平均ROA為0.9%，1999年後降到0.5%以下，若與外國銀行大都在1.25%以上相比，台灣地區銀行資產報酬率實屬偏低。

　　再論ROE，1988至1991年期間，一般銀行在14%至21%之間，1999年降到6%以下。觀察國際上一些較健全的良好銀行，其ROE高於10%，甚至超過20%。《歐元》雜誌（*Euromoney*）2001年6月的統計，2000年花旗集團ROE高達20.4%，美國銀行為15.8%，而香港上海匯豐銀行也高達12.5%，顯見台灣銀行業獲利明顯偏低。

　　此外，台灣地區房地產長期不景氣，1997年東亞金融危機對台灣經濟的衝擊與出口的衰退，接著1998年爆發本土型企業財務危機，再加上產業外移與景氣低迷，存款貨幣機構營運產生困境，資產品質開始惡化，逾放比率也升高，甚至有部分金融機構發生虧損，且淨值變為負數。問題金融機構一一浮現，危及金融秩序與眾多存款人權益。

　　「表3.11」、「表3.12」與「表3.13」分別列出金融機構逾放比率、金額與資產品質等資料。從這些表中得知，在1995年整體金融機構的逾放比率只不過3%而已，到1998年底，比率就高

表3.11　**金融機構逾放比例**　　　　　　　　　　　單位：%

時間	整體 金融機構	本國銀行	外國銀行 在台分行	信用 合作社	農漁會 信用部
1995	3.00	2.85	0.82	3.12	
1996	4.15	3.70	1.00	6.13	8.24
1997	4.18	3.71	1.07	6.19	10.68
1998	4.93	4.37	1.65	7.55	13.10
1999	5.67	4.88	3.20	10.54	16.03
2000	6.20	5.34	3.22	12.45	17.91
2001	8.16	7.48	3.53	11.66	19.37
2002	6.84	6.12	2.36	10.34	18.62
2003	5.00	4.33	1.51	6.91	17.57
2004/6	4.15	3.54	1.21	5.97	16.40

資料來源：銀行局，《金融統計指標》。

表3.12　**金融機構逾放金額**　　　　　　　　　　　單位：億元

時間	整體 金融機構	本國銀行	外國銀行 在台分行	信用 合作社	農漁會 信用部
1995	3 515	2 596	35	331	455
1996	5 105	3 614	45	616	709
1997	5 865	4 299	60	479	898
1998	7 303	5 478	91	520	1 075
1999	8 833	6 602	172	615	1 273
2000	10 211	7 735	186	662	1 380
2001	13 274	10 870	185	497	1 316
2002	10 747	8 644	113	406	1 134
2003	8 028	6 306	70	262	995
2004/6	6 919	5 356	63	225	920

資料來源：銀行局，《金融統計指標》。

表3.13　台灣地區整體銀行資產品質

單位：億元，%

	2001年 12月	2002年 6月	2002年 12月	2003年 6月	2003年 12月
1.逾期放款	10870	10569	8644	8087	6306
2. 應予觀察放款	5503	4683	3868	3253	2552
3. 總放款(放款含催收)	145274	141298	141307	142320	145632
4. 逾放比率(1/3×100)	7.48 %	7.48 %	6.12 %	5.68 %	4.33 %
5. 應予觀察放款占總放款比率	3.79 %	3.31 %	2.74 %	2.29 %	1.75 %
6. 逾期放款及應予觀察放款占 總放款比率	11.27 %	10.79 %	8.85 %	7.97 %	6.08 %

資料來源：銀行局，《金融統計指標》。

附註：應予觀察放款包括中長期分期償還放款逾3個月但未滿6個月、其他放款
　　　本金未逾3個月而利息未按期繳納逾3個月但未滿6個月及已達列報逾放
　　　期限而准免列報者(免列報者包括：符合規定要件之協議分期付款、已
　　　獲信保基金理賠及有足額存單或存款備償放款、其他經專案准免列報
　　　者)。

升到4.93%，而基層金融的問題更加嚴峻，信用合作社為7.55%，
農漁會信用部為13.1%。隨著時間展延，問題不但沒有緩和，反
而變得更加嚴重，於2001年整體金融機構逾放比率升到8.16%，
本國銀行為7.48%，信用合作社為11.66%，農漁會信用部為
19.37%。整體金融機構逾放金額也從1995年3515億元竄升到1兆
3274億元。若將應予觀察的放款計入，問題更加嚴重，本國銀
行的逾放比率就從7.48%升到11.27%。政府與銀行界不斷地努力
在打銷呆帳之同時，逾放比率與金額卻節節高升，金融業似產
生系統風險。

二十世紀末與二十一世紀初，政府面對金融機構如此多的營運問題，金融輔導與金融改革有其必要。除降低營業稅與存款準備率釋出資金外，更在法制上予以修法與立法，如2000年的「金融機構合併法」，2001年的「金融六法」等，如此金融改革必然會產生作用，金融業會發生體制上的變動，使得金融機構組織邁向大型化，異業間能跨業經營。在積極降低逾放比率方面，以建立資產管理公司的機制，來加速金融機構處理不良債權；以成立金融重建基金的機制，來加速處理問題金融機構；以推動各項降低逾期放款的措施，來輔導金融機構體質的改善。綜合上述作為，整體金融機構的逾放比率，於2004年6月降到4.15%，總算進入合理的範圍內，其中本國銀行降到3.54%，信用合作社降到5.97%，成效頗佳，農漁會信用部於2004年6月底的逾放比率仍高達16.4%，須積極努力改進作業，提高經營績效。唯自2003年下半年起，台灣北部房地產價格開始止跌回升，當有助於銀行增加擔保品的價值，也有助於降低銀行逾放比率。

四、各家銀行營運之比較

對各類別金融機構營運的分析，無論從機構家數與存放款，或是資產與淨值，都呈現銀行機構所居的樞紐地位。按2004年統計資料顯示，本國銀行（含中小企銀）存款餘額的比例為72.95%，放款餘額為85.83%，資產為54.98%，淨值為45.03%，從這些比例上可知銀行在金融服務業中的重要地位。2004年台灣共有50家銀行，上述這些數據是這50家銀行總合的表現。實際上，這50家銀行因業務同質性太高，除了壓縮基層金融機

表3.14 2004年3月各家銀行營運狀況

單位:百萬元,家數,%

銀行別	淨值 金額	淨值 比例	資產總額 金額	資產總額 比例	存款餘額 金額	存款餘額 比例	放款餘額 金額	放款餘額 比例	分行 家數	分行 比例
總計	1,484,799	100.00	24,752,211	100.00	18,853,522	100.00	14,062,511	100.00	3,173	100.00
台灣銀行	152,638	10.28	2,480,189	10.02	2,012,530	10.67	1,050,376	7.47	147	4.63
中華開發工業銀行	138,771	9.35	220,218	0.89	40,352	0.21	60,599	0.43	4	0.13
中國信託商業銀行	88,478	5.96	1,197,666	4.84	910,109	4.83	633,463	4.50	100	3.15
台灣土地銀行	78,106	5.26	1,719,840	6.95	1,501,991	7.97	1,191,876	8.48	134	4.22
彰化商業銀行	75,256	5.07	1,311,218	5.30	1,007,487	5.34	789,345	5.61	166	5.23
國泰世華商業銀行	74,096	4.99	945,760	3.82	757,254	4.02	574,144	4.08	107	3.37
中國國際商業銀行	71,293	4.80	1,241,077	5.01	709,715	3.76	537,057	3.82	75	2.36
合作金庫商業銀行	61,559	4.15	2,025,676	8.18	1,645,097	8.73	1,161,555	8.26	174	5.48
華南商業銀行	61,026	4.11	1,488,200	6.01	1,141,643	6.06	828,267	5.89	181	5.70
交通商業銀行	59,923	4.04	653,823	2.64	304,628	1.62	418,473	2.98	30	0.95
第一商業銀行	55,713	3.75	1,515,932	6.12	1,129,921	5.99	857,242	6.10	179	5.64
台北銀行	50,662	3.41	818,058	3.30	536,228	2.84	368,521	2.62	81	2.55
台新國際商業銀行	45,138	3.04	635,855	2.57	468,849	2.49	418,265	2.97	88	2.77
上海商業儲蓄銀行	44,479	3.00	396,504	1.60	295,269	1.57	194,909	1.39	55	1.73
台灣中小企業銀行	39,902	2.69	1,041,675	4.21	822,244	4.36	642,507	4.57	124	3.91
台北國際商業銀行	34,672	2.34	406,393	1.64	312,725	1.66	250,987	1.78	83	2.62
富邦商業銀行	33,552	2.26	331,563	1.34	244,021	1.29	139,825	0.99	38	1.20
建華商業銀行	27,166	1.83	459,629	1.86	327,586	1.74	221,936	1.58	44	1.39
台灣工業銀行	24,987	1.68	58,547	0.24	27,089	0.14	30,570	0.22	2	0.06
玉山商業銀行	23,018	1.55	343,273	1.39	254,762	1.35	215,922	1.54	52	1.64
萬泰商業銀行	21,081	1.42	252,552	1.02	218,101	1.16	143,064	1.02	62	1.95
安泰商業銀行	17,943	1.21	224,510	0.91	182,601	0.97	142,577	1.01	52	1.64
大眾商業銀行	17,541	1.18	317,753	1.28	205,079	1.09	183,167	1.30	52	1.64
中國農民銀行	17,421	1.17	532,858	2.15	405,950	2.15	362,401	2.58	105	3.31

銀行									
中國輸出入銀行	17,362	1.17	105,161	0.42	0	0.00	91,121	0.65	3	0.09
遠東國際商業銀行	17,272	1.16	226,759	0.92	160,806	0.85	169,613	1.21	35	1.10
聯邦商業銀行	17,196	1.16	217,369	0.88	179,681	0.95	119,923	0.85	39	1.23
新竹國際商業銀行	17,013	1.15	385,517	1.56	305,770	1.62	236,856	1.68	82	2.58
中華商業銀行	16,524	1.11	215,343	0.87	185,851	0.99	131,347	0.93	35	1.10
復華商業銀行	14,621	0.98	251,584	1.02	201,235	1.07	164,952	1.17	41	1.29
台中商業銀行	13,547	0.91	240,418	0.97	219,398	1.16	146,701	1.04	78	2.46
日盛國際商業銀行	12,811	0.86	252,460	1.02	209,198	1.11	169,861	1.21	33	1.04
誠泰商業銀行	11,878	0.80	220,974	0.89	177,474	0.94	118,501	0.84	79	2.49
高雄銀行	10,371	0.70	160,480	0.65	127,961	0.68	123,882	0.88	35	1.10
慶豐商業銀行	9,897	0.67	153,517	0.62	129,540	0.69	82,329	0.59	33	1.04
寶華商業銀行	9,508	0.64	175,938	0.71	156,126	0.83	101,990	0.73	38	1.20
華僑商業銀行	9,391	0.63	259,026	1.05	227,698	1.21	158,206	1.13	54	1.70
陽信商業銀行	9,047	0.61	160,082	0.65	138,226	0.73	114,877	0.82	57	1.80
台南區中小企銀	7,031	0.47	133,481	0.54	120,721	0.64	92,593	0.66	62	1.95
板信商業銀行	6,940	0.47	138,287	0.56	116,721	0.62	102,550	0.73	35	1.10
華泰商業銀行	6,309	0.42	78,902	0.32	70,474	0.37	55,436	0.39	29	0.91
中央信託局	6,086	0.41	259,305	1.05	170,391	0.90	168,737	1.20	21	0.66
聯信商業銀行	5,682	0.38	72,670	0.29	66,172	0.35	49,923	0.36	27	0.85
三信商業銀行	5,023	0.34	71,597	0.29	64,985	0.34	55,275	0.39	17	0.54
第七商業銀行	3,914	0.26	87,926	0.36	82,554	0.44	59,080	0.42	31	0.98
高新商業銀行	2,441	0.16	49,887	0.20	45,693	0.24	29,046	0.21	33	1.04
花蓮區中小企銀	2,005	0.14	42,710	0.17	38,604	0.20	20,041	0.14	29	0.91
台東區中小企銀	1,742	0.12	54,851	0.22	52,576	0.28	35,779	0.25	30	0.95
高雄區中小企銀	-17,091	-1.15	37,708	0.15	53,565	0.29	17,564	0.12	44	1.39
中興商業銀行	-46,142	-3.11	81,490	0.33	90,371	0.48	29,280	0.21	38	1.20

資料來源：銀行局，《金融機構財務統計》。

構的生存空間外，之間原本就存在激烈的競爭。於此，我們就各家銀行的淨值、資產、存款餘額、放款餘額與分行家數進行比較分析。

就2004年3月底的資料分析，在整體銀行中，淨值占有率最高者為台灣銀行，為10.28%，而次高的中華開發工業銀行也有9.35%，其餘都在6%以下，其中低於2%的銀行家數有33家，低於1%的銀行有21家，而有兩家銀行的淨值為負數，分別為高雄企銀與中興銀行。資產占有率的情形，也是台灣銀行最高，為10.02%，次高者為合作金庫銀行，占有率為8.18%，另有三家銀行的占有率在6%以上，分別為台灣土地銀行、第一商業銀行與華南商業銀行，其餘的占有率都在6%以下，其中低於2%的銀行家數有36家，低於1%的銀行有24家。

存款與放款可說是銀行營運的核心，存款餘額占有率前四大分別為台灣銀行、合作金庫銀行、台灣土地銀行與第一商業銀行，餘者占有率皆在6%以下，其中低於2%的銀行家數有37家，低於1%的銀行有24家。放款餘額的情形，占有率前四大者分別為台灣土地銀行、合作金庫銀行、台灣銀行與第一商業銀行，餘者的情形，如同存款占有率般，皆低於6%，其中低於2%的銀行有36家，低於1%的銀行有22家。

銀行分行家數若多，表示營業據點分布的廣與密，對業務的開拓有正面作用。因而營業據點的區域分布與數量，也是銀行間的競爭對象。有關銀行間分行數量占有率的問題，前四大者分別為華南商業銀行、第一商業銀行、合作金庫銀行與彰化商業銀行，它們的占有率都低於6%，分別為5.7%、5.64%、5.48%

與5.23%。占有率低於2%的銀行有33家，低於1%的銀行有11家。

　　銀行各項變數占有率的高低，正好用於測量銀行業的集中度，集中度可用於說明銀行間的競爭與壟斷程度。集中度愈高，表示競爭程度愈低，壟斷或勾結的可能性也就愈高。我們以前四大銀行占有率的加總表示集中程度，在淨值方面，為30.85%，資產的集中度為31.27%，存款餘額的集中度為33.43%，放款餘額的集中度為30.31%，分行家數的集中度為22.05%。以5種不同變數所計算出的銀行業集中程度都低於35%，如此的數據算不算銀行間存有較高的競爭？要回答這問題，須進行不同年份間的比較。周添城（1991）[10]計算出1982到1987年間的存款集中度介於58%到63%之間，放款集中度介於56%到60%之間，百分比至少比本書所計算的多出20個百分點，說明2004年銀行業的競爭程度大大地提升。1990年後，政府不但允許商業銀行新設，同時也讓信用合作社、信託投資公司與中小企銀改制為商業銀行，銀行總數足足比1990年前增加1倍餘；新加入的銀行，當然想盡辦法蠶食或鯨吞舊銀行原來的市場，競爭也就日趨激烈。

10　周添城，〈台灣地區銀行業集中度的測量〉，收集於《台灣產業組織論》中（台北：21世紀基金會，1991年5月），頁285-314。

第四章
金融市場

　　金融市場就是資金融通的市場，在狹義上，係指貨幣市場與資本市場，在廣義上將擴及到銀行存貸市場、外匯市場、保險市場等。隨著金融創新的蓬勃發展，新的衍生性金融商品的不斷推出，期貨與衍生性金融商品市場也成為金融市場的一部分。本章將進一步分析其他類別金融市場的發展與變遷。

第一節　直接金融與間接金融

　　金融市場按資金融通的途徑可分為直接金融與間接金融，直接金融係由金融機構扮演中介角色，擔任資金不足者與資金剩餘者之橋梁。通常，資金剩餘者，如一般家庭的存款戶，將儲蓄的錢存放在金融機構，較無風險地享有利息收入，而金融機構將所吸收的存款，部分作為投資之用，主要是貸放給資金不足者，如企業與政府，若遇到貸放無法償還，金融機構就要承擔全部風險，而該風險不能轉嫁給存款戶。在間接金融，一

般存款人較有保障，不必擔心風險，風險全由金融機構去承擔，除非該金融機構也倒閉了。直接金融就不一樣了，資金不足者，發行證券，如股票、票券與債券等，經由證券承銷單位的協助，直接將所發行的證券由資金剩餘者承購，資金剩餘者直接面對證券發行者的所有可能風險，若違約風險產生，資金剩餘者的本金也許就會泡湯。直接金融的發達，首先必須發達證券市場，如股票市場、債券市場與票券市場等，股票市場與債券市場屬於資本市場，而票券市場屬於貨幣市場。在台灣地區，1962年就有資本市場，而貨幣市場遲到1976年才成立。

　　台灣雖建立直接金融的融資管道，但其地位不及間接金融，甚至遜色於民間無組織的借貸市場。企業要想在直接金融融資，須是一個信用卓越經營良好的大型公司，而台灣經濟的運作是以中小企業為根基，民營的大型公司在1980年代後期才有顯著增長，同時在1980年代政府財政穩健，並無須發行大量公債，這就是為什麼在1993年前直接金融融資所占比例較低、不及15%之主要原因。1993年後，直接金融的地位才開始穩定提升。

　　從融資存量觀察（如「表4.1」），1986到1993年間，間接金融與直接金融間的地位甚為穩定，前者融資所占比例約在90%上下，後者當然就在10%左右。從1993年起，間接金融融資所占比例就開始一路下滑，由1993年的90.08%滑落到2003年的71.25%，不但如此，放款金額從早期快速增長變為增長趨緩，2000年後再變為衰退，金額由1986年的2.01兆元增為2000年的15.31兆元，而2003年降為15.15兆元。

表4.1　間接金融與直接金融之存量

單位：億元，%

年	金融機構(間接金融)				證券發行						直接金融		合計
	小計	比例	放款	投資	小計	上市股票	短期票券	公司債	海外債	政府債券	金額	比例	
1986	22,565	88.68	20,105	2,460	5,341	2,408	1,545	466	0	921	2,881	11.32	25,446
1987	26,522	87.55	24,203	2,319	6,090	2,885	1,381	516	0	1,307	3,771	12.45	30,293
1988	36,443	89.34	33,557	2,885	7,234	3,563	1,293	521	0	1,857	4,349	10.66	40,791
1989	47,733	89.79	43,825	3,908	9,335	4,709	1,918	454	26	2,228	5,427	10.21	53,160
1990	55,474	90.87	49,856	5,618	11,194	5,293	3,471	516	26	1,888	5,576	9.13	61,050
1991	68,016	89.19	61,257	6,759	15,007	6,205	3,446	652	68	4,636	8,247	10.81	76,264
1992	85,863	89.59	77,041	8,822	18,795	7,400	3,961	666	454	6,314	9,973	10.41	95,836
1993	102,566	90.08	89,783	12,783	24,080	8,945	6,511	604	498	7,523	11,297	9.92	113,863
1994	118,065	88.99	104,656	13,409	28,017	10,809	7,286	707	1,088	8,128	14,608	11.01	132,673
1995	130,357	87.27	114,237	16,120	35,143	14,976	9,217	922	1,306	8,721	19,023	12.73	149,380
1996	141,305	85.47	118,673	22,632	46,656	18,935	13,636	2,504	1,468	10,113	24,024	14.53	165,329
1997	156,469	82.71	132,615	23,854	56,570	26,558	14,284	3,232	1,947	10,548	32,716	17.29	189,185
1998	168,796	79.94	139,763	29,033	71,398	35,248	18,017	5,189	1,955	10,989	42,365	20.06	211,161
1999	175,760	78.61	145,854	29,906	77,733	40,457	15,045	5,901	2,378	13,952	47,827	21.39	223,587
2000	184,497	76.98	153,091	31,406	86,571	48,557	12,665	7,073	3,022	15,253	55,165	23.02	239,661
2001	184,802	75.74	149,457	35,345	94,550	52,648	11,107	8,085	3,627	19,083	59,205	24.26	244,007
2002	184,952	74.05	146,076	38,876	103,693	55,530	8,780	10,072	5,366	23,945	64,817	25.95	249,769
2003	190,441	71.25	151,520	38,921	115,767	58,563	8,156	11,769	10,545	26,485	76,846	28.75	267,287

資料來源：中央銀行。

附註：金融機構包括全體貨幣機構、郵匯局、信託投資公司及人壽保險公司等。
股票(含金融機構發行)存量資料包括上市(櫃)公司之股票面值加現金增資溢價部分；流量資料則指現金增資及承銷部分。短期票券包括商業本票及銀行承兌匯票，政府債券包括公債及國庫券。海外債包括GDR及海外可轉換公司債。2003年合計金額包含資產證券化受益證券的2.49億元，直接金融金額係證券發行減金融機構的投資。

　　從融資流量觀察，如「表4.2」所示，年間變動幅度雖大，但間接金融所占比例在2000年前大都占70%以上，甚至有些年份高達95%，明顯地主宰資金的融資市場。金融危機後，進入二十一世紀，金融機構融資流量的地位爲之丕變，2001年間接金融流量融資比例降到30.17%，2002年低到只有3.77%，而2003年恢復到36.35%。在二十一世紀，直接金融流量比例提升主要來自

表4.2　直接與間接金融之流量

單位：億元，%

| 年 | 金融機構授信變動數（間接金融） | | | | 證券發行變動數 | | | | | | 直接金融 | | 合計 |
	小計	比例	放款	投資	小計	上市股票	短期票券	公司債	海外債	政府債券	金額	比例	
1986	2,668	102.21	2,616	52	-5	91	-409	76	0	237	-58	-2.21	2,610
1987	3,957	87.57	4,098	-141	420	149	-164	50	0	386	562	12.43	4,518
1988	9,921	98.85	9,354	566	682	215	-88	5	0	550	116	1.15	10,036
1989	11,291	95.07	10,268	1,023	1,609	654	625	-67	26	371	586	4.93	11,877
1990	7,741	100.02	6,031	1,710	1,708	433	1,554	62	0	-340	-2	-0.02	7,739
1991	12,543	85.74	11,401	1,141	3,228	327	-26	136	42	2,749	2,086	14.26	14,629
1992	17,846	94.28	15,784	2,063	3,145	552	516	14	386	1,678	1,083	5.72	18,929
1993	16,703	97.42	12,742	3,961	4,403	663	2,549	-62	44	1,209	442	2.58	17,146
1994	15,499	85.62	14,873	626	3,229	1,156	775	103	590	605	2,603	14.38	18,102
1995	12,292	89.93	9,581	2,711	4,086	1,128	1,932	215	218	594	1,376	10.07	13,668
1996	10,948	81.21	4,436	6,513	9,045	1,491	4,419	1,582	162	1,391	2,533	18.79	13,481
1997	15,164	71.38	13,942	1,222	7,300	5,009	648	728	480	436	6,079	28.62	21,242
1998	12,328	69.89	7,148	5,179	10,489	4,351	3,733	1,957	8	441	5,310	30.11	17,638
1999	6,964	73.76	6,091	873	3,351	2,224	-2,971	712	423	2,963	2,478	26.24	9,442
2000	8,737	83.40	7,237	1,500	3,239	2,502	-2,380	1,172	644	1,301	1,739	16.60	10,476
2001	305	30.17	-3,634	3,939	4,646	757	-1,558	1,012	605	3,830	706	69.83	1,012
2002	150	3.77	-3,381	3,531	7,358	1,097	-2,327	1,987	1,739	4,862	3,827	96.23	3,977
2003	5,489	36.35	5,444	45	9,658	617	-624	1,697	5,179	2,540	9,613	63.65	15,102

資料來源：同「表4.1」。

附註：如「表4.1」之說明。

於公司債、海外公司債與政府公債，以現增股票融資的比例不高，而短期票券融資反而呈現負成長的現象。有關資本市場與貨幣市場的變遷過程，將於後兩節予以論述。

第二節　貨幣市場

　　貨幣市場爲短期資金融通市場，屬於直接金融，與銀行間接金融的短期放款、透支與貼現業務處於競爭狀況，其金融工具通常以一年期以內的國庫券、商業本票、銀行承兌匯票與可

轉讓定期存單等為主，資金的需求者通常為政府、企業與銀行等，而供給者通常為企業、各金融機構單位與家庭等。除短期票券市場外，貨幣市場還包括金融機構間為調節準備部位與調度營運資金的同業拆款市場。在貨幣市場，存有各種不同期限、不同風險與不同報酬的票券，可配合不同偏好的資金供需者，增進資金效率。

　　台灣地區貨幣市場，從1976年建立到2004年止，已有28年的發展歷史，在法規的更迭方面，1975年12月頒布「短期票券交易商管理規則」，以資規範貨幣市場運作制度，而專業中介機構的票券金融公司於焉誕生。在金融自由化的推動下，開放票券業務係為因應新金融環境之所需。政府於1993年10月5日頒布「票券商業務管理辦法」，替代原有的舊規則，同時將專業與兼業的票券商納入管理；1994年8月24日又將原辦法更名為「票券商管理辦法」，以利票券金融公司的新設。1998年後，台灣地區金融環境丕變，為提升票券金融管理法令的法律位階，於2001年7月9日公布實施「票券金融管理法」，而於2000年通過的「金融機構合併法」與2001年通過的「金融控股公司法」，也同樣對票券金融公司與其業務產生長遠的影響。於此，我們分別按中介機構的發展、金融工具的類別與交易、市場的參與者、中介機構營運狀況與金融業拆款市場等論述之。

一、貨幣市場中介機構的發展

　　台灣地區貨幣市場專業中介機構的設立，誕生於1976年5月20日，而有組織的貨幣市場也從那時正式開始運作。在西歐各

國，票券業務原本就是銀行的業務之一，然而在台灣金融業務採取專業分工制度的原則下，以設立專業的票券金融公司來經營，將票券業務從銀行業務中隔離出來。為了規劃市場建立事宜，於1975年12月公布「短期票券交易商管理規則」，同時指定台灣銀行、中國國際商業銀行與交通銀行各籌設一家票券金融公司。中興票券金融公司於1976年5月20日開業，而國際與中華票券金融公司也分別於1977年1月與1978年12月相繼開業，三家票券公司寡占貨幣市場的中介業務，獲利豐富。

短期票券的發行，票券金融公司得為票券的承銷人、簽證人、保證人或背書人，以提高票券信用，協助工商企業發行票券，取得短期資金；短期票券的流通，票券金融公司得為經紀人，中介或代客買賣票券；或得為交易商，自營買賣，活絡市場。此外，依規定票券金融公司可擔任政府債券經紀人；也因業務上的關係，可為企業財務提供諮詢服務工作。

1978年10月政府訂定「票券金融公司設立分支機構審核要點」，允許在台北市外於台灣省轄市設立分支機構，如此便可就近服務中南部的工商企業調度短期資金。

票券業務寡占經營的局面，因金融自由化的推動而使1990年代變為競爭情勢。政府對票券金融業務的開放經營是在1991年全國金融會議上做成決定的，以分三個階段執行開放政策，先開放次級市場的業務，再開放初級市場。1992年5月政府開放銀行辦理短期票券之經紀與自營業務，也就是說，銀行經申請允許經營票券業務後，投資短期票券，銀行本身就可自行買賣，不須經由票券金融公司當中介；不但如此，銀行也可幫投資者

買賣票券。第二階段於1994年8月開放新票券金融公司的申請，一年後進入第三階段的開放，對銀行再開放辦理短期票券的簽證與承銷業務。至此，銀行兼營票券金融業務的限制可說完全取消，銀行可兼營票券金融公司的全部業務，短期票券市場的業務實已進入競爭激烈的狀態。

第二階段的開放，使得短期票券市場增加許多專業中介的票券金融機構。由於政府開放商業銀行設立在先，這些新成立的商業銀行，基於商機的到來而不缺席的心態，及直接金融與間接金融建立防火牆的作為，紛紛加入轉投資行列，申請設立票券金融公司。1995年新設7家票券金融公司，如大中、宏福、大眾、萬通、萬泰、聯邦與玉山等票券金融公司，1996年又成立2家，分別為中信與中央票券金融公司，1997年也有2家新設，為大慶與富邦票券金融公司，1998年又增加2家，為台新與力華票券金融公司[1]。到1998年止，票券金融公司共新設13家，其中有7家是新設商業銀行的轉投資公司。

1998年爆發本土性企業財務危機後，金融機構的經營亦相繼產生困難，資產品質惡化，使得部分金融機構的財務出現警訊，而中央與宏福2家票券金融公司發生流動性風險，導致經營

1　這些新成立的票券金融公司，有些名稱與商業銀行完全相同，顯然是商業銀行的轉投資公司，有些名稱與商業銀行不同，如大安銀行投資大中票券金融公司，中華銀行投資力華票券金融公司等，當然也有一些新成立的票券金融公司不是來自於金融資本，如宏福、中央與大慶等票券金融公司。1999年11月宏福票券金融公司更名為台灣票券金融公司。

權的更換，市場上票券金融業務也相對萎縮。政府所推展的金
融改革，當然也包括票券金融業務在內，金融機構合併法與金
融控股公司法的實施，當然也影響到票券金融公司業務的營
運，甚至使得票券金融公司尋求經營形態的轉型。2001年5月大
眾票券併入到大眾銀行，而有部分票券金融公司加入金融控股
公司而成為其子公司，如中興票券、國際票券、台新票券、玉
山票券、華南票券等公司，整個票券金融公司的經營形態都產
生相當大的變化，預期這些大變化仍持續進行。到2004年6月
止，台灣地區專業中介短期票券業務票券商共有15家，銀行兼
營者有62家。

二、金融工具的種類、發行與交易

(一)市場概述

　　市場的成立，首先必須有交易的商品，在貨幣市場裡交易
的商品為短期金融信用工具。1973年4月政府制定「國庫券發行
條例」，並於同年10月發行以穩定金融為目的之乙種國庫券，此
為台灣貨幣市場金融信用工具的濫觴。1975年3月台灣銀行開辦
國內遠期信用狀業務，創造了以實質交易為基礎的銀行承兌匯
票，而同年8月政府又核准可轉讓定期存單的發行，以利銀行資
產負債管理。上述短期金融信用工具的發行已先於票券金融公
司的設立，使得貨幣市場已存有交易工具。票券金融公司設立
後，市場又開創新種類的金融工具，1977年創立發行商業本票
制度，以作為工商企業短期融資的信用工具。起先所承銷的商
業本票，係經金融機構的保證或背書，因安全性高，作為充實

貨幣市場的交易工具，深受投資者偏愛，發行量與流通量也大幅攀升，而成為貨幣市場中最為重要的交易工具。之後，政府為便利財務健全的企業籌資，1977年11月規定凡符合標準的第一類上市公司與財務健全的公營事業，得發行免經金融機構保證的商業本票。

　　1979年1月，正值年關時刻，中央銀行首度經由票券金融公司買進短期票券，實施公開市場操作，藉由信用調節，來控制貨幣供給量。之後，為執行貨幣政策，須實施公開市場操作，央行反而成為貨幣市場上交易的常客。1984年政府核准票券商承作一年內到期的政府債券的買賣，債券正式引入貨幣市場；爾後又將買賣的方式與對象擴及各類債券及附條件交易的短期債務憑證。

　　1996年，亞太金融中心銀行與貨幣小組會議，提出未來貨幣市場的發展方向，規劃以票券市場為主，以換匯市場為輔，勾畫出將票券、新台幣與外幣結合的藍圖。1997年發行歐洲美元票券，貨幣市場金融工具的發展正式邁入以不同幣別為工具。隨著金融創新時代的到來，諸如票券利率期貨等衍生性商品也會陸續開發。

　　台灣地區現行貨幣市場流通的金融信用工具的種類具多樣性，計有國庫券、銀行承兌匯票、商業承兌匯票、融資性與交易性商業本票、銀行可轉讓定期存單、其他經主管機關核准之證券如一年內到期之公債、公司債、金融債券及中央銀行儲蓄券等，但仍以國庫券、銀行承兌匯票、商業本票與銀行可轉讓定期存單為主，「表4.3」與「表4.4」列出這些票券的發行量與

交易量情形。

就發行量觀察，貨幣市場建立後，票券的發行額每五年至少增長1倍，直到1996年後增長速度才趨緩，進入二十一世紀因景氣低迷與金融問題叢生等因素而呈現嚴重萎縮現象。從「表4.3」所示，發行額由1976年123.44億元快速增長到2001年9兆9015.1億元，而2003年卻萎縮到7兆5476.86億元，三年間萎縮了23.8%。商業本票的發行額，在貨幣市場裡自始至終都居於鰲頭地位，這可從比重上呈現出來。1986年後，台灣貿易順差快速增長，銀根寬鬆，貨幣市場成為大批公民營企業籌措短期資金的管道，大量發行商業本票；同時中央銀行因當時經濟與金融情勢，也頻頻發行可轉讓定期存單，進行公開市場操作，期以收緊縮貨幣之效，1986到1991年間這兩種金融工具的發行額都有數倍的增長，使其所占比例也大幅提升。

1991年後，政策開放票券業務，再加上企業對直接金融熟悉度的增加與國內利率的走低等因素，商業本票與銀行承兌匯票的發行額仍呈數倍增長，使其所占比例於1996年躍居70%與18%以上，而可轉讓定期存單反而呈現停滯現象。東亞金融危機後，商業本票與可轉讓定期存單的發行額雖呈停滯現象，但銀行承兌匯票卻急劇萎縮，發行額由1996年1兆8165.46億元掉到二十一世紀初不及500億元的窘境。二十一世紀初，貨幣市場金融工具發行種類與交易比重都產生結構上的變化。

與美國情況迥異者，將國庫券作為政府短期資金調節工具與建立利率限期結構指標等，台灣地區國庫券的發行似保守，所占比例不及10%。

表4.3 貨幣市場主要金融工具發行額 　　　　　　　　單位：百萬元，%

年	金額(百萬元)					增長率	比例			
	國庫券	商業本票	銀行承兌匯票	可轉讓定期存單	合計		國庫券	商業本票	銀行承兌匯票	可轉讓定期存單
1976	6,300	2,025	1,297	2,722	12,344		51.04	16.40	10.51	22.06
1981	3,300	215,812	43,585	114,434	377,131	2955.18	0.88	57.22	11.56	30.34
1986	99,300	442,320	303,698	64,999	910,317	141.38	10.91	48.59	33.36	7.14
1991	324,000	2,655,502	423,724	1,071,976	4,475,202	391.61	7.24	59.34	9.47	23.95
1996	98,650	6,773,369	1,816,546	955,042	9,643,607	115.49	1.02	70.24	18.84	9.90
2001	85,000	8,926,767	36,145	853,598	9,901,510	2.67	0.86	90.16	0.37	8.62
2002	180,000	7,525,082	40,088	632,899	8,378,135	-15.39	2.15	89.82	0.48	7.55
2003	60,000	6,815,082	34,530	638,074	7,547,686	-9.91	0.79	90.29	0.46	8.45

資料來源：中央銀行，《金融統計月報》。

表4.4 貨幣市場主要金融工具交易額 　　　　　　　　單位：百萬元，%

年	金額(百萬元)					比例			
	國庫券	商業本票	銀行承兌匯票	可轉讓定期存單	合計	國庫券	商業本票	銀行承兌匯票	可轉讓定期存單
1976	4,204	5,259	49	211	9,723	43.24	54.09	0.50	2.17
1981	428	986,060	90,340	93,244	1,170,072	0.04	84.27	7.72	7.97
1986	76,442	2,173,092	1,032,676	183,577	3,465,787	2.21	62.70	29.80	5.30
1991	685,208	8,143,246	803,541	5,145,182	14,777,177	4.64	55.11	5.44	34.82
1996	116,127	30,072,333	6,960,467	7,878,138	45,027,065	0.26	66.79	15.46	17.50
2001	190,712	50,216,648	109,502	7,542,428	58,059,290	0.33	86.49	0.19	12.99
2002	1,208,933	43,121,426	96,896	6,177,561	50,604,816	2.39	85.21	0.19	12.21
2003	1,795,482	39,661,636	87,835	6,335,462	47,880,415	3.75	82.83	0.18	13.23

資料來源：同「表4.3」。

　　至於在交易額方面，1976年只有97.23億元，1981年就增到1兆1700.72億元，之後增長速度也是驚人，2001年達58兆592.9億元，2003年萎縮到47兆8804.15億元。在各類金融工具間的比重變化上，略與其發行額類似，因而不再贅述。

(二)利率形成與演變

　　貨幣市場的功能，除上述可作爲央行貨幣政策執行的場所、銀行準備部位的調節、工商企業融通的管道、個人理財工具，與促進金融服務品質與資金運用效率外，也爲資金價格形成的場所。1989年7月在廢止銀行官定利率之前，貨幣市場經由市場機能的運作，形成利率，實質反映銀根鬆緊。該項領先指標，不但可作爲央行利率核定的重要參考依據，也可作爲銀行公會調整利率的主要參考指標。在貨幣市場，短期金融工具具多樣化，因信用工具的不同、品質的差異與期限的長短，自然就會形成差別利率，產生利率限期結構(term structure of interest rate)。

　　在貨幣市場創辦之初，先是銀行利率影響票券利率的形成；商業本票的利率係參考銀行同期限放款利率，甚至直接由放款利率轉變形態換算而成；銀行可轉讓定期存單係按同期限的存款利率發行；銀行承兌匯票的貼現率受銀行利率的限制。之後，中央銀行與票券金融公司共同研訂訂價辦法中，規定每日協商議定中心利率及浮動幅度，作爲商業本票利率的主要參考與規範。至此，利率的形成漸有自主性。1980年11月「銀行利率調整要點」頒布，銀行可轉讓定期存單與金融債券的利率得由發行銀行自行參酌金融市場行情而訂定，而銀行與信用合

作社票據貼現經營的貼現率亦得自行參酌票券市場而訂定，票券市場的行情反而成為銀行利率決定的參考對象。在自由化市場機能充分運作的貨幣市場，利率能即時反映資金水位而呈起伏波動，扮演資金行情的溫度計。

「表4.5」列出1981年以來市場各種類別的利率情形，貨幣市場的利率以31至90天期商業本票次級市場的利率為代表，其利率已建立起隨市場資金行情波動而機動調整的方式，與1989年前銀行利率仍在管制下調整僵化的現象，呈現強烈對比。當市場資金緊俏時，票券市場的利率高於銀行利率；當市場資金寬鬆時，前者的利率就低於後者。1980年代，雖銀行利率具僵化現象，商業本票利率的調整已對銀行利率產生影響，貨幣市場對銀行利率的調整具誘發作用，為銀行利率調整的領先與參考指標。

1992年開放票券業務，打破三家票券金融公司寡占市場的局面，貨幣市場利率更貼近資金行情，而1989年央行核定利率規定的廢止，使利率正式邁入自由化，由市場機能的運作決定資金的價格。在貨幣市場裡，各種不同的短期票券利率，如國庫券利率、商業本票利率、銀行可轉讓定期存單利率、銀行承兌匯票利率與債券附條件交易利率等，因信用品質互異、期限長短不同而產生不同的利率，形成利率期限結構，「表4.6」列出2003年貨幣市場各種票券不同性質的利率。從表中觀察得知，不同票券、不同市場、不同信用品質、不同期限，利率就不同。大致上，初級市場的利率高於次級市場，期限長的利率高於期限短的，信用品質低的利率高於信用品質佳的利率。

表4.5 市場各種類別利率

單位：年息%

年	央行利率		銀行業平均牌告利率			金融業拆款	31-91天期商業本票次級市場	十年期中央債券
	重貼現	擔保放款	一個月期存款	一年期定存	基本放款			
1981	11.750	12.750	10.250	13.000	15.25-13	13.860	17.420	
1982	7.750	9.000	7.000	9.000	10.75-9	10.830	11.920	
1983	7.250	8.500	6.500	8.500	10.25-8.5	6.920	8.160	
1984	6.750	8.000	6.000	8.000	10-8	6.530	7.230	
1985	5.250	6.250	4.750	6.250	9.5-6.25	6.330	6.350	
1986	4.500	5.500	6.250	6.250	9-5	3.980	3.350	
1987	4.500	5.500	6.250	6.250	9-5	4.140	3.740	
1988	4.500	5.500	6.250	6.250	9-5	4.880	4.660	
1989	7.750	8.750	7.250	9.500	10.425	7.340	8.080	
1990	7.750	8.750	6.500	9.500	10.050	10.490	9.570	
1991	6.250	7.250	5.525	8.270	8.647	7.390	7.580	
1992	5.625	6.625	5.450	7.870	8.300	6.880	7.160	
1993	5.500	5.875	5.430	7.590	8.000	6.410	6.780	
1994	5.500	5.875	5.330	7.290	7.935	6.130	6.770	7.240
1995	5.500	5.875	5.170	6.730	7.670	6.190	6.680	6.790
1996	5.000	5.375	5.030	5.980	7.380	5.440	5.790	6.040
1997	5.250	5.625	5.210	6.030	7.500	6.850	6.830	6.140
1998	4.750	5.125	4.660	5.440	7.704	6.560	6.810	5.990
1999	4.500	4.875	4.420	5.030	7.667	4.770	4.880	5.800
2000	4.625	5.000	4.340	5.000	7.711	4.730	4.910	5.630
2001	2.125	2.500	2.130	2.410	7.377	3.692	3.690	3.810
2002	1.625	2.000	1.450	1.850	7.310	2.046	2.030	3.300
2003	1.375	1.750	1.025	1.400	3.330	1.097	1.050	2.280

資料來源：中央銀行，《金融統計月報》。

附註：1989年7月19日起才廢止存款最高利率之規定，因而在1988年的存放款利率資料皆為官定利率，基本放款利率為短期放款最高與最低利率。1989年起銀行業的利率為台銀、一銀、華南、彰銀與合庫五家銀行的平均數。1994年以前的金融業拆款利率為各期別加權平均數，之後為隔夜加權平均數。1986年以前商業本票次級市場係指91至120天期利率。

表4.6　2003年貨幣市場各類別金融工具利率　　　單位:%

月	金融業拆款	商業本票						可轉讓定期存單		銀行承兌匯票			央行定期存單		公債附條件交易		
		初級市場			次級市場			次級市場		次級市場			初級市場		次級市場		
		1-30天	31-90天	91-180天	1-30天	31-90天	91-180天	1-90天	91-180天	1-30天	31-90天	91-180天	1-30天	91-180天	1-30天	31-90天	91-180天
1	1.30	4.53	1.84	2.05	1.28	1.37	1.51	1.30	1.46	1.27	1.51	1.40	1.45	1.47	0.95	1.12	1.34
2	1.26	1.46	1.70	1.77	1.16	1.21	1.41	1.26	1.25	1.13	1.21	2.21	1.21	1.23	0.95	1.06	1.16
3	1.20	1.43	1.51	1.97	1.16	1.19	1.37	1.21	1.39	1.13	1.15	1.61	1.21	1.19	0.97	1.05	1.16
4	1.19	1.37	1.54	1.70	1.11	1.16	1.24	1.16	1.19	1.11	1.13	1.25	1.23	1.19	0.90	0.99	1.12
5	1.18	1.36	1.43	1.72	1.08	1.11	1.21	1.11	1.12	1.11	1.14	1.18	1.23	1.19	0.89	0.97	1.09
6	1.16	1.38	1.45	1.63	1.06	1.09	1.20	1.11	1.06	1.08	1.09	1.13	1.18	1.19	0.93	1.00	1.06
7	1.03	1.13	1.27	1.42	0.82	0.85	0.98	0.88	1.04	0.84	0.95	0.97	1.09	1.07	0.73	0.82	0.96
8	1.02	1.09	1.08	1.33	0.78	0.85	0.89	0.82	0.79	0.81	0.87	0.79	1.07	1.08	0.69	0.78	0.92
9	1.02	1.10	1.19	1.42	0.85	0.89	0.96	0.92	0.99	0.89	0.90	0.98	1.07	1.08	0.73	0.81	0.96
10	1.02	1.10	1.15	1.23	0.86	0.88	0.91	0.92	0.99	0.83	0.92	0.92	1.07	1.08	0.69	0.79	0.91
11	1.02	1.16	1.20	1.37	0.87	0.93	1.03	0.91	0.92	0.86	0.88	0.87	1.09	1.08	0.69	0.77	0.94
12	1.02	1.22	1.34	1.43	0.93	1.01	1.22	0.99	1.05	0.93	0.96	0.97	1.04	1.08	0.75	0.88	0.95

資料來源：中央銀行，《金融統計月報》。

三、市場參與者

　　票券市場的交易參與者，計有銀行、票券金融公司、信託投資公司、公民營企業、非營利事業團體與個人等，「表4.7」列出其交易金額與比重情形。銀行基於資產負債管理及對證券的

表4.7 貨幣市場交易的參與者 單位：百萬元，%

年	銀行	票券及信託公司	保險公司	民營企業	公營企業	個人	其他	合計
1976	4543	455	293	2251	2058	94	29	9723
1981	477932	64114	12055	403121	56946	73065	36393	1123626
1986	1861513	121253	57264	989151	180009	136698	36378	3382266
1991	5700224	358493	403174	5197626	727378	2024799	301109	14712803
1996	19171011	9992784	1491938	13355776	1265173	1284805	999681	47561168
2001	20236177	11371366	2867753	18858450	1319383	339906	3066403	58059438
2002	16009783	9010002	2815538	17984691	1177063	126388	3481349	50604814
2003	14020964	8170077	3208215	18569757	1177333	87397	2646711	47880454
比重								
1976	46.72	4.68	3.01	23.15	21.17	0.97	0.30	100.00
1981	42.53	5.71	1.07	35.88	5.07	6.50	3.24	100.00
1986	55.04	3.58	1.69	29.25	5.32	4.04	1.08	100.00
1991	38.74	2.44	2.74	35.33	4.94	13.76	2.05	100.00
1996	40.31	21.01	3.14	28.08	2.66	2.70	2.10	100.00
2001	34.85	19.59	4.94	32.48	2.27	0.59	5.28	100.00
2002	31.64	17.80	5.56	35.54	2.33	0.25	6.88	100.00
2003	29.28	17.06	6.70	38.78	2.46	0.18	5.53	100.00

資料來源：中央銀行，《金融統計月報》。

投資，始終是票券市場上重要顧客；隨著票券市場交易量的放大，銀行所交易的票券金額也跟著水漲船高，直到1996年仍保持40%以上的交易額，之後交易額呈現萎縮現象，2003年比重降到29.28%。由於票券金融公司在1994年後大增，乃使票券及信託公司在票券市場的交易比重從1991年前的不及5%躍升1996年21.01%的水準，儼然成為票券市場交易的主要參與者，2003年其交易比重仍達17.06%。保險公司在票券市場交易所占比例漸次增加，比重由1981年1.07%穩定提升到2003年6.7%。公營企業的交易地位不斷滑落，其比重由1981年5.07%下滑到2003年2.46%，但民營企業參與交易的金額卻不斷增加，2001年高達

18.86兆元，之後整個市場交易呈現萎縮現象時，民營企業的交易額未明顯衰退，因而其比重到2003年反而提升到38.78%，超過銀行，成爲交易量最大的參與者。

　　一般個人投資者在票券市場交易的比重始終是很低的，除在1996年比重達13.76%外，大都在5%以內，二十一世紀初比重不及1%，其與股票市場大都爲散戶殺進殺出的情形，不能相比，原因爲：（一）貨幣市場的投資需專業知識，操作技術較難，同時也沒有類似股市股友社的組織帶領投資者理財；（二）貨幣市場的投資金額往往龐大，交易額門檻相對較高，不像股市散戶只要有數萬元就可進出；（三）貨幣市場的利息所得須課20%稅率，爲分離課稅，相對應於股市並沒有證券交易所得稅。

四、專業中介機構營運的比較分析

　　1990年代票券業務開放後，市場就處於競爭狀況，原本三家老字號的票券公司(中興票券、國際票券與中華票券)，不但面臨銀行經營票券業務的競爭，同時也加入十多家專業票券金融公司，共同經營票券業務。

　　分析票券專業中介機構營運情形，如「表4.8」所示，就資產與淨值觀察，從占有率上顯示，三家老字號公司的比重加總在50%以上，而11家新票券公司的加總未及三家老公司，個別的占有率都未及7%，顯然新與舊之間存有差別，也就是說，舊票券金融公司的資產與淨值至少都爲新公司的倍數，新舊公司存有規模上的差別。

　　就承銷額而言，三家老字號公司的占有率爲54.85%，仍居

表4.8　2003年票券金融公司營運比較

單位：百萬元，%

公司	淨值		承銷額		交易額		資產	
	金額	比例	金額	比例	金額	比例	金額	比例
總計	133,741		2,619,943		47,212,177		1,205,287	
中興票券	37,760	28.23	620,338	23.68	8,796,014	18.63	256,684	21.30
國際票券	20,628	15.42	414,108	15.81	5,472,875	11.59	183,615	15.23
中華票券	18,845	14.09	402,521	15.36	5,579,535	11.82	190,602	15.81
萬通票券	7,258	5.43	123,308	4.71	4,941,794	10.47	83,793	6.95
台新票券	6,562	4.91	238,291	9.10	2,967,149	6.28	76,267	6.33
富邦票券	5,921	4.43	226,373	8.64	6,024,819	12.76	65,513	5.44
中信票券	5,783	4.32	72,651	2.77	4,073,529	8.63	68,885	5.72
玉山票券	5,732	4.29	101,401	3.87	716,008	1.52	64,273	5.33
大中票券	5,510	4.12	82,451	3.15	1,271,349	2.69	34,148	2.83
台灣票券	5,167	3.86	81,911	3.13	3,179,948	6.74	42,840	3.55
大慶票券	4,272	3.19	72,428	2.76	1,571,665	3.33	47,245	3.92
華南票券	4,009	3.00	68,009	2.60	807,129	1.71	36,739	3.05
力華票券	3,203	2.39	76,358	2.91	1,205,790	2.55	30,162	2.50
聯邦票券	3,092	2.31	39,795	1.52	604,573	1.28	24,523	2.03

資料來源：銀行局。

領先地位，但有些新票券公司，如台新與富邦票券公司，其市場占有率也分別爲9.1%與8.64%，呈現出強烈的競爭。在承銷額方面，票券公司間的規模存有較大的差異。

　　談及交易額，三家老字號公司所面對的競爭更是劇烈，其市場占有率只有42.04%，而富邦票券的占有率還高過國際與中華票券，萬通票券的占有率有10.47%，與國際及中華票券在伯仲之間，另中信票券的占有率爲8.63%，台新與台灣票券分別爲6.28%與6.74%，顯示新票券公司似在挑戰舊公司的地位。在交易額方面，票券公司之間的差異情形較承銷額來得大。

五、金融業拆款市場

　　金融機構最主要的業務為吸收存款辦理放款。為求金融穩定，世界各國中央銀行都會訂定法定準備率，而銀行也應依法保有足夠的準備金，以滿足流動性需求。實際上，銀行會一時有資金不足現象，也會一時有資金過剩現象，為調節準備部位，兼顧收益性與流動性，搭建同業拆款的橋梁有其必要。金融業拆款市場於焉產生。

　　1980年，中央銀行督促銀行公會設置「同業拆款中心」，負責議定中心利率與拆款中介，其初分為同業拆款市場與短期融通市場兩種，1991年將之合併為金融業拆款市場，參與者除包括存款貨幣機構外，也包括信託投資公司、票券金融公司與郵政儲金業匯局等。金融業拆款市場的拆款期限有隔夜、1周、2周、3周、1個月與2至6個月不等，不同期限之間利率也有差異，「表4.5」也列出金融業拆款利率與其他市場利率的差異情形，可顯示不同市場間利率的關聯性。

　　在貨幣市場中，金融業拆款市場也很重要，其交易額每年都在兆元以上，2000年為9.5兆元，2001年為11.4兆元，2002年為9.7兆元，2003年為8.8兆元，金額頗大。

第三節　資本市場與衍生性金融商品市場

　　資本市場也是屬於直接金融，為一年期以上金融工具融通的市場，主要以股票市場與債券市場為主，於此，我們論述也

是集中在這兩個市場上。近年來，以股票爲基礎而創新許多衍生性金融商品，如股價指數期貨、選擇權與認購權證等，將在本節一併論述。

一、股票市場

台灣地區股票市場的建立與集中交易，比貨幣市場足足早了13年。1962年臺灣證券交易所成立後，股市就從無組織的店頭交易轉變爲有組織有秩序的集中交易，到2004年已有42年的歷史。於此，對台灣股票市場的論述，分別按下列項目進行之：市場運作的組織結構、市場交易與規範，及股市特徵[2]。

（一）市場運作的組織結構

在成立臺灣證券交易所之前，政府就先設置監理機關：證券管理委員會，隸屬於經濟部，負責草擬證券法規、推動證券市場的建立與監督管理其運作，1981年改隸於財政部，後因期貨市場的開辦，監理範圍擴及到期貨交易而更名爲證券暨期貨管理委員會，2004年7月新設金融監督管理委員會，掌管原屬於財政部的證券、銀行與保險等監理業務。

在台灣，證券市場整體組織結構，是在一個規範性的法制下，金融監督管理委員會爲管理監督市場運作與參與的機構。證券交易所與櫃檯買賣中心爲證券集中交易提供場所。直接參與市場交易者只限於證券經紀商與自營商，前者代客買賣證券，後者自行買賣證券，證券承銷商以承銷證券爲主要業務。

2　有關台灣股市面面觀，可參閱于宗先、王金利等(2004)近期的著作。

完備的證券市場運作，還要有一些周邊事業單位，如證券保管、結算與交割的機構，而證券集中保管公司就專責為之；綜合證券商與證券金融公司為信用交易提供服務；投資信託與投資顧問的服務事業單位，為投資者理財、諮詢、顧問與操作；證券市場發展基金會為健全證券市場發展與投資學術機構進行研究。證券市場裡最重要的就是投資人，包括一般投資大眾、企業與法人等。有關證券市場整體組織結構與其成員，如「圖4.1」所示。

在證券中介機構方面，有一段很長時間，政府是管制經營家數的，也就是說不開放申請新設，直到1988年證券交易法修正通過後。1988年政府頒訂「證券商設置標準」與「證券商管理規則」，開放證券商新設，只要滿足規範條件，就可提出申請，不限家數，新證券商便紛紛成立。爾後，證券商的新設、合併與退出，便是市場機制的一種自然規律。就專業證券商家數言，1991年有326家，2003年降為154家；證券商分公司的家數，1991年為74家，2003年增為1,048家。

2001年11月金融控股公司法開始實施，金融業進行跨業整合，體制改頭換面。目前已有多家證券商加入金融控股公司，以證券子公司方式經營證券等業務。在組織國際化方面，以1990年開放外國券商來台設立分公司與外國專業投資機構（Qualified Foreign Institutional Investor, QFII）投資台灣股市為重要的里程碑。

臺灣證券交易所的成立，是採公司制，有別於一般的會員制，為降低因公司制的營利色彩與增進公益，規定董事、監察

人至少應有1/3由非股東的專家任之；同時證券交易法也規定，公司制的證券交易所存續期間不得逾十年，但得視實際發展情形，報請主管機關延長之，現已延長多次。為了重啓店頭市場，1994年11月將原隸屬於台北市證券商業同業公會的櫃檯買賣服務中心，改制為證券櫃檯買賣中心，採具公益性質的財團法人之組織，為股票上櫃進行交易服務。另為協助中小企業進入資本市場，於2000年3月1日開啓第二類股上櫃買賣制度。櫃檯買賣中心亦成立興櫃股票交易市場，為已申報上市（櫃）輔導契約之公開發行公司的普通股股票，在上市（櫃）之前，提供一個流通的交易市場。

證券集中保管公司於1989年10月正式成立，1990年正式實施證券集中保管帳簿劃撥制度。1983年5月與10月政府分別開放證券投資信託公司與證券投資顧問公司的申請設立，在執行「引進僑外資投資證券計畫」，先後核准國際、光華、建弘與中華證券投資信託公司四家成立。政府為了進一步健全證券市場的發展，與提高法人機構投資證券市場之比重，1991年又開放證券投資信託公司的新設，並於1993年核准11家，1994年10月起開放每年定期新設申請。如此一來，證券投資信託公司的任務，由原來扮演間接引進僑外資投資台灣證券之橋梁，轉變為在台灣證券市場中扮演專業法人機構投資之角色，2003年共有43家。證券投資信託公司募集基金，在台灣募集而投資於台灣有價證券的開放式基金之淨資產，2003年總額為2.4682兆元，規模擴張快速。

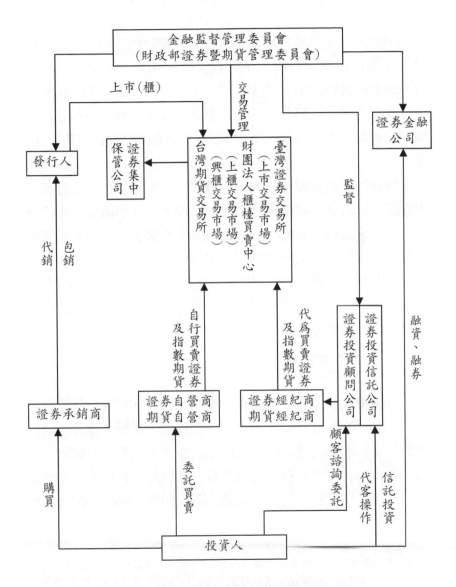

圖4.1　證券市場整體組織結構與其參與者

2002年證券交易法修訂，開放全權委託代客操作，因而經營代客操作也爲證券投資信託與顧問公司的業務之一。在台灣，證券投資顧問公司的家數增減，就如同其他金融機構般，符合政府所規定的條件，就可以申請設立；家數的增減是市場機制的表現，不受約束。2003年證券投資顧問公司的家數有208家。

證券信用的交易，1974年台灣銀行、交通銀行、土地銀行與中信局聯合著手辦理融通證券信用交易，僅辦融資，不辦融券，故稱爲跛腳。1980年成立復華證券金融公司，專責辦理融資融券等業務，並兼營證券保管。1990年政府同意綜合證券商辦理融資業務，而1995年開放證券金融公司新設，該年5月就有富邦、環華、安泰與嘉華四家新公司加入營運，證券金融業務全面開放，競爭加劇。

(二)市場交易與規範

1. 交易制度

初次股票上市(櫃)(initial public offering)，爲達股權分散之條件，得辦理承銷[3]；而公司增資，也要辦理承銷，證券市場有承銷制度。承銷制度之內容包括承銷方式、配售、訂價與資訊揭露等。初次股票上市(櫃)之公司，獲得證期會核准後，於正式上市(櫃)買賣股票前，應編製公開說明書，同時舉辦業績發

---

3 在上市方面，股權分散之條件爲：股東1,000人以上，小股東500以上，所占股數達20%或1000萬股以上；在上櫃方面，持有1,000股至5萬股之記名小股東不少於300人，且所占股數達10%或500萬股以上。

表會，以揭露資訊；上市(櫃)公司，若有承銷事宜，也應編製公開說明書[4]。按現行證交法規規定，承銷有包銷與代銷兩種，包銷係指發行公司與承銷商依約承銷有價證券，無論是否全數售盡，承銷商都得承接買下；代銷是承銷商依約代理銷售有價證券，若有未能銷售者，得退還給發行公司。

在1995年3月8日證券商業同業公會公布新版的「證券商承銷或再行承銷有價證券處理辦法」之前，初次上市(櫃)的股票承銷須公開申購與抽籤配售，而現金增資也可洽商配售，但不得超過20%；之後，增加競價拍賣與詢價圈購兩種新的配售方式，但比例最高為50%，餘者辦理公開申購配售。2002年2月又增加私募制度一種。

公開申購配售的制度，雖具公平與公開的優點，但存有諸多缺點，如：未能經由市場機能，產生合理的承銷價；無法反映市場供需，只經由抽籤來決定認購權利，此種方式會產生人頭戶問題，也會降低法人參與意願；認購後繳款義務不具強行性；同時也會有整個承銷時程與投資者等待取得股票時間過長等。新版的承銷制度走向多元化，發行公司依本身自我條件與利益考量，可選擇最有利的途徑配售，這使證券發行市場更具效率性。

公司股票初次上市，其承銷價與市價會存有某種程度的折

4　公開說明書的內容計有公司概況，營運概況，營業及資金運用計畫，財務概況，特別記載事項，與重要決議、公司章程及有關法規等，以讓投資大眾獲得資訊。

價，致使股票上市後，在現行漲跌幅限下，易產生股價連續上漲的蜜月期行情。承銷價折價現象，是否會因初次掛牌買賣與承銷時差遞延因素隨市場行情的變化而自然產生？或是發行公司與承銷商故意的人為壓低？若因時差而產生，在牛市時，會產生折價；反之，在熊市時，會產生溢價。若是人為的結果，那又是什麼因素促使折價行為的產生？在文獻上有諸多假說與成因的解釋。總括而言，無論從資訊不對稱立場，或是股權分散、規避風險與保險的立場，承銷價的低估，在理論上可獲得支持，且是人為刻意的作為。

台灣股市是否也存有上市承銷價低估及上市後報酬異常的情形？多數研究結果都指出，台灣股市存有刻意壓低承銷價的現象。高科技產業的IC設計公司，近年來為台灣股市的新寵，其初次上市的承銷價與蜜月期市價是否也存有報酬異常？於此，選擇1996年9月到2003年10月，共33檔IC設計公司，跨越七個年頭，期間經歷牛市與熊市的多次更迭，研究發現的結果如下〔見于宗先、王金利等(2004)〕：

(1) 初次掛牌買賣與承銷之間，因有時間上的遞延因素，市場行情確實會產生影響作用，在牛市時，都發生異常報酬現象，股價甚至漲至承銷價的2倍以上。

(2) 在牛市時，甚至在熊市時，只要股市行情不要過於低迷，蜜月行情是可期的；過於低迷的行情，承銷價反而變為溢價，在2003年上半年就發生如此現象。

(3) 在蜜月行情可期下，通常呈現無量連續漲停格局，直到暴量後，連續漲停態勢不再，股價回檔修正，均衡股價

於焉產生。

(4)就蜜月期間的最高價與蜜月終了時價格比較，蜜月期間
　較易產生異常報酬。

2. 交易規範

(1)市場交易規範

台灣股市交易的發展歷程，經歷了店頭交易時期，集中交
易市場運作時期：從建立、成熟到高速成長，邁入自由化與國
際化健全時期，與加入期貨市場時期，市場規模漸次擴大，再
次延伸到期貨市場。

臺灣證券交易所成立後，就訂有一套程序，審查公開發行
公司的上市案，對已上市公司，經主管機關核准後，可停止股
票買賣，或終止上市、限制或變更交易方式。證交所開業之初，
採口頭唱報及配合專櫃申請之分盤競價方式，撮合交易，1993
年8月全面實施電腦全自動交易作業，買賣申報競價方式有兩
種：集合競價與連續競價，前者用於開盤與收盤，後者用於盤
中[5]，自2002年7月1日起，又全面改採在漲跌停範圍內，以滿足

5　集中交易市場的連續競價撮合制度，是從1985年採電腦輔助撮合開
　始，一直延續到2002年6月。當時對盤中成交價的決定原則，係著重
　於價格連續性及穩定性，然而這種連續競價撮合方式目前國外已沒有
　證券交易所採行，因連續競價撮合係在兩檔限制的成交價決定方式及
　買賣價的揭示須在前一次成交價及買賣揭示價的一定範圍為之。因這
　些限制造成無法揭露真實的最佳買賣價及其未成交委託狀況，對市場
　揭露會產生交易不公平或有助漲助跌的疑慮。證交所規劃集中市場交
　易制度新調整的目的，是朝交易更公平、資訊更透明、市場更有效率
　及國際化的方向。

最大成交量之集合競價方式，決定成交價。證券的交易種類計
有標準交易、盤後定價交易、零股交易與巨額交易。標準交易
爲基本交易單位(1,000股)之交易，撮合交易時間在星期一至星
期五的上午9時至下午1時30分；盤後也實施定價交易，按當日
各股收盤價，在下午2時至2時30分接受買賣申報，在2時30分由
電腦自動撮合[6]；零股交易爲不足一個基本交易單位之交易，交
易時間爲在有交易日的下午3時至4時，交易價爲當日各股票收
盤價扣減5%。巨額交易爲一次交易在50萬股以上者，買賣申報
時間爲在有交易日的下午2時30分至3時。證交所供給交易資
訊，維護交易秩序，實施股市監視制度，執行監視作業；另者，
經由電傳視訊，將上市公司的財務、業務資料與市場交易資訊
予以傳播，並設有股市觀測站，發布上市公司的各項財務、業
務及重大資訊，供投資者查詢。現行交割制度依交割日期之不
同，分爲普通交割、成交日交割與特約日交割三種，而以普通
交割爲主要的交割結算方式。

　　證券櫃檯買賣中心於1994年11月改制成立後，推動證券店
頭市場的發展。該中心對公開發行公司的上櫃，也訂定一套審
查準則，對一般企業、特殊企業、集團企業與資訊軟體業的審
查條件，如資本額、成立年數、獲利率與股權分散程度等各有
不同。店頭市場除保留原有證券商營業處所的議價交易制度
外，可使用櫃檯買賣中心股票等價自動成交系統，買賣上櫃股

6　盤後定價交易制度，於2000年4月5日在集中市場與店頭市場同步實
　施。

票。

　　信用交易在股市交易中，向來都被視爲重要的一環，按證券金融公司的有無與競爭情形，大致上可劃分爲五個階段：(1)1962至1974年的例行交易階段；(2)1974至1979年的跛腳信用交易階段；(3)1980至1990年的復華證券金融專營階段；(4)1990至1994年證券信用交易雙軌制階段；(5)1995年之後證券金融自由競爭階段。按證交法第61條規定，有價證券買賣融資融券之額度、期限、融資比率與融券保證金成數，由財政部定之，而有價證券得爲融資融券者，由證券交易所與櫃檯買賣中心公告之，普通股的條件爲：上市(櫃)滿6個月，每股市值在票面以上，須股價無劇烈波動、股權無過度集中與無過度異常成交量。受益憑證自1993年5月起才准許辦理融資融券，而上櫃的股票遲到1999年起才開始實施。凡爲融資融券的股票，其融資融券的餘額上限爲25%，達到該比率時，暫停融資融券買賣，俟比率下降到18%時才可恢復。

　　融資融券的措施可視爲政府對證券市場信用實施選擇性的管理，其額度大小、期限長短，政府都予以規範。投資者得爲信用交易戶時，申請依財力證明與交易紀錄來決定信用級數或級數調整，到2003年時仍分爲九級，融資額度從50萬元依序遞增到3000萬元，融券從50萬元依序遞增到2000萬元。此外，每一信用交易戶對單一個股的融資融券也有上限規定，在上市部分，融資爲1500萬元，融券爲1000萬元；在上櫃部分，分別爲1000萬元與750萬元。上市(櫃)融資融券期限原則上爲6個月，屆滿得申請延展6個月，但以一次爲限。得爲融資融券的個股，

在除權除息時應於停止過戶日期5個營業日起，停止融資買賣3天；而於前7個營業日起，停止融券賣出5天，融券須補回。政府也規定：在平盤以下，禁止融券賣出。

政府對台灣股市融資比率與融券保證金成數，曾多次修正調整。之前，依據「有價證券融資比率與融券保證金成數調整參考指數」，融資比率與融券保證金成數的調整，隨股價級距上升而依序遞降，但政府於1997年10月21日宣布已不再援用參考指標來調整，將融資比率訂為50%，融券保證金成數訂為70%，之後成數的調整由政府視市場狀況而為之。該項措施的更迭，把原本依「法則」而調整成數的設計精神變為政府主導的「權衡」行為，成為政府的政策性工具之一，為選擇性的信用管理。之後，政府針對股市狀況，尤其在股市低迷時，或遭遇重大經濟與非經濟事故時，就多加利用這項權衡措施，即對融資比率與融券保證金成數予以調整。自2001年7月10日起，集中市場融資比率為60%，融券保證金成數為90%；店頭市場融資比率為50%，融券保證金成數為90%。

台灣股市散戶投資所占比例頗高，至今仍維持在80%左右，而散戶投資以動用信用交易來擴張本身財務的桿槓不在少數，信用交易額占市場交易總額的比例都維持在40%以上，在台灣股市中顯然占重要地位，而政府對其信用的選擇性管理自然地也會產生作用。信用交易雖活絡股票交易，但對股價也產生助漲助跌的影響。

在1990年代，股市交易制度曾發生下列市場運作調整規範，如1993年開放受益憑證上市滿半年後得為融資融券交易，

1994年開放信用交易資券相抵制度，1995年實施款券劃撥制度，1997年開放股票認購權證發行與交易等。為加強信用評等與投資風險資訊提供，1997年成立中華信用評等公司。2002年修訂證交法，開放全權委託代客操作與開放庫藏股，這在維護企業股價上有重大意義。

股價異常波動，尤其巨幅慘跌，會成為政經新聞的焦點，也因如此，各國對證券市場股價波動或多或少會採行穩定措施，如當日價格漲跌停限制，市場斷路措施，市場限速措施，暫停交易，特別報價，申報價範圍限定，強制輸入功能，股市安定基金，專業會員、市場中介人制度或自營調節，監視制度等不一而足。台灣股市對股價的穩定，政府與交易所都特別重視，其措施除對當日交易規定漲跌幅限制外，對盤中的交易價也會採行瞬間穩定措施。台灣股市股價穩定措施，以下列為主：當日漲跌停限制，2至3分鐘暫停撮合，調整信用交易保證金，政府基金進場護盤等。當日漲跌停措施，為台灣股市長久以來未曾停止過的措施，自實施以來，歷經多次調整，自1989年10月後訂定7%。

漲跌幅限的目的在於穩定股價，降低投資者非理性的過度反應，尤其台灣股市散戶居多的情形下，立意甚美。若非理性的過度反應，卻因該項措施使得股價衝到停板時而冷卻，可發揮保護理性投資者與穩定股價的作用；若股價衝到停板，是來自基本面因素，限價交易的產生，反而使市場不具效率外，也犧牲流動性。台股股價存有大起大落的現象，因而就長期言，漲跌幅限措施是無效的，也是無法阻止股價走勢的，其效果只

是將股價應在極短期裡反應完畢的事，改以拉長時間的方式來處理，股價終究還是漲（跌）到應漲（跌）的水準。在股市，投資者理應承擔風險，學會風險自控與自理，而市場上的避險工具也逐漸增多，若在短時間內還無法取消漲跌幅限，建議至少也應考慮將其再放寬，以提高市場效率，增加流動性。

台灣股市先前「兩檔限制」的交易撮合與揭示方式，會產生「隱藏限價委託單」現象，黃寶慧(1995)[7]與黃寶慧、劉維琪(2002)[8]的研究發現，台灣股市透明度不足，會造成劣質交易、成交時間延後、財富移轉與價格改善等不好結果，因而有關當局已向最佳五檔買賣價量的揭露方向來調整，揭示行情盡量使其透明化。

(2)交易額與股價

公開發行公司加入集中市場交易的家數逐年增加。台灣經濟發展奠基於中小企業，再加上公營事業壟斷許多產業，使得早期發展階段公開發行公司的家數不多，1962年僅21家，1980年也不過127家。之後隨著經濟蓬勃發展，使得某些原本是中小企業也脫胎換骨，致公開發行公司的家數快速增長，1990年為770家，2000年為3,088家，2003年因景氣低迷而使家數降落到2,350家。股票能在集中市場交易的先決條件必須為公開發行公

7　黃寶慧，《台灣股市競價撮合與行情揭示制度對資訊揭露的影響之研究》（1995年），國立中正大學財務金融研究所碩士論文。

8　黃寶慧、劉維琪，「我國證券集中交易市場競價與揭示制度之改進」（2002年），證交資料，第483期，頁2-21。

司，自證券交易所成立以來，上市公司的家數由1962年18家，增到1980年102家，1990年變為199家，2000年達584家，2003年為669家，上市公司家數呈一路上升格局，尤其在1990年代增加特別快速；開辦股票上櫃交易後，上櫃公司家數也快速增加，2003年達423家。就上市、櫃家數所占比例而言，因1990年後公開發行公司的家數大增，使得上市與上櫃家數所占比例下降到30%以下，後經由政府與有關單位積極鼓勵與輔導，才見此比例提升，2001年超過30%，2003年達49.18%。

　　1962年上市公司面值總額為54.9億元，占公開發行公司總額的比例達99.73%。上市公司面值總額直到1973年才突破百億元，此時所占比例反而下降到45%以下，1980年面值總額突破千億元後，到1994年就突破兆元，2003年高達4.7兆元。上市公司面值總額增長如此快速，一者來自於已上市公司股本的增加，另者為新公司的加入，使其比例於2003年又上升到60.52%。台灣股票一股面額為10元，也就是說，2003年上市公司的股數有4705.5億股之多，大大地擴充股市規模。

　　①上市部分

　　上市面值總額占國內生產毛額（GDP）的比例，1962到1965年間圍繞在7%至8%，1967年降到4%以下，於1972年達最低比例3.12%，之後就呈穩定上揚走勢。1989年比例破10%，1996年再破20%，1998年又破30%，從20%到30%只花兩年的光景，規模膨脹快速！2001年破40%，2003年比例高達47.73%。這種走勢顯示股市規模呈遞增式擴大，可稱為遞增式形態。

　　在文獻上，通常以股市資本率（capitalization）與股市成交值

比（value trade）來表示股市發展情形[9]。這兩個股市發展指標，都存有數據上不穩定的波動現象。可利用其分析股市規模與流動性，將台灣股市分爲兩個階段：1987年之前，股市規模小，流動性低；之後，規模不但大，流動性也高。1987年正是台灣股價越過1000點後股市第四個多頭行情開始的年份，股價狂飆到萬點以上的飆漲行情[10]。從「表4.9」得到說明。從1967到1972年間，股市資本率均在10%以下，說明股市規模是小的。1987年後就不一樣了，該年股市資本率爲42.82%，比1986年提升一倍，1988年又提升一倍，達96.03%，1989年略又增加一倍，來到156.75%。由此顯示，在1980年代後期的多頭行情，股市資本率每年都做倍數提升。就股票市值相對於國內生產毛額而言，股市規模擴張甚爲快速，短短四年，股市資本率從不及20%提升到150%以上，這是驚人的膨脹現象。1990年股市泡沫的破滅，股價迅速滑落，上市公司股票的市值自然也隨著下降，股市資本率也急降到62.27%。

　　1987年後，股市資本率至少呈現三種重要特徵：A. 年間波

9　見Levine與Zervos（1998）、Chang（2001）等文獻，對股市發展指標的設定採取如此的定義與應用上的操作方式。股市資本率爲上市公司股票總市值占國內生產毛額的比例，表示股市規模，也可表示股權融資的重要性；股市成交值比爲上市公司股票成交總值占國內生產毛額的比例，表示股市的流動性，一般認爲股市成交值比的高低與股市資訊傳遞有高度相關。

10　有關股市多頭行情的劃分與分析，請參閱于宗先、王金利等（2004）之《兩岸股市面面觀》。

表4.9　有關股市規模統計資料一覽表　　　單位：家數，百萬元，%

年	上市公司家數	上市面值總額	上市市值總額（期終日）	上市股票成交總值	國內生產毛額（GDP）	占GDP之比例		
						面值	市值	成交值
1962	18	5,490	6,840	447	77,159	7.12	8.86	0.58
1963	23	6,390	19,400	9,902	87,252	7.32	22.23	11.35
1964	31	7,190	25,010	35,501	101,966	7.05	24.53	34.82
1965	37	8,950	27,070	10,960	112,627	7.95	24.04	9.73
1966	39	7,830	18,200	4,563	126,022	6.21	14.44	3.62
1967	40	5,530	9,220	5,429	145,817	3.79	6.32	3.72
1968	40	6,920	10,510	7,670	169,904	4.07	6.19	4.51
1969	42	7,670	13,780	4,214	196,845	3.90	7.00	2.14
1970	42	8,450	16,970	10,866	226,805	3.73	7.48	4.79
1971	45	8,520	20,860	23,598	263,676	3.23	7.91	8.95
1972	49	9,860	30,170	54,051	316,172	3.12	9.54	17.10
1973	62	16,180	85,520	87,091	410,405	3.94	20.84	21.22
1974	64	22,713	50,362	43,586	549,577	4.13	9.16	7.93
1975	68	29,069	73,959	130,337	589,651	4.93	12.54	22.10
1976	77	43,511	94,534	145,941	707,710	6.15	13.36	20.62
1977	82	55,946	120,988	172,177	828,995	6.75	14.59	20.77
1978	87	68,235	153,338	361,645	991,602	6.88	15.46	36.47
1979	96	85,702	178,809	205,488	1,195,838	7.17	14.95	17.18
1980	102	108,659	219,053	162,113	1,491,059	7.29	14.69	10.87
1981	107	128,398	201,331	209,217	1,773,931	7.24	11.35	11.79
1982	113	151,473	203,111	133,875	1,899,971	7.97	10.69	7.05
1983	119	167,163	305,956	363,845	2,100,005	7.96	14.57	17.33
1984	123	190,395	390,260	324,475	2,343,078	8.13	16.66	13.85
1985	127	213,449	415,706	195,228	2,473,786	8.63	16.80	7.89
1986	130	240,822	548,436	675,656	2,855,180	8.43	19.21	23.66
1987	140	287,346	1,386,065	2,668,633	3,237,051	8.88	42.82	82.44
1988	163	343,579	3,383,280	7,868,024	3,523,193	9.75	96.03	223.32
1989	181	421,300	6,174,164	25,407,963	3,938,826	10.70	156.75	645.06
1990	199	506,425	2,681,911	19,031,288	4,307,043	11.76	62.27	441.86
1991	221	616,707	3,184,028	9,682,738	4,810,705	12.82	66.19	201.27
1992	256	735,641	2,545,508	5,917,079	5,338,952	13.78	47.68	110.83
1993	285	891,020	5,145,410	9,056,717	5,918,376	15.06	86.94	153.03
1994	313	1,071,713	6,504,368	18,812,112	6,463,600	16.58	100.63	291.05

1995	347	1,324,619	5,108,437	10,151,536	7,017,933	18.87	72.79	144.65
1996	382	1,626,795	7,528,851	12,907,561	7,678,126	21.19	98.06	168.11
1997	404	2,066,324	9,696,113	37,241,150	8,328,780	24.81	116.42	447.14
1998	437	2,696,659	8,392,607	29,618,970	8,938,967	30.17	93.89	331.35
1999	462	3,056,536	11,803,524	29,291,529	9,289,929	32.82	126.75	314.55
2000	531	3,630,183	8,191,474	30,526,566	9,663,388	37.57	84.77	315.90
2001	584	4,067,493	10,271,712	18,354,936	9,506,600	42.78	108.04	193.07
2002	638	4,410,400	9,094,940	21,873,950	9,748,811	45.30	93.43	224.70
2003	669	4,705,510	12,869,100	20,333,240	9,856,391	47.74	130.57	206.29

資料來源：歷年證券統計要覽與國民所得。

動加劇，期間愈來愈短，上下巨幅波動的循環已有四次；B. 即使下降，也不會低於40%；C. 最低率愈走愈高，說明上市公司股票市值係以波浪式在擴張。

　　再論股市成交值比的情形，在1987年前，年間比率變化的差距，雖較股市資本率爲巨，但大都在20%以下。1980年代的多頭行情，上市股票的成交值每年都以好幾倍的成長在擴張，1985年成交值爲1952.28億元，1986年爲6756.56億元，年成長率爲246%；1987年成交值提升爲2兆6686.33億元，年成長率爲295%；1988年成交值又提升爲7兆8680.24億元，年成長率爲195%；1989年成交值更爲瘋狂，爲25兆4079.63億元，成長率爲223%。至此，股市交投已成台灣全民運動。從1985年成交值不到2000億元，擴張到1989年25.4兆元的水準來看，成長130倍。誠然，股市擴張之速，令人嘆爲觀止。在這段期間，股市成交值比由1985年的7.89%，急速爬升，1989年來到645.06%，這個比率至今仍爲台灣最高紀錄。進入1990年代，成交值比未曾低於100%，於1997年曾高達447.14%。如此高的成交值比，一者呈現台灣股市規模

之大，另者也說明短線投資的熱絡。在亞洲，台灣股市規模僅
次於東京。

　　自1987年以來，股市成交值比至少呈現三種特徵：A. 年間
比率波動大，有時呈倍數的差距，顯示不同的行情有不同的股
票交投金額；B. 即使在熊市，股市成交值比下降，也不會低於
100%；C. 股市成交值比愈走愈高，呈現上市公司股票的流動性
不斷在提高。

　　②上櫃部分

　　上櫃股票面值總額，1995年達1730.1億元，2000年以來每年
都在6000億元以上。至其市值，1995年為2457.3億元，1996年增

表4.10　上櫃規模　　　　　　　　　　　　單位：10億元，家數，%

年	家數	上櫃面值	上櫃市值	成交總值	與上市規模之比較(所占比例)			
					家數	上櫃面值	上櫃市值	成交總值
1990	4	1.45	8.39	1.1795	2.01	0.29	0.31	0.006
1991	9	3.78	10.52	0.5	4.07	0.61	0.33	0.005
1992	11	4.47	9.79	0.7	4.30	0.61	0.38	0.011
1993	11	3.96	9.61	0.6	3.86	0.44	0.19	0.007
1994	14	9.79	26.92	0.6	4.47	0.91	0.41	0.003
1995	41	173.01	245.73	2.8	11.82	13.06	4.81	0.028
1996	79	264.13	833.46	453.5	20.68	16.24	11.07	3.514
1997	114	314.89	1,026.86	2,310.7	28.22	15.24	10.59	6.205
1998	176	381.39	887.63	1,198.2	40.27	14.14	10.58	4.045
1999	264	504.96	1,468.44	1,899.9	57.14	16.52	12.44	6.486
2000	300	667.29	1,050.59	4,479.7	56.50	18.38	12.83	14.675
2001	333	674.70	1,412.19	2,326.9	57.02	16.59	13.75	12.677
2002	384	624.30	862.25	2,794.7	60.19	14.16	9.48	12.777
2003	423	638.11	1,200.78	2,059.4	63.23	13.56	9.33	10.128

資料來源：歷年證券統計要覽。

長239.17%，之後隨股市行情的變化，在0.8兆元與1.5兆元之間浮動。至其成交值，1995年只有28億元，1996年增長160倍，為4535億元，1997年又比上年增長4倍，為2.31兆元；2003年成交值為2.06兆元。與上市規模相比，無論在面值、市值與成交值，都遠不如上市。比較上櫃與上市，呈現下列特徵：A. 上櫃家數比例遠大於面值比例，尤其自1999年起上櫃家數比例在55%以上，而其面值比例卻在20%以下，顯示上櫃公司平均每家資本遠低於上市；B. 上櫃面值比例大於市值比例，顯示上市公司的股票比較值錢；C. 上櫃面值比例大於成交值比例，顯示上櫃股票的流動性低於上市。

本質上，公司股票上櫃是為上市做準備，上櫃為上市的跳板，上櫃市場可說是上市市場的預備市場，其規模小於上市，乃在意料中。對投資者而言，可買賣上市股票，自然地也可買賣上櫃股票，同時可在同一個交易時間內，同樣委託證券商經紀。有了上櫃市場，就擴大投資者投資標的之選擇範圍。

③股價

就長期觀察，自1987年以來，股價的大起大落為台灣股市最突出的特徵。股市交投，充滿著濃厚的投機味，好似一個賭博場所，眾多的散戶殺進殺出，追逐一夜致富的美夢，本益比在年間竟有如此大的差距，正說明不理性的投資行為與台灣特有的投資環境。

對台灣股價起落特徵的觀察，可從「表4.11」各年份的平均價、最高與最低收盤價及其日期，與高低價之間的比率中得知。台灣股市年平均股價，由1967年98.70點上漲到2003年5253.79

表4.11　台灣股市收盤價高低情形

年	發行量加權股價指數					最高最低之比
	年平均	最高	日期	最低	日期	
1967	98.70	105.76	12/29	92.40	1/6	1.1446
1968	104.92	111.75	3/18	100.36	9/23	1.1135
1969	103.65	114.54	11/8	93.97	6/4	1.2189
1970	120.12	129.00	4/14	110.05	1/6	1.1722
1971	127.48	149.93	7/14	116.48	4/20	1.2872
1972	161.15	228.03	12/29	125.91	1/28	1.8111
1973	371.73	514.85	12/12	225.70	1/11	2.2811
1974	349.20	498.28	1/4	188.74	12/21	2.6400
1975	317.48	429.02	6/9	190.18	1/6	2.2559
1976	343.04	417.00	4/3	257.55	10/21	1.6191
1977	362.45	450.44	12/30	313.92	5/7	1.4349
1978	554.13	688.52	10/6	447.93	1/5	1.5371
1979	560.51	659.19	4/30	502.05	11/23	1.3130
1980	546.91	599.57	11/5	480.38	6/30	1.2481
1981	548.84	600.73	6/13	502.92	11/10	1.1945
1982	477.20	546.21	1/5	421.43	8/16	1.2961
1983	654.28	765.71	7/4	434.94	1/26	1.7605
1984	872.51	969.25	5/15	764.50	1/5	1.2678
1985	745.62	840.57	1/17	636.02	7/30	1.3216
1986	944.74	1,039.11	12/29	839.73	1/4	1.2374
1987	2,135.03	4,673.14	10/1	1,063.13	1/6	4.3956
1988	5,202.21	8,789.78	9/24	2,341.06	1/5	3.7546
1989	8,616.14	10,773.11	9/25	4,873.18	1/5	2.2107
1990	6,775.32	12,495.34	2/10	2,560.47	10/1	4.8801
1991	4,928.83	6,305.22	5/9	3,316.26	1/16	1.9013
1992	4,271.63	5,391.63	1/30	3,327.67	12/28	1.6202
1993	4,214.78	6,070.56	12/31	3,135.56	1/7	1.9360
1994	6,252.99	7,183.75	10/3	5,194.63	3/19	1.3829
1995	5,543.75	7,051.49	1/5	4,503.37	8/14	1.5658
1996	6,003.72	6,982.81	12/2	4,690.22	2/6	1.4888
1997	8,410.56	10,116.84	8/26	6,820.35	1/4	1.4833
1998	7,737.68	9,277.09	3/2	6,251.38	9/3	1.4840
1999	7,426.69	8,608.91	6/22	5,474.79	2/5	1.5725

2000	7,847.21	10,202.20	2/17	4,614.63	12/27	2.2108
2001	4,907.43	6,104.24	2/15	3,446.26	10/3	1.7713
2002	5,225.61	6,462.30	4/22	3,850.04	10/11	1.6785
2003	5,253.79					

資料來源：本研究整理。

點，長期走勢是上揚的，但在這30餘年股價上揚的走勢中，不是一條直線，而是上上下下、大起大落、呈現搖擺式的走勢。就年平均言，1978年越過500點後，花了9年時間，即1987年，到達2135.03點，之後股價就呈加速度的飛漲，1988年為5202.21點，1989年為8616.14點，達到台灣股市歷年來最高的年平均價。 1990年代初期的股價是緩慢走弱，於1993年來到低點4214.78點，之後因美國股市的榮景，台灣電子、資訊產業的蓬勃發展，於1997年也創下股價相對高點的紀錄，年平均價為8410.56點；後來因東亞金融風暴、政黨輪替的調適、政經政策的不明確與經濟衰退等因素，股價又回降到2003年的5253.79點。就1987年以後的台灣年均股價觀察，就可看出年間起伏波動劇烈的特徵。

就年內股價波動情形分析，大致上也是劇烈的，如1974年的平均價為349.20點，股價於1月4日為最高，498.28點，到12月21日卻來到最低點，188.74點，最高與最低價之比為2.64，說明1974年股價波動是很大的。從「表4.11」最後一欄所示，在1970年以前，年內最高最低價的差距有時低於兩成，之後差距有逐年擴大傾向；1990年以後，差距至少亦有四成。另有兩段期間，年內股價波動幅度特別大，一在1972到1976年之間，價差至少

有0.6倍，高時會達1.5倍；另一時段是在1987到1993年間，價差至少也有0.6倍，嚴重時接近4倍，這是何等的股價波動現象！

　　台灣股價波動，可以1987年來劃分為兩個不同的階段。從1967到1986年，由1967年1月6日的最低價92.40點，震盪搖擺地攀升到1986年12月29日的最高點1039.11點，股價在這20年之間，漲了10倍。在這段期間，股價呈震盪走高格局。另一階段，從1987到2003年，在這期間最低點發生在1987年1月6日，為1063.13點，最高價發生在1990年2月10日，為12495.34點，兩者之間的股價也有10倍以上的差距。之後股價有兩次攀上萬點，分別為1997年8月26日與2000年2月17日，股價分別為10116.84點與10202.2點；但至少有三次股價落在3500點以下，即1990年10月1日為2560.47點，1993年1月7日為3135.56點，2001年10月3日為3446.26點。在1987到2003年之間，相對應於前一個階段，股價為震盪幅度加劇的格局。

(三)股市特徵

1. 淺碟式股市形態

　　台灣股市，散戶交易所占比例高，信用交易也高，呈現出股票的高周轉率，傾向於短線操作，投機意味濃。近十多年來，法人機構的投資交易比例雖提升接近20%，但也呈現短期操作趨向。

2. 主力炒作與內線交易仍然嚴重

　　政府雖不斷致力於股市健全發展，加強監理與資訊透明化等措施，但個股仍不失主力炒作與內線交易之嫌疑。近年來每年都有數百件內部人短線交易，涉及百家以上公司，而證券重大犯罪層出不窮，涉案人大都是公司的負責人或關係人，公司

治理如同虛設，會計師簽證查帳處理也不夠落實。

3. 股價波動劇烈

台灣股市股價巨幅的波動，不但表現在個股上，也呈現在加權綜合股價指數上。無論個股或綜合股價指數的波動，都大大超過景氣波動的幅度。個股價格低時，被稱爲雞蛋水餃股；一旦鹹魚翻生，股價扶搖直上，但個股股價也會從高檔直瀉而下，腰斬再腰斬。股價如此大的變化，在台灣股市是件極平常的事。

4. 受兩岸關係的影響頗大

因台灣特殊的政經環境，影響股市行情的因素又多了一項：兩岸關係，而該項因素對股市衝擊影響，不可小覷。如兩岸軍事演習，有關台灣未來前途政治上重要談話，股市都會呈現市場系統風險，有時會大大跌一跤。

5. 政府大力干預

近年來，正因台灣特殊的政經環境，如兩岸關係、地震與恐怖攻擊、金融危機與景氣低迷等，股價呈現巨幅下跌現象，政府爲振興股市，常利用公權力介入股市。干預股市的政策工具，除貨幣政策與財政政策外，選擇性信用管理、健全股市發展措施與行政命令也經常使用，最具特色的干預股市莫過於「股市穩定基金」與「國安基金」的設立，兩者經常從事所謂的伺機護盤。

二、債券市場

除股票外，資本市場另一種證券融通工具便是債券。債券包括公債、公司債與金融債券等，也有發行與流通兩種市場。

在台灣，債券市場的名氣雖不若股票市場，但在交易額上不見得落後股票。

　　債券的發行市場是由發行人、投資人、證券承銷商與受託人所組成，其中以政府公債的發行為大宗。1991年起，政府為配合經建計畫，陸續發行大量債券，同時自1991年80-1期的發行，將傳統上配售制度改為標售制度，由央行與中央公債交易商共同參與，市場上也將標售利率視為長期利率指標。自1993年82-6期的發行，提撥某些額度，讓小額投資者認購。1993年6月試辦發行無債票的無實體公債。公債期限大都為4、5、7與10年，1995年7月發行15年期公債，利率結構可延伸到15年期的長期利率，同年10月開始發行零息票公債。公債發行，在期限、種類與性質、承銷等方面，有多元化之傾向。

　　金融債券的發行是銀行依據「銀行法」與「銀行金融債券發行辦法」，由發行銀行自行承銷，是銀行除存款外另一途徑的資金來源。1989年後，上市公司發行公司債轉趨活絡，為公司募集資金的重要管道之一，如此作為也可強化負債面的管理。公司債主要以普通公司債與可轉換公司債為主。近年來海外公司債的發行也蔚為風潮；因金融衍生性商品的問世，附股權公司債的發行也見諸市場。公司債與外國債券的發行方式，除標售、包銷與私募外，也可採取詢價圈購方式，都由證券承銷商負責承銷事宜。為利於金融機構資產負債的管理，金融資產證券化的發行，於2003年開始實施。

　　「表4.12」列出1989年以來各類債券發行淨額情形，從表中得知，發行仍以政府公債為大宗。1989年政府公債發行餘額為

表4.12　各類債券發行概況　　　　　　　　單位：10億元

年	政府債券		金融債券		公司債							外國債券	
					普通公司債		附股權公司債		轉換公司債		合計淨額		
	種數	淨額	種數	淨額	種數	淨額	種數	淨額	種數	淨額		種數	淨額
1989	64	212.02	3	0.25	42	43.35			-	-	43.35		-
1990	25	169.06	2	5.38	39	48.78			2	2.50	51.28		
1991	26	357.64		11.60	36	52.20			10	6.79	58.99		
1992	31	833.60		18.51	35	50.11			20	12.56	62.67		
1993	35	707.74			29	37.14			20	10.65	47.79		
1994	34	787.11	-		23	22.71			18	9.32	32.03	3	-
1995	38	860.95	-		28	41.79			16	6.95	48.74	4	2.6
1996	42	995.05	-	-	95	108.34			17	15.99	124.33	5	9.6
1997	44	1034.40	-	-	188	177.21			44	41.90	219.11	7	29.4
1998	45	1042.00	-	-	487	298.61			70	85.18	383.79	11	63.1
1999	50	1243.82	-	-	907	386.17			79	65.50	451.67	18	91.1
2000	57	1478.32	-	-	1206	443.34			86	78.28	521.62	25	113.1
2001	65	1856.92	21	5.00	1487	516.90			97	81.82	598.72	46	143.0
2002	74	2212.72	327	129.92	2036	650.86	2	0.70	158	104.61	756.17	78	142.6
2003	80	2587.07	727	263.89	2666	799.85	2	0.21	235	121.81	921.87	174	153.0

資料來源：金融監督管理委員會證期局，《台灣地區證券暨期貨市場重要指標》。
附註：金融資產證券化發行淨額，1989與1990年分別為2.5億元與53.8億元，之
　　　後停止發行。外國債券方面，除表中所列以新台幣發行者外，1991到1997
　　　年有3億至6億美元之發行，1993到1997年有300億日圓的發行。

0.212兆元，1992年增加為0.834兆元。1993年下降到0.708兆元，
之後就呈穩定上升格局，1997年發行餘額破兆元，2002年突破2
兆元，2003年為2.587兆元，為GDP之26.65%。公司債發行餘額，
1996年呈跳躍式的增加，由1991年不及600億元突增到該年1200

億元以上，2003年為0.922兆元。金融債券於1993年停止發行，到2001年又恢復，到2003年時為0.264兆元。外國債券在台發行也呈現上升格局，2000年超過千億元，2003年為0.153兆元。

　　關於債券的流通市場，自臺灣證券交易所成立後，將店頭買賣方式改為交易所上市；1974年關閉店頭市場，一律為集中競價交易；1982年重啓店頭交易，為店頭與集中交易並存的雙軌交易制度。1991年債券發行量增加後，流通市場的交易量也跟著增加，在證券交易所的集中市場以競價方式撮合促成交易，但交易清淡。店頭市場的交易才成為債券主要流通市場。

　　店頭交易採等值自動成交系統與議價兩種方式，而議價又分為買賣斷與附條件交易方式。1996年，櫃檯買賣中心完成全國性債券報價系統，而交易商可上線報價；2000年啓用債券電腦成交系統，可進行網上議價，債券市場交易更顯活絡。「表4.13」所示，債券交易額於1990年超過1兆元後，成交量逐年遞增，1992年超過10兆元，1998年超過50兆元，2001年超過100兆元，2003年為203.624兆元，規模確實大於股票市場。債券市場交易量的擴增，98%以上來自於公債，其他債券流通交易的比率甚低。

　　債券市場交易對象也異於股票市場，台灣股市以散戶為主，而債券市場以機構法人為主，貨幣機構、信託投資公司、保險公司、郵政儲匯局、票券金融公司、證券商等皆為其主要參與者。貨幣機構始終為公債最主要的持有者，比例在3成以上。

三、期貨與衍生性金融商品市場

　　證券交易，除現貨交易外，期貨交易在成熟的證券市場也

表4.13　歷年來各類債券交易情形

年	債券交易額(百萬元)					所占比例(%)			
	合計	公債	公司債	金融債券	外國債券	公債	公司債	金融債券	外國債券
1978	1012	996	16			98.42	1.58		
1979	1723	1723				100.00			
1980	1310	1310				100.00			
1981	404	404				100.00			
1982	706	702		4		99.43		0.57	
1983	3304	3272	4	28		99.03	0.12	0.85	
1984	21250	11728	259	9263		55.19	1.22	43.59	
1985	49057	23697	3512	21848		48.31	7.16	44.54	
1986	141621	51296	21514	13837		36.22	15.19	9.77	
1987	221211	153983	6265	4187		69.61	2.83	1.89	
1988	414843	343243	8077	1208		82.74	1.95	0.29	
1989	906506	876759	15885	278		96.72	1.75	0.03	
1990	1598431	1590951	6908	572		99.53	0.43	0.04	
1991	3749857	3743251	6096	510		99.82	0.16	0.01	
1992	10738448	10732662	5710	76		99.95	0.05		
1993	13158239	13155649	2590			99.98	0.02		
1994	15980494	15972914	7580			99.95	0.05		
1995	20802971	20795960	4693		2318	99.97	0.02		0.01
1996	28297525	28258786	34106		4633	99.86	0.12		0.02
1997	40391963	40318880	46860		26223	99.82	0.12		0.06
1998	54957730	54678291	110467		168972	99.49	0.20		0.31
1999	52432572	52110611	149932		172029	99.39	0.29		0.33
2000	68843106	68354737	243610		244759	99.29	0.35		0.36
2001	118992507	118334535	287897	10000	360075	99.45	0.24	0.01	0.30
2002	134399037	133187595	871335	53698	286409	99.10	0.65	0.04	0.21
2003	203623979	200619905	2163301	125357	713382	98.52	1.06	0.06	0.35

資料來源：中央銀行，《台灣金融統計月報》。

附註：2003年受益證券的交易額爲20.34億元。1986到1989年央行儲蓄券的交易額不在少數，歷年次金額分別爲549.74億、410.98億、609.13億與135.84億元，而1987與1988年央行定期存單的交易額分別爲156.78億與14.02億元。

愈顯重要與普及。為因應證券衍生金融商品的市場需求，增進市場效率，促進價格公平與發展，規避營運風險與增加流通性，政府於1997年6月1日核定實施「期貨交易法」，同時將當時的證券管理委員會更名為證券暨期貨管理委員會，而於1998年4月成立台灣期貨交易所公司，並於7月21日正式推出第一個本土期貨商品：臺灣證券交易所加權股價指數期貨契約，開啓台灣期貨市場的交易。

台灣期貨市場建立後，於1999年7月21日又推出電子類股價指數期貨與金融保險類股價指數期貨兩項商品，之後再推出期貨選擇權契約，如2001年10月24日推出臺灣證券交易所股價指數選擇權契約，2003年1月20日推出股票選擇權契約，契約標的有聯華電子公司、台積電公司、南亞公司、中鋼公司與富邦金控公司等，2003年6月30日推出臺灣50期貨契約。期貨市場商品正向多樣化邁進，對現貨提供避險的管道。

其實，台灣建立期貨市場前，國外就有台股指數期貨契約的上市買賣，一在美國芝加哥商業交易所，另在新加坡國際金融交易所，它們都比台灣早一年推出，年份為1997年。

期貨市場雖在台灣為萌芽階段，但成交契約總數卻成倍數增長，1998年成交契約總數不及28萬口，1999年就超過100萬口，2002年是794.43萬口，2003年有3187.49萬口。2003年成交契約總數的大躍進，是因選擇權也加入買賣行列所致。

期貨與選擇權在台灣市場推出前，1997年9月政府就准許證券商發行認購權證，在股市集中市場掛牌交易，首先推出的是大華01（標的股為國巨公司）、大華02（標的股為太電公司）與寶來

01（標的股爲國建等5家公司），2001年證券商共發行183檔認購權證，2002年發行102檔，而2003年共發行272檔，認購權證發行數也逐年增加。在成交值方面，隨發行數的增加而擴大，2001年爲284.4億元，2002年爲744.69億元，2003年爲1183.41億元。

台灣股市交易的標的，除現貨交易外，其衍生的證券金融商品有期貨、選擇權、認購權證與ETF（指數股票型基金）等；2004年又有短期利率與長期公債利率之選擇權推出，種類有指數期貨、股價指數選擇權、股票選擇權、單一型與組合型的認購權證等，市場的商品種類愈來愈多樣化。

第四節　保險市場

保險市場爲金錢移轉的市場之一，人們基於人身、財產與責任事故之可能衝擊而採取避險手段，壽險同時具有儲蓄功能，可視爲避險與儲蓄相結合的理財工具。人們購買保險，將危險與金錢轉移給保險人；若不幸事故發生，就可獲得理賠，金錢又從保險人移轉給投保的相關人。保險人經營保險事業，收受保費，承擔危險，負責理賠，對資金運用而有金融機能，如辦理放款、投資有價證券等。保險市場實可說是金融市場的一種[11]。

11　保險制度是一種經濟制度，它將你的錢、我的錢（指保費，具生命共同體）、今日錢（也是指保費）與明日錢（保險理賠金）揉合在一起的安排，目的在藉大家共同的力量來避險。另一種相類似的安排爲共同

　　保險市場分爲人身與產物兩類市場，人身保險市場又可分
爲商業性的一般人身保險市場與政府政策性的社會保險，前者
爲自願性的市場交易行爲，類別有人壽、健康、傷害與年金等，
後者爲依法強制的作爲，包括勞工保險、軍人保險、公務員保
險與全民健康保險等，以後即將開辦的國民年金也是屬於社會
保險的範疇。除輸出入保險具政策性涵意與汽車保險具強制性
外，大多數產物保險市場險種的交易是自願性的行爲。於此所
做的論述也以自願性的市場活動爲主。

　　保險市場的運作，首先要有保險人，保險人經營保險業務。
政府遷台後，人身保險公司只有3家，產物保險公司只有6家。
1960年政府開放保險公司新設申請，卻於1962年又將申請凍
結，此時保險公司的家數，人身方面增到10家，產物方面增到
15家。政府對保險公司的設立，態度相當保守，嚴格控制保險
經營家數，爲一特許產業，直到1992年在美國不斷施壓下才開
放保險市場。2003年保險公司的家數，人身方面共有30家，其
中本國公司有21家，外國公司有9家；產物方面，共有36家，其
中本國公司有17家，外國公司有19家。此外，由於保險市場的
開放與競爭，輔助人如保險代理人與經紀人公司也相繼成立，
2003年分別有414家與494家。保險業從業人員從1993年15.05萬
人增加到2003年33.83萬人，增長124.78%，保險市場變大後，從
業人員也跟著增加。

　　保險市場規模的大小，保費收入爲最主要指標，1990年代

基金，但目的不是在避險，而是在金融性的投資，反而具有趨險涵意。

因市場開放，競爭加劇，保險人不斷推出新種商品，以擴大商機，迎合市場需求，即使處於不景氣階段，保費仍照常增長。保險業整體保費收入，由1991年2124.5億元，快速增加到2003年1兆2421.21億元，年年都在增長，12年間共增長484.67%，遠高於經濟成長的表現。以產物與人身來分，產物保費收入由444.12億元增加到1094.69億元，增長146.49%；而人身保費由1680.38億元增加到1兆1326.52億元，增長574.04%。人身保險市場的規模與其增長，大於產物保險。

　　保險業發展的數量指標，計有保險密度、滲透度、投保率與普及率等。保險密度是指平均每人保費支出額，台灣地區保險密度由1991年10,310元穩定增長到2003年54,949元，增長4.32

表4.14　保費收入

單位：百萬元

年	保險業總計	成長率	財產保險	人身保險
1991	212,450		44,412	168,038
1992	251,096	18.19	52,993	198,103
1993	292,418	16.46	60,031	232,387
1994	341,867	16.91	68,524	273,343
1995	385,102	12.65	74,864	310,238
1996	431,389	12.02	72,974	358,415
1997	495,299	14.81	72,681	422,618
1998	565,142	14.10	75,922	489,220
1999	643,281	13.83	85,207	558,074
2000	714,152	11.02	87,835	626,317
2001	819,720	14.78	90,829	728,891
2002	990,720	20.86	101,433	889,287
2003	1,242,121	25.38	109,469	1,132,652

資料來源：財團法人保險事業發展中心，中華民國人壽保險商業同業公會。

倍，其中財產保險增長1.24倍，人身保險增長5.14倍。保險滲透度是指保費收入占GDP之比率，其比率由4.33%增加到12.61%，也增長1.91倍，其中財產保險由0.92%增加到1.11%，而人身保險由3.41%增加到11.50%。投保率與普及率更是說明人身保險市場的發展情況，前者是指有效契約件數與人口數之比率，說明平均

表4.15　保險業發展指標　　　　　　　　　　　　單位：元，%

年	保險密度			保險滲透度			壽險與 年金保險	
	總計	財產 保險	人身 保險	總計	財產 保險	人身 保險	投保率	普及率
1991	10,310	2,155	8,155	4.33	0.92	3.41	36.12	116.04
1992	12,070	2,547	9,523	4.63	0.99	3.64	41.79	127.18
1993	13,927	2,859	11,068	4.90	1.01	3.89	47.33	136.60
1994	16,143	3,236	12,907	5.29	1.06	4.23	54.94	153.34
1995	18,032	3,505	14,526	5.49	1.07	4.42	61.81	167.14
1996	20,041	3,390	16,651	5.62	0.95	4.67	69.80	176.73
1997	22,780	3,343	19,437	5.95	0.87	5.07	81.87	192.66
1998	25,771	3,462	22,309	6.32	0.85	5.47	99.02	217.28
1999	29,118	3,857	25,261	6.92	0.92	6.01	108.68	235.29
2000	32,058	3,943	28,115	7.39	0.91	6.48	121.41	246.64
2001	36,585	4,054	32,531	8.62	0.96	7.67	135.40	264.49
2002	43,991	4,504	39,487	10.16	1.04	9.12	143.70	268.58
2003	54,949	4,843	50,106	12.61	1.11	11.50	158.87	291.16

資料來源：財團法人保險事業發展中心，中華民國人壽保險商業同業公會。

附註：1. 保險密度是指每人平均保費支出。

　　　2. 保險滲透度爲保費收入對國內生產毛額（GDP）之比率。

　　　3. 壽險及年金保險投保率爲壽險及年金保險有效契約件數對人口數之比率。

　　　4. 壽險及年金保險普及率爲壽險及年金保險有效契約保額對國民所得之比率。

每一國民的保險保障件數；後者為有效契約保額與國民所得之
比率，說明平均國民每一塊錢的保險保障金額。投保率由1991
年36.12%上升到2003年158.87%，普及率由116.04%上升到
291.16%，說明台灣地區，無論平均每一國民也好，或是平均國
民每一塊錢也好，保險保障都大大地提高，表示近十多年來，
在自由開放的經濟市場，台灣地區保險市場發展非常驚人。

　　保險人的經營具有金融機能，對資金運用應受規範與監
理，按保險法第146條規定，資金運用在分散前提下，對投資標
的是有金額與比例限制的。資金運用限於銀行存款、投資有價
證券、擔保或質押貸款、投資相關事業、投資不動產與經主管
機關核准的專案與公共投資等。「表4.16」列出人身與產物保險
業在1999年與2003年資金運用情形，隨著保費收入的增加與累
積，人身保險業資金總額由1999年2.11兆元快速增加到2003年
4.38兆元，4年資金總額增長1倍餘，在不景氣的經濟情況與進行
金融改革過程中，人身保險業資金總額的倍數增長更凸顯其經
營績效。人身保險業的資金運用率，在1999年與2003年都高達
95%以上，產物保險業資金運用率就無法像人身保險般那麼有效
率，1999年為75.9%，2003年為84.12%。

　　在資金運用分配方面，無論在金額與比例上，人身與產物保
險都減少銀行存款，分別從20.19%與46.41%下降到4.29%與
28.66%，這與二十一世紀初低利率因素有關。在資金分配上，有
價證券與國外投資的比例都提高，有價證券由30.04%與38.51%上
升到41.33%與40.88%，而國外投資由4.17%提升到26.34%，產物
保險業也從無提升到10.08%。在低利率時代，保險業為求資金

表4.16　保險業資金運用情形　　　　　　　　　　單位：百萬元

	人身保險業				產物保險業			
	1999年		2003年		1999年		2003年	
	金額	比率	金額	比率	金額	比率	金額	比率
銀行存款	405,030	20.19	180,810	4.29	53,889	46.41	41,137	28.66
有價證券	602,627	30.04	1,743,124	41.33	44,716	38.51	58,669	40.88
公債及庫券	221,021	11.02	1,031,339	24.45	16,538	14.24	19,499	13.59
股票	126,876	6.32	273,632	6.49	23,055	19.86	17,399	12.12
公司債	50,731	2.53	88,101	2.09	5,123	4.41	6,680	4.65
受益憑證	34,266	1.71	139,430	3.31			15,091	10.51
短期投資	169,733	8.46	210,622	4.99				
不動產投資	159,637	7.96	221,781	5.26	13,502	11.63	17,546	12.23
壽險貸款	265,952	13.26	430,427	10.21				
擔保放款	424,534	21.16	439,964	10.43	4,008	3.45	5,731	3.99
國外投資	83,655	4.17	1,110,983	26.34			14,381	10.08
專案及公共投資	64,690	3.22	90,450	2.14			6,057	4.22
資金運用總額	2,006,125	100.00	4,217,539	100.00	116,115	100.00	143,521	100.00
資金總額	2,110,167		4,377,355		152,978		170,616	
資產總額	2,171,139		4,627,987		204,047		223,685	
資金運用率		95.07		96.35		75.90		84.12

資料來源：財團法人保險事業發展中心。
附註：資金運用率為資金運用總額與資金總額之比率。

有效運用，資金分配在結構上都產生巨幅變動。

第五節　外匯市場

　　台灣光復後，就面臨嚴重外匯不足的問題；政府遷台後，問題更加惡化，乃於1949年頒布「台灣省進出口貿易及匯兌金

銀管理辦法」，實施嚴格的外匯管制，官定幣值處於高估狀態，人爲配額與操作及複式匯率。由於作業複雜，配置無效率，弊端叢生，於是在1958年4月起推行外匯貿易改革，使幣值大幅貶值，於1963年結束結匯證制，實施固定匯率制度，1美元兌換新台幣40元，並管制匯率，所需外匯由核配制改爲自行申請制。1968年裁撤外貿會，央行設外匯局，1970年12月公布「管理外匯條例」，外匯仍由政府統收統支，採集中統籌制，基本匯率由財政部會同央行商定後，報請行政院核定實施。

　　台灣之所以有外匯市場，起自於1978年匯率制度的更迭，改採機動匯率制度，廢除基本匯率，不再由財政部會商央行來訂定，交由市場供需來決定；同時允許個人與廠商持有部分外匯，可透過銀行進行買賣，而銀行也可在規定內持有外匯，將原來與央行的清算關係變爲買賣關係。

　　匯率市場自由化，過程是漸進的。這可從政府放寬價與量的措施來觀察。在價方面，匯率由市場決定的程度是漸次放鬆的。基本匯率取消後，成立外匯交易中心，由五家外匯銀行與央行議訂美元中心匯率及最高最低買賣價格[12]，幅度由初期的0.5%爲上下限，到1981年8月改爲1%，1982年9月再擴大到2.25%，同時將議定匯率的方式改爲以前一日銀行間美元成交匯率加權平均爲中心匯率。由於1980年代後期對美巨額的貿易順差，中心匯率制無法適應當時的金融環境，央行於1989年4月廢

12　這5家銀行分別爲中國商銀、台灣銀行、華南銀行、第一銀行與彰化銀行。

止該制度，取消銀行間交易的價格管制，1989年12月再取消美元小額結匯議定匯率制。之後，無論銀行間市場或顧客市場，匯率完全由市場供需來決定，央行對匯率的影響或經由道德勸說、或進場買賣，進行干預。

　　在量方面，也是漸次放寬的。由於1980年代持續的貿易順差，外匯存底快速累積，1986年8月政府有限度開放外匯投資受益憑證及外幣定期存單業務，也將有形貿易的外匯管制改為申報制，1987年3月又將無形貿易的外匯管制改為申報制。1987年7月大幅放寬外匯管制，對經常帳部分的管制可說完全解除；資本帳定額開放，企業與個人每年可匯出500萬美元，匯入5萬美元，之後額度漸次調高，企業匯出匯入均可達5000萬美元，個人也可達500萬美元。此外，政府也積極開放證券市場的僑外投資，允許投資比例與金額也漸次提高，2003年取消外資投資最高額度之限制。

　　外匯市場因交易對象的不同可分為顧客市場與銀行間市場兩個層次，顧客市場為外匯指定銀行與顧客（即企業與個人）之間結售或結購外匯的交易市場[13]，匯率完全由雙方供需自行運作來決定，並無法規上的規範，只有在金額大到一定數額以上時，才需央行的核准。銀行間市場是指銀行與銀行之間外匯交易的市場，是由指定外匯銀行與央行來參與所組成，因而央行可在這個市場進行干預與調節措施。銀行間外匯的交易，由指定外匯銀行所組成的「外匯交易中心」來運作，1989年3月改組為外

13　所謂的指定外匯銀行，是指經央行授權指定可辦理外匯業務的銀行。

匯經紀商籌備小組，後成立台北外匯市場發展基金會，又更名為台北外匯經紀公司；1998年5月又成立一家名為元太外匯經紀公司，這兩家公司提供外匯交易的平台，經營外匯買賣、外幣拆款及換匯交易等居間中介業務，因而形成新台幣匯率的兩個可能不同報價的市場現象。近年來，銀行間市場日平均交易量，從1999年的24.22億美元到2003年48.52億美元，其間日平均交易量逐年放大，交易的種類包括了即期交易、遠期交易、換匯交易、選擇權交易與換匯換利交易等。

在顧客市場交易額方面，規模低於銀行間市場。從1999到2003年的日平均交易量，分別為17.6億美元與24.45億美元，交易額略呈逐年放大之走勢，但不若銀行間市場那麼明顯，交易的種類比銀行間市場還多了保證金交易。

第五章
金融監督管理制度之演變

第一節　金融監督管理的法律架構與體系

　　金融機構之對應於經濟體系，就宛如心臟之對應於身體。若心臟出了問題，還說人的身體是健康的，那是不可能的；金融機構出了問題，還認為經濟體系仍可穩健運作，那也是不可能的。金融業的經營業務，包括信用創造、資金調度、存貸、保證、理財、投資、避險、充當資金不足者與資金過剩者之橋梁、維持支付制度，與其他金融服務等，這些業務的經營，最大特徵之一就是面臨資訊不對稱（asymmetric information）與資訊不完整（incomplete information）時，金融市場會有市場失靈（market failure）的現象發生。若市場失靈，不能完全經由供需調整來解決所有問題，須由政府或相當的管理機關介入，來強化其運作功能。

　　一般廠商或企業若經營失敗，所波及的層面較有限，大都

以其投資者與業務往來者受到損害，不會擴大到其他人而產生系統性的損害，因而設立時大都採行準則主義。金融機構就不一樣了，金融機構出了問題，不單單是這家金融機構本身的問題，也涉及到存款人與投資者之權益；存款人與投資者不但人數多，而且分布也廣。同時金融機構對資金的運用不是說要收回就能收回，當出了問題，若使存款人與投資者的信用產生動搖，就會波及整個金融業。因而金融機構的設立，不但採行申請核准主義，而且經核准經營後，對其所經營的業務、範圍與財務等也都採取監理方式。

一、金融事業監理的法律依據

政府對行業的管理係為公權力的行使，在法治基礎上，政府當然依法行政。金融業為特殊行業，政府監理權的行使，必然是建立在法律的基礎上。政府對存貸業務市場與金融機構的管理，最重要的法律依據為銀行法，同時也依據國際金融業務條例與管理外匯條例，管理金融機構的境外金融、外匯業務與其市場。依據這些法律，金融機構之中央主管機關為財政部，在省市為省市政府財政廳或財政局；而金融業務的主管機關為中央銀行。

金融機構除銀行外，台灣地區還有數量頗大的基層金融機構，如信用合作社、農、漁會信用部。對基層金融機構的管理也須依據法規為之。行政院依據銀行法第139條第2項規定，於1954年訂頒「信用合作社管理辦法」，內政部與財政部為其共同管理機關。於1969年間，部分信用合作社違規經營嚴重，衝擊

基層金融秩序與安定，為維持基層金融穩定發展起見，行政院將行政主管機關委託金融主管機關統一管理，並於1970年公布「金融主管機關受託統一管理信用合作社暫行辦法」，規定其主管機關，在中央為財政部，在地方為地方政府。為提高法律位階及完備法律架構管理，政府於1993年12月完成「信用合作社法」的立法，依據該法，主管機關：在中央為財政部；在直轄市為直轄市政府；在縣(市)為縣(市)政府。信用合作社之設立，應先經中央主管機關之許可後，再向合作社之主管機關辦理合作社之設立登記。

　　至於農、漁會信用部的管理機關，1972年由省政府農林廳改為財政廳，行政院於1975年5月頒訂「農會信用部業務管理辦法」與1982年9月頒訂「漁會信用部業務管理辦法」，以作為管理規範之依據，其主管機關仍為地方政府。農會信用部業務之目的事業主管機關，在中央為財政部，然依農會法第3條規定：農會之主管機關在中央為內政部，在直轄市為直轄市政府，在縣(市)為縣(市)政府；但其目的事業應受各該事業之主管機關指導、監督。又依農會法施行細則第3條規定：目的事業主管機關之指導監督應各就其主管業務會同主管機關為之。各級目的事業主管機關管理監督農、漁會信用部，如涉及農、漁會會務或其他部門時，在中央應會同行政院農業委員會，在直轄市、縣(市)應由財政金融部門會同建設或農業部門為之；其對信用部之重大措施，並應以副本通知之。農、漁會信用部之設立許可、撤銷與廢止許可、停辦及復業事項，由直轄市、縣(市)政府財政金融部門洽商建設或農業部門後，轉報財政部核准辦

理。省級農會信用部由財政部洽商行政院農業委員會辦理。由此得知，目的事業主管機關只針對農、漁會信用部的業務有指導與監督之權；至於有關農漁會信用部的重大人事、財務等業務則分屬內政部、行政院農業委員會與地方農政主管機關。對農、漁會信用部的管理，呈現出多元化主管機關管理之現象，事權未統一，致使其經營弊端重重，無法獲得有效改善。有鑑於此，政府於2004年1月修正農業委員會組織條例，增設農業金融局，為農、漁會信用部的主管機關，負管理監督之責，以達事權統一之管理效益。從2004年7月1日起，有關農、漁會信用部本分支機構設立、廢止、停業、復業之審核及清理、整頓之處理事項，為農業委員會農業金融局所掌管的業務，而農、漁會信用部的業務、財務與人事之管理、監督、檢查、輔導及考核等，也為農業委員會農業金融局所掌管的職權。

　　1984年台北十信事件發生後，為保障存款人權益與維護信用秩序，政府積極建制存款保險制度，1985年1月公布「存款保險條例」，依法成立「中央存款保險公司」，金融機構為其要保機構。中央存款保險公司基於對要保機構控制其承保風險，對金融機構也具有檢查權，在金融管理上也扮演重要角色。

　　貨幣市場與票券金融公司的監理之法律依據，於1975年初建立時，依銀行法第47條之1之授權，財政部訂定「短期票券交易商管理規則」，作為管理規範之依據；1993年10月公布「票券商管理辦法」替代原有的規則；2001年7月提高其位階到法律層面，政府立法通過「票券金融管理法」。有關貨幣市場與票券金融公司的監理之主管機關，是以銀行法之主管機關為主管機

關，亦即財政部。

　　台灣地區股票與有價證券的流通，早在1953年就有了，由於市場交易混亂，為保障投資大眾權益，政府於1954年1月公布「台灣證券商管理辦法」，台灣省政府財政廳為主管機關。店頭市場無秩序的交易現象，在1958年「19點財經改革方案」提出後，對建立有組織的集中交易市場轉向積極籌設，1960年9月經濟部成立證券管理委員會，1962年2月公布「證券商管理辦法」，同時證券交易所正式成立運作，市場集中交易於焉開始，然而「證券交易法」的立法完成卻遲到1968年4月。依「證券交易法」的規定，資本市場與其市場參與的金融事業單位的監理主管機關為證券管理委員會，該會於1981年改隸於財政部。參與資本市場的金融事業單位包括了臺灣證券交易所、中華民國證券櫃檯買賣中心、證券集中保管公司、證券商、證券投資信託公司、證券投資顧問公司與證券金融公司等。為發展衍生性金融商品，成立期貨市場，管理期貨商，1997年6月立法通過「期貨交易法」，1998年4月台灣期貨交易所成立，正式推出本土期貨商品，而證券管理委員會也更名為證券暨期貨管理委員會。

　　對保險市場與保險人的監理的法律依據是來自於保險法，其主管機關為財政部。

　　就上述所論，存貸業務市場與金融機構、外匯市場與金融機構、資本市場與其市場參與之金融事業單位、期貨市場與期貨商、保險市場與保險人等所構成的金融管理監督體系，各依專業分別立法而監理之。

二、多元化與一元化的金融監理體系

(一)多元化的金融監理體系

　　金融監理的主管機關，銀行與信託投資公司為財政部，信用合作社也為財政部，農、漁會信用部本為多元監理，從2004年7月起變為一元化的監理體系，行政院農業委員會為其主管機關；而中央銀行為金融機構的業務主管機關；證券市場與證券商、期貨市場與期貨商的監理之主管機關為財政部證券暨期貨管理委員會；而保險市場與保險人也為財政部。由此可見，除農、漁會信用部外，金融行政管理在中央政府是財政部的職權，而財政部長便是全國最高的金融主管。

　　財政部為行使其職權，在其組織下設置錢幣司，1981年7月更名為金融司，負責銀行業、信託業、保險業、票券業等監理工作，1991年7月金融司升格為金融局，而其原本所隸屬的保險業監理工作也分出而設置保險司。財政部為全國最高金融主管機關，其組織下的三個獨立機關，分別為金融局、保險司與證券暨期貨管理委員會，職權劃分明確。這是以機構別為導向的金融監理制度。

　　台灣的金融監理制度，行政管理權雖集中於財政部，但業務檢查卻是分工的。在金融業務檢查方面，保險業由保險司負責；證券業由證券暨期貨管理委員會負責，而該會又將檢查業務委託臺灣證券交易所辦理；至於銀行與票券業所屬的各家行庫局、信託投資公司、信用合作社、農、漁會信用部與票券金融公司之業務檢查，分別由下列單位分工進行：財政部金融局、

中央銀行與中央存款保險公司，而台灣省合作金庫也曾參與檢查工作。

上述所陳述的台灣金融監理體系，至少呈現下列的特徵與問題：

1. 在金融業間，銀行業、證券業與保險業的主管機關雖為財政部，但在實務上監理未予合併，事權未統一，形成多頭馬車局面。

2. 在銀行業，有關金融機構的檢查分屬三個單位，檢查權與處分權未能緊密結合，致使監理效率不彰，權責難以釐清。

3. 隨著金融商品創新的加速，金融業間跨業經營已成事實，金融集團業已形成，原本依機構別的分業管理模式，未能滿足社會環境的需求，無法有效解決問題。

台灣金融監理的多元化現象，不單單指金融業務檢查由多單位分工進行，檢查權與處分權也是分離的，銀行業、保險業與證券業的監理也是各自獨立運作。因只有財政部有處分權，檢查單位縱使發現金融機構弊端，也無法立即糾正，常造成處理時機的延誤，而使弊端更加嚴重。

(二)一元化金融監理體系的建制與運作

在台灣經濟發展過程中，金融業在1990年之前與之後，無論在量與質上都產生結構性的變化，如此的變化當然衝擊到政府的金融監理體系。在1990年之前，政府嚴格管理金融業，不開放民間銀行設立，對金融業經營家數採嚴格管制，對其經營範圍也加以限制；同時公營金融機構在營業額與經營據點上都

居於優勢地位，而公營金融機構基本上是政府部門的延伸，金融監理雖然弱一些，但在運作上還不會有太多問題。

1990年之後，開放民間申請金融業的經營，於是各家金融機構的營業據點快速增加，經營範圍也予以放寬，致金融業競爭加劇，金融效率固然可提升，但營運風險增加，帶來金融秩序、金融紀律與金融穩定等問題，使得既有的金融監理體系監理上的缺陷呈現出來。1995年彰化四信危機時，就引發金融監理機關權責不明之爭議、檢查機關無處分權之爭議等問題。當時財政部就提出「金檢一元化」的建議。1997年2月行政院針對金融監理制度問題，認為不宜局限於金融檢查事權的統一上，應全面檢討在現行金融環境與世界潮流下金融監理制度的再造。

1998年本土企業財務危機爆發，幾乎波及整個金融體系，儼然形成金融風暴，政府乃進行一系列金融改革，其中之一為鼓勵金融機構合併；並於2001年7月立法通過「金融控股公司法」，同年11月正式實施，不久就有14家金融控股公司相繼成立，且可跨業經營金融、證券與保險等業務，進行金融業間的橫向業務整合。原本以分業監理模式管理台灣金融業的運作，當然不能迎合現實台灣金融環境之需求。政府在推展金融改革時，金融監理組織的再造也是重要議題。

其實，「金融監理一元化」有各種不同的意涵。就最狹義而言，它是指金融檢查的一元化；再上一層，它不但指金融檢查事權的統一，還包括與處分權的結合；另一層的意涵，是指金融業間如銀行業、證券業與保險業之間的監理合併，這包括整

個金融服務業的金融政策管理、行政監督與業務檢查的一元化，如法令制定、營業許可與撤銷、監督、管理與處分等；最後一層一元化的意涵為金融管理與貨幣政策管理的合一。然而，貨幣政策向來是中央銀行獨有的職權，因而最後一層金融一元化的政策制度實存有爭議。在金控公司誕生後，第三層所論及的金融一元化意涵，才是金融改革所考量的方向。

　　再者，財政部的職掌以財政與金融為兩大支柱，部長須擔負起全部政策成敗之責任，就現實面言，要覓得兼具財政與金融雙項專長之部長，誠屬不易，往往顧此失彼。因而在金融管理組織再造工程上，在實務面，將財政與金融管理業務拆開。其實，將金融管理從財政部職掌中分離出來具有正當性與適當性，是十分合理的作法；更何況世界先進國家在進行金融管理組織再造時，也採取財政與金融分業的作法。日本與英國推動金融監理改革就是如此，同時邁向金融監理機關的一元化。

　　參考國際趨勢，盱衡台灣金融情勢與發展，行政院規劃研擬設置一個單一獨立的金融監理行政機構，結合銀行業、證券業、期貨業與保險業等金融事業，制定市場管理與發展政策。為進行監理檢查，成立「金融監督管理委員會」，其組織法於2001年3月送到立法院進行審議。該委員會的組織架構與現行政府機關須調整者，計有財政部的金融局、保險司與證券暨期貨管理委員會，中央銀行的金融業務監理處，與中央存款保險公司的金檢部門，這些組織須移出，並整合到該委員會來。該組織法於2003年7月23日通過公布，2004年7月1日金融監督管理委員會依法設置成立，掌管全國金融監理政策與事務，實施金融監理

一元化制度[1]。

金融監督管理委員會有關金融市場及金融服務業之會議決議，包括下列事項：

1. 金融制度及監理政策之擬訂及審議。
2. 金融法規制定、修正及廢止之擬議。
3. 金融機構之設立、撤銷、廢止、變更、合併、停業及解散之審核。
4. 違反金融相關法令重大處分及處理之審核。
5. 委員提案之審議。
6. 其他金融重要措施之審議與依法應由委員會議決議事項。

依組織法，金融監督管理委員會的職權如下：

1. 金融制度及監理政策。
2. 金融法令之擬訂、修正及廢止。

---

1 金融監督管理委員會的組織，除在會內設下列各處室：綜合規劃處、國際業務處、法律事務處、資訊管理處與秘書室；同時，設銀行局，掌理銀行市場、票券市場及銀行業之監督、管理及其政策、法令之擬訂、規劃、執行等事項；設證券期貨局，掌理證券、期貨市場及證券、期貨業之監督、管理及其政策、法令之擬訂、規劃、執行等事項；設保險局，掌理保險市場及保險業之監督、管理及其政策、法令之擬訂、規劃、執行等事項；設檢查局，掌理金融機構之監督、檢查及其政策、法令之擬訂、規劃、執行等事項。該會依法獨立行使職權，不是首長制，而是委員會制，會議之決議，應有全體委員2/3以上出席，出席委員過半數之同意行之。因而置委員九人，委員採任期制，應遴選具有法律、經濟、金融、財稅、會計或管理等相關學識及經驗者擔任之。

3. 金融機構之設立、撤銷、廢止、變更、合併、停業、解散、業務範圍核定等監督及管理。

4. 金融市場之發展、監督及管理。

5. 金融機構之檢查。

6. 公開發行公司與證券市場相關事項之檢查。

7. 金融涉外事項。

8. 金融消費者保護。

9. 違反金融相關法令之取締、處分及處理。

10. 金融監督、管理及檢查相關統計資料之蒐集、彙整及分析。

11. 其他有關金融之監督、管理及檢查事項。

再就金融監督管理委員會檢查局的職掌分析，其掌管下列事項：

1. 金融控股公司、銀行業、證券業、期貨業及保險業金融檢查制度之研擬。

2. 金融控股公司、銀行業、證券業、期貨業及保險業之檢查。

3. 銀行業、證券業、期貨業及保險業海外分支機構之檢查。

4. 金融控股公司、銀行業、證券業、期貨業及保險業報表之稽核。

5. 金融控股公司、銀行業、證券業、期貨業及保險業所提內部稽核報告之處理。

6. 金融控股公司、銀行業、證券業、期貨業及保險業金融檢查法規制(訂)定、修正或廢止之研擬。

7. 金融控股公司、銀行業、證券業、期貨業及保險業檢查
   報告之追蹤、考核。
8. 金融檢查作業資訊系統之規劃、開發及管理。
9. 金融檢查資料之蒐集及分析。
10. 其他有關之金融檢查。

由上所示金融監督管理委員會的職權,不但實施金融檢查
業務的一元化,在這組織內,也將檢查權與處分權予以結合,
同時對全部的金融服務業與其市場的發展政策、行政管理與業
務檢查的職權予以統一,而達金融監理一元化的制度,同時賦
予金融監督管理委員會與所屬機關調查權,爲準司法單位的一
個公務機構,不但可依法獨立行使職權,同時在金融監督管理
基金設立下,增加其在財務上的獨立運作能力。金融監督管理
委員會與其所屬機關的設置與運作,是台灣正式邁入金融監理
一元化的里程碑。

第二節　金融行政管理與其機構

由於金融業的特殊性與重要性,世界上民主法治國家無不
立法管理金融市場與金融業,台灣也不例外。金融管理一般可
分爲制度上、政策上與業務上的管理。制度上的管理,主要爲
金融行政的職權,包括了金融事業機構的新設、合併、分支機
構增設與經營範圍等;政策上的管理,多指貨幣政策與金融政
策,包括資金調節、貨幣控制、信用分配、優惠措施、利率政
策與外匯貿易措施等;業務上的管理,銀行主要爲受信與授信

業務，金融票券公司為票券業務，保險公司為保險單銷售與理賠業務，證券商為證券承銷、經紀業務等。這些金融事業機構都涉及業務範圍的規範與財務運作的健全問題，同時也涉及業務人員的資格與能力。在台灣，金融行政管理大都為中央政府的職權，而行使該項職權的機關便是財政部，譬如：銀行業與票券業為財政部金融局，保險業為保險司，而證券業與期貨業為證券暨期貨管理委員會。2004年7月之後，全歸於新成立的金融監督管理委員會。中央銀行因業務上的關係亦行使業務管理；地方政府僅在信用合作社與農、漁會信用部方面有部分的管理權。關於金融行政管理，本節依金融事業機構的設立、合併變更與停業復業、業務與財務管理，與違規處分四部分論述之。

一、設立

　　金融事業機構依法設立。在程序上，根據財政部所訂定的設立標準，提出申請，政府機構憑此予以審核。對商業銀行之設立，政府訂定商業銀行設立標準；對票券金融公司之設立，亦訂定其設立標準；保險公司的設立，也是如此；保險代理人、經紀人與公證人的設立則在管理規則中訂定。在證券業方面，也有證券商、證券投資信託與證券投資顧問等設置標準、證券交易所管理規則、證券金融事業管理規則等。

　　金融機構設立要件中，最低實收資本為最醒目的要件之一。金融事業機構營運的最低規模與所需資金，因業種而有所別，之間有百倍以上的差距，如金融控股公司為200億元，商業

銀行訂爲100億元[2]，票券金融公司爲20億元，保險公司爲20億元，保險代理人與經紀人公司各爲300萬元，保險公證人公司爲200萬元，證券承銷商爲4億元，證券經紀商爲2億元，證券自營商爲4億元，證券投資信託事業爲3億元，證券投資顧問事業爲1000萬元，期貨經紀商爲2億元，期貨自營商爲4億元，期貨顧問事業爲5000萬元，期貨經理事業爲2億元。信用合作社實收社股總金額爲300萬元，農漁會信用部依存款總額建立事業基金，最低標準爲300萬元。

金融事業機構的組織大都爲股份有限公司，在台灣還存有其他的組織形態。依專案或其他法律規定核准而設立者，如中央信託局、中國輸出入銀行、台灣銀行、台灣土地銀行與台灣省合作金庫等，到2005年還都是公營金融機構，其組織也均非股份有限公司，在銀行法上特別明文以確定其爲法人，使其具備獨立人格[3]。另，信用合作社是依信用合作法而成立的信用合作組織，爲社團法人；而農、漁會信用部更爲特別，它們只是農、漁會的信用部門而已，不具獨立人格，而農、漁會才是社團法人。

2　依銀行法第23條規定，銀行最低資本由中央主管機關核定，財政部於1975年10月訂定其最低資本額，商業銀行與各類專業銀行皆爲4億元，1988年7月核定信託投資公司的最低資本額也爲4億元。政府爲開放商業銀行申請，於1989年公布商業銀行設置標準時，將最低資本額提高到100億元。

3　台灣省合作金庫，於2001年1月改制爲股份有限公司的組織形態，改名爲合作金庫銀行。

　　在信用合作社法立法之前，信用合作社的設立、合併、變更、撤銷及解散，在地方，由縣市政府呈經省財政廳核轉；在直轄市，由財政局呈報財政部核准，並由財政部辦理設立、解散登記，核發設立登記；之後，明定應先經財政部許可後，再向合作社之主管機關辦理合作社之設立登記，非經財政部發給營業執照，不得營業，有關申請設立之程序及標準，也由財政部定之。至於農、漁會信用部的設立，按農、漁會信用部業務管理辦法規定，由直轄市、縣(市)政府財政金融部門洽商建設或農業部門後，轉報財政部核准辦理；省級農會信用部由財政部洽商行政院農業委員會辦理。由此得知，農、漁會信用部的設立許可，財政部在做最後審核時，要洽商農漁會的主管機關，2004年7月後，直接由農委會農業金融局做最後審核，而不是金融監督管理委員會；在過程中，是由地方政府轉報，不是由事業機構直接向財政部提出，而是向地方政府提出，有別於銀行的申請。

二、合併、變更、停業與復業

　　政府對金融事業機構的合併、變更、停業與復業的審核機關，依法與設立時是一致的。金融事業機構的合併與變更，對金融市場與環境均會產生影響，因而設有法規予以規範，但與上述的設立標準相比，政府遲到1990年代才訂出具體標準，作為准駁之依據。1985年經濟革新委員會曾建議盡速制定「金融機構合併及改制法」，但「金融機構合併法」到2000年12月才公布實施，以作為金融危機後金融改造工程的重要法規之一，鼓

勵金融業間同業或異業的合併。該法以自願性合併為主要規
範，輔以租稅及規費的優惠措施，期以改善不良債權處理效率，
降低金融機構因合併所產生的成本。

　　金融機構組織變更或改制，主要是針對信用合作社、信託
投資公司與中小企業銀行；基本上是鼓勵其改制為商業銀行，
便於提升競爭能力，使營業項目增加，業務區域擴大，因而在
1991年12月公布信託投資公司申請變更登記為商業銀行之有關
規定。1997年4月，訂頒中小企業銀行申請變更登記為商業銀行
的條件及有關事項規定，以作為鼓勵與審核之依據。在信用合
作社方面，1995年12月訂定「信用合作社變更組織為商業銀行
之標準及辦法」；於1998年7月補充規定因自願合併之審核標準
及相關程序；2001年6月修訂前開辦法部分條文，放寬改制銀行
之標準，並簡化改制作業。

　　金融機構因合併或改制，都會使其業務量、業務範圍、最
低資本額與財務結構發生變化，也會影響金融市場與環境，其
所遵守的金融法規與所配合的金融政策，主管機關理應訂定標
準與辦法，以資遵循。

　　為維護存款人與投資人的利益，與確保金融安定，維持金
融秩序，避免金融業系統風險的發生，對某一金融機構因經營
惡化或重大違規者，依法都賦予中央主管機關有勒令停業等措
施之職權。對金融機構，如銀行、票券金融公司、證券金融公
司、保險公司等，若有下列情況之一者，中央主管機關得行使
勒令停業、限期補正、清理、停止一部業務、派員監管或接管，
或為其他必要處置之行政權：

(一)違反法令、章程或有礙健全經營之虞時；

(二)其合併或重大變更事項未依法辦理；

(三)因業務或財務狀況顯著惡化，不能支付債務之虞時；

(四)資本虧損嚴重，未依限補足者；

(五)違規裁定罰鍰，逾期未繳，並移送法院強制執行者。

　　至於信用合作社，若違反法令、章程或無法健全經營而有損及社員及存款人權益之虞時，主管機關得為勒令停業、清理或合併；農漁會信用部大致上也是如此。

　　上述被勒令停業的金融機構，若於清理期限內，已回復支付能力者，或依規定補正、改善，得申請復業；逾期未經核准復業者，應撤銷其許可。

三、業務與財務管理

(一)業務經營管理

　　在台灣，金融業是屬於高度管制的產業，政府不但嚴格管理其經營家數，同時也規範業務經營範圍，以避免其從事不健全的業務，危及金融安定，在銀行法、保險法與證券交易法中，都明定各類金融事業機構業務種類與範圍。不僅如此，政府在審核金融機構設立申請時，就其明定業務範圍內予以核定；業務種類與範圍若有所異動，也必須提出申請許可之後，才能營業。

　　依銀行法與相關金融法規，台灣金融事業機構的營業是採專業分工模式，證券業經營證券業務，保險業經營保險業務，銀行業經營銀行業務，票券業經營票券業務，不得跨業經營；

不僅如此，銀行業在採分類制度下，分爲商業銀行、儲蓄銀行、專業銀行與信託投資公司，各類銀行各有其專屬業務，可說長短信用分立、業務隔離專營，即商業銀行提供短期信用，儲蓄銀行與信託投資公司提供長期信用，專業銀行各爲其特定目的之工業、中小企業、輸出入與不動產等提供信用，立法精神是採專業分類經營模式。然而，從1960年代起，商業銀行與專業銀行得在資本與會計獨立條件要求下，附設儲蓄部與信託部，經營儲蓄銀行與信託業務。至於在信用合作社與農漁會信用部方面，依暫行辦法與業務管理辦法，對其經營業務也都有明確限制與規範。

1980年代掀起金融自由化運動，也要求業務的自由化與多樣化，金融業百貨化的經營日趨高張，專業分工日漸式微，銀行分三階段式開放經營票券業務。爲能彈性放寬銀行經營業務範圍，1989年修正銀行法時，增列「經主管機關核准辦理之其他有關業務」之概括性規定，鼓勵金融機構開發新種業務，強化服務效能，創造範疇經濟。鑑於全球金融業務資訊化的發展，金融商品不斷創新，使得原本銀行、證券與保險間可隔離的業務變得模糊化，金融經營走向綜合銀行經營形態，金融業傾向大型集團化。台灣爲順應國際金融業變化趨勢，引進美國式的金融控股公司，進行金融制度改革，於2001年7月立法通過「金融控股公司法」。到2005年初，台灣已相繼成立14家金控公司。

對保險業務的管理，依法財產與人身保險的經營是分離的，財產保險業經營財產保險，人身保險業經營人身保險，同一保險業不得兼營財產保險及人身保險業務，財產保險業經主

管機關核准後可經營傷害保險。保險業經營的保險商品，依保
險法第144條第1項規定，主管機關視各種保險發展狀況，分別
規定其銷售前應採行之程序，政府於2001年12月公布「保險商
品售銷前程序作業準則」，作為管理的依據。

(二)財務管理

　　為保障存款人與投資人的權益，以及確保金融事業機構穩
健經營，維持良好的財務結構，政府大都從法規上對其資金運
用予以財務限制與規範，以作為管理之依據。對金融機構，訂
定各種財務上的比率限制，如存款準備金比率、流動資產與負
債比率、自有資本與風險性資產比率，與各類信用最高貸放額
等；對保險公司，訂定各種責任準備金的提存、資金及責任準
備金運用的限制比率，與自有資本與風險性資產比率等；對證
券商與證券金融公司的融資與融券，也從個股與各投資人分別
訂定額度，同時也規範擔保維持率等。

　　近年來，受金融風暴的衝擊，政府亦加強金融事業機構的
內部控制、內部稽核與風險管理，同時也利用財務資訊建立預
警制度，提早發現財務上不正常的現象，及早防範，及早處理，
使金融安定。再者，從2006年起將實施新巴塞爾（Basle）資本協
定，更加強化政府對金融機構財務的管理。

　　此外，金融事業機構應定期提送財務報表資料給主管機
關，如營業報告書、資產負債表、損益表、財產目錄、盈餘分
配決議與其他財務報表等。

(三)從業人員管理

　　金融事業機構經營的成敗，與「人」的關係非常密切，同

時鑑於金融業的公益性與資訊不對稱的性質，金融事業機構的從業人員不但要有能力與經歷，而且須具有高尚的品德、操守與信譽。政府對金融事業機構的負責人，如董事、監察人、總經理、副總經理、協理、經理、副經理或與其職責相當之人都訂有應具備之資格條件。

此外，對金融事業機構的負責人也均有競業限制，規定其不得兼任其他金融事業機構的任何職務，以杜絕利益衝突或利益輸送。

四、違規處分

金融事業機構的中央主管機關，對金融事業機構之經營不遵守法令與經營缺失具有行政處分權，命令糾正改善與行政制裁。在行政制裁方面，依情節輕重，除對法人或負責人與職員罰鍰外，計有勒令停業、限期補正、清理、停止一部業務、撤銷許可、派員監管或接管，或為其他必要處置等。

第三節　金融檢查

一、金融檢查之法律依據

金融檢查為金融監理最重要的工作之一。經由金融檢查，可了解金融事業機構業務與營運情形，資金運用是否安全，業務營運方針是否符合當前金融政策，業務運作與財務處理是否遵行金融法規等。若發現弊端，即予以處分，或限令改善，以

維護金融秩序。更進一步，經由金融檢查，可了解現行金融業務處理程序與所辦業務方針是否合理，是否能配合經濟發展之所需，俾能從實務中檢討現行金融法規之適當性，以便提出應興應革事項，健全金融服務事業。

　　在銀行業方面，依銀行法第45條規定，中央主管機關得隨時派員，或委託適當機關，或令地方主管機關派員，檢查銀行或其他關係人之業務、財務及其他有關事項，或令銀行或其他關係人於限期內據實提報財務報告、財產目錄或其他有關資料及報告；於必要時，得指定專門職業及技術人員，就前列事項進行查核，並據實提出報告。中央銀行在台復業，依「中央銀行復業方案」第9條規定，中央銀行對全國金融機構負督導之責，並配合財政部檢查金融業務；另依中央銀行法第38條規定，中央銀行依法所賦予之職責，辦理全國金融機構業務之檢查；前項檢查，得與財政部委託之檢查配合辦理；信用合作社及農會信用部之檢查，得委託公營金融機構辦理。又，中央存款保險公司依存款保險條例第21條規定，於必要時，得報請主管機關洽商中央銀行核准後，檢查要保機構之業務帳目，或通知要保機構於限期內造具資產負債表、財產目錄或其他報告。依票券金融管理法第45條規定，主管機關得隨時派員，或委託適當機構，檢查票券商或其關係人之業務、財務及其他有關事項；於必要時，得指定專門職業及技術人員，就前列事項進行查核，並據實提出報告。

　　依上述法律規定，財政部、中央銀行與中央存款保險公司都依法賦予對銀行業金融機構與票券業票券金融公司執行金融

業務與財務等之檢查職權，而財政部並得依法委託其他適當機關，或令地方主管機關，或專門職業及技術人員，代理檢查工作，如此作為，或彌補或減輕財政部檢查人力，或借重專業人士如會計師、律師等專才技能，落實檢查業務，以收實質檢查效益。就法之層面言，檢查的對象，不僅僅是金融機構與票券金融公司，必要時尚可對其關係人為之，檢查對象更為周延。

在保險業方面，依保險法第148條規定，主管機關得隨時派員檢查保險業之業務及財務狀況，或令保險業於限期內報告營業狀況；前項檢查，得委託適當機構或專業經驗人員擔任。在證券業方面，依證券交易法第64條規定，主管機關為保護公益或投資人利益，得隨時命令證券商提出財務或業務之報告資料，或檢查其營業、財產、帳簿、書類或其他有關物件；另依第38條之1的規定，主管機關認為必要時，得隨時指定會計師、律師、工程師或其他專門職業或技術人員，檢查發行人、證券承銷商或其他關係人之財務、業務狀況及有關書表、帳冊，並向主管機關提出報告或表示意見。依證券金融事業管理規則第40條規定，證券金融事業財務、業務之檢查，依證券交易法第18條之1、第38條之1及銀行法第45條規定辦理。第18條之1的規定，除證券金融事業須受第38條之1的規範外，其他如證券投資信託事業、證券投資顧問事業、證券集中保管事業或其他證券服務事業，也要受其規範。在期貨業方面，依期貨交易法第98條規定，主管機關為保障公益或維護市場秩序，得隨時命令期貨交易所、期貨結算機構、期貨業、同業公會或與其有財務或業務往來之關係人，提出財務或業務報告資料，或檢查其營業、

財產、帳簿、書類或其他有關物件。

二、檢查方法與工作內容

　　對金融事業機構的業務與財務檢查，名稱頗多，如一般檢查、專案檢查、會同檢查、委託檢查、督導檢查、報表稽核、業務座談、聯繫有關機關、參考有關資料與實地檢查等。一般檢查是為了了解金融事業機構一般業務狀況所進行的檢查，為例行性的業務；而專案檢查是為金融事業機構某特定事項、或某區、或某家金融機構某項業務所進行的檢查，為特殊性的業務。一般檢查與專案檢查的行使，通常是派員編組前往受檢機構直接進行，或會同其他機關派員共同檢查，或補人力之不足，依法委託其他機關或公營金融機構代為檢查的委託檢查。督導檢查為督導金融事業機構健全其內部稽核制度，加強自行查核之功能。報表稽核是指由金融機構按期造送業務與財務報表、統計資料及董(理)事會議紀錄等，檢查機關依一定標準及程序，實施稽核。業務座談，由檢查機關邀約金融事業機構負責人或主辦業務人員，或有關機關代表，就特定事項進行座談討論，交換意見，或聽取意見，檢查機關與受檢機構經由座談方式，以達雙向溝通。

　　在台灣，對金融機構的業務與財務的檢查，最主要機關為中央銀行與中央存款保險公司。為辦理金融機構業務之檢查，中央銀行訂有「中央銀行檢查金融機構業務要點」[4]，其中第5

　4　該要點於2002年12月25日訂定實施，以替代之前的「中央銀行金融業

條與第6條爲有關檢查行使之方式。中央銀行對金融機構的檢查，以實地檢查爲主，並以直接檢查與會同檢查行使之；爲使檢查工作有效執行起見，並以報表稽核、缺失導正與業務座談等措施配合實施。缺失導正是指對金融機構所提糾正及缺失；除就違規事項依法處分外，並列管追蹤。至於中央存款保險公司對金融事業機構的檢查方式，大致上與中央銀行類似。

檢查工作的內容，著重於金融事業機構對金融法令遵循的情形，了解內容控制與內部稽核執行狀況，並評估風險管理制度。實地檢查時，機動抽查的重點項目會隨金融環境變遷與金融機構經營特色而稍加調整。除對各項財務與業務的缺失，風險管理的不當，提列改進意見而予以列管追蹤外，檢查報告中也針對受檢機構，以CAMELS評等予以綜合評述[5]，期以迅速掌握營運狀況與風險程度。同時也建立預警制度，期能提早發現問題與弊端，及早導正，以達金融機構穩定經營之目的。其實，金融檢查僅是手段，目的在於缺失的改善，穩健的營運。

三、檢查分工與聯繫

金融事業機構的主管機關爲財政部。金融事業機構包含銀行、票券金融公司、保險公司、證券金融公司、信託投資公司、

務檢查工作方針」。

5 CAMELS評等是指下列六項指標，分別爲資本適足性（capital adequacy），資產品質（asset quality），管理能力（management），獲利能力（earnings），流動性（liqulity）與敏感度（sensitivity to market risks）。

信用合作社、農漁會信用部、證券商等。在分業管理模式下，
各有檢查機關。證券商與證券金融公司由財政部證券暨期貨管
理委員會負責檢查，而證期會又將檢查業務委託證券交易所及
櫃檯買賣中心執行；保險公司的業務檢查由保險司負責，而銀
行、票券金融公司、信用合作社、農漁會信用部等由金融局負
責。然而財政部金融局在金融司時代，因未配置充裕的檢查人
力，便將檢查業務授權中央銀行為之；而央行基於人力的考量，
對基層金融機構的檢查委託合作金庫辦理。中央存款保險公司
成立後，接手執行基層金融機構的業務檢查工作。由此可知，
台灣對金融事業機構的檢查是分業執行，在分業下又採分工模
式，致產生事權未能統一的現象。有關金融檢查的沿革情形，
詳如「表5.1」所示。

　　早期，財政部金融司未配置金檢人員，自1945年4月起，將
金檢業務授權中央銀行辦理。中央銀行在台復業後，於1962年2
月2日財政部訂定「財政部授權中央銀行檢查金融機構業務辦
法」，正式授權央行辦理金檢業務。央行依據「中央銀行法」第
38條規定及財政部的授權委託，訂定「中央銀行檢查金融機構
業務辦法」，對全國金融機構行使實地檢查、報表稽核等檢查工
作，按檢查結果情節輕重，對受檢機構在業務上行使糾正及注
意事項，直接通知其辦理，並將副本抄送財政部。若檢查發現
涉及行政或法律事項者，由央行建議財政部或其他權責機關處
理之。

　　隨著金融機構家數的增長，央行也因金檢人力的不足，依
法委託台灣省合作金庫辦理基層金融機構的金檢業務；而中央

表5.1 台灣地區金融檢查制度之沿革

年／月	銀行	信用合作社	農會信用部	漁會信用部	保險公司	證券業
1945/4	中央銀行（財政部）	中央銀行（財政部）	中央銀行（財政部）	中央銀行（財政部）		
1949	中央銀行（財政部）	中央銀行（財政部）	中央銀行（財政部）	中央銀行（財政部）	財政部借調國營事業保險機構或會同中央銀行	
1960/9	中央銀行（財政部）	中央銀行（財政部）	中央銀行（財政部）	中央銀行（財政部）	財政部借調國營事業保險機構或會同中央銀行	
1961/2	中央銀行（財政部）	中央銀行（財政部）	中央銀行（財政部）	中央銀行（財政部）	中央銀行（財政部）	經濟部證券管理委員會
1970	中央銀行（財政部）	合作金庫（中央銀行）	中央銀行	中央銀行	中央再保險公司	經濟部證券管理委員會
1972	中央銀行（財政部）	合作金庫（中央銀行）	合作金庫（中央銀行）	中央銀行	中央再保險公司	經濟部證券管理委員會
1977	中央銀行（財政部）	合作金庫（中央銀行）	合作金庫（中央銀行）	合作金庫（中央銀行）	中央再保險公司（至1978/2）	經濟部證券管理委員會
1981/7	中央銀行（財政部）	合作金庫（中央銀行）	合作金庫（中央銀行）	合作金庫（中央銀行）	金融司保險科	財政部證券管理委員會
1985/9	中央銀行、中央存款保險公司	合作金庫、中央存款保險公司	合作金庫、中央存款保險公司	合作金庫、中央存款保險公司	金融司保險科	財政部證券管理委員會
1991/7	中央銀行、中央存款保險公司、財政部金融局	合作金庫、中央存款保險公司	合作金庫、中央存款保險公司	合作金庫、中央存款保險公司	金融司保險科，借調中央再保險公司資深檢查人員	財政部證券管理委員會
1993	中央銀行、中央存款保險公司、財政部金融局	合作金庫、中央存款保險公司	合作金庫、中央存款保險公司	合作金庫、中央存款保險公司	保險司	財政部證券管理委員會

1996/6	中央銀行、中央存款保險公司、財政部金融局	中央存款保險公司	中央存款保險公司	中央存款保險公司	保險司	財政部證券管理委員會
1997/4	中央銀行、中央存款保險公司、財政部金融局	中央存款保險公司	中央存款保險公司	中央存款保險公司	保險司	財政部證券暨期貨管理委員會
2004/7	金融監督管理委員會	金融監督管理委員會	金融監督管理委員會（農業金融局）	金融監督管理委員會（農業金融局）	金融監督管理委員會	金融監督管理委員會

資料來源：李紀珠，〈台灣金融監理體系之改革與建制〉，頁54。

附註：1950年9月證券管理委員會成立，隸屬經濟部，於1981年7月改隸財政部，並於1997年4月改名為證券暨期貨管理委員會；1961年7月中央銀行在台復業；1985年9月中央存款保險公司成立，1991年9月財政部金融司升格為金融局，同時將金融司保險科提升為保險司。括號內的機關為委託機構。

存款保險公司於1985年9月成立後，依據「存款保險條例」參與金檢業務，合作金庫自1986年7月起不再辦理實地檢查。1991年起，政府積極推動金融自由化政策，開放商業銀行新設；同時財政部金融局也於同年7月由原金融司擴編改制成立，以加強金融監理檢查工作，負責新設銀行的金檢工作，對金融機構業務檢查的分工儼然成形。有鑑於此，1996年4月行政院核定「金融業務檢查分工方案」，重新規劃金融機構實地檢查分工如下：

(一) 財政部應辦檢查之金融機構

1. 1991年以後新設之商業銀行。
2. 1991年以前設立之部分本國銀行、信託投資公司及外國銀行在台分行。
3. 全體保險業及證券金融公司，分別由保險司與證券主管

機關負責檢查。

4. 依銀行法規定單獨或會同中央銀行辦理檢查者。

（二）中央銀行應辦檢查之金融機構

1. 1991年以前設立除由財政部及中央存款保險公司檢查者以外之本國銀行及外國銀行在台分行。

2. 郵政儲金匯業局。

3. 全體票券金融公司。

4. 依中央銀行法等規定單獨或會同財政部等辦理檢查者。

（三）中央存款保險公司應辦檢查之金融機構

1. 依「存款保險條例」第21條規定，報請財政部洽商中央銀行核准辦理者。

2. 已參加存款保險之基層金融機構，包含信用合作社及農、漁會信用部。

3. 原為合作金庫所檢查且未參加存保之基層金融機構，暫由中央存款保險公司負責。

4. 其他經財政部、中央銀行、中央存款保險公司洽商決定者。

在分工原則下，對金融機構檢查，各檢查機關於檢查後會提出檢查報告，其處理方式如下：

1. 中央存款保險公司之檢查報告，非基層金融機構及省內基層金融機構部分應函送財政部及中央銀行，副本分送各有關機關；直轄市基層金融機構部分應函送市政府財政局，副本分送財政部、中央銀行及各有關機關。如發現受檢單位有重大違法事件或業務經營遭遇嚴重困難

時，如係非基層金融機構，應盡速報請中央銀行及財政部即時處理，基層金融機構部分應本於「統合力量，分層處理」之原則，盡速報請縣(市)政府或直轄市政府即時處理，並副知財政部及中央銀行。

2. 中央銀行之檢查報告應檢送財政部。
3. 財政部之檢查報告應檢送中央銀行。
4. 各檢查單位對要保機構之檢查報告應檢送中央存款保險公司。

金檢雖分工進行，但為求執行步驟的一致性、檢查工作內容的統一性，與金融監理的績效性，檢查機關之間的聯繫檢討在所難免，因而於金檢分工方案核定的同時，行政院責成財政部成立「財政部金融檢查作業檢討委員會」，負責金檢機關間之聯繫與協調，1997年設置「金融檢查委員會」取代原先組織。金融檢查委員會的組成，由財政部次長、中央銀行副總裁、財部金融局局長、中央銀行金融業務檢查處處長、中央存款保險公司總經理、台灣省合作金庫總經理、台灣省政府財政廳廳長、台北市政府財政局局長及高雄市政府財政局局長等九人所組成，並由財政部次長及中央銀行副總裁擔任共同召集人，集會研商主要事宜如下：

1. 因實地檢查或報表稽核發現金融機構業務應行改進事項。
2. 檢查意見之追蹤考核。
3. 金融機構內部查核之督導及考核。
4. 基層金融機構業務檢查與輔導之聯繫。

5. 檢查單位負責實地檢查之金融機構清單。

6. 金融機構統一申報制度之建立。

7. 有關檢查事項之聯繫與協調。

金融檢查委員會的設置與運作,固然可解決因檢查機關的多元所產生的聯繫與協調上的問題,但在監理效率、事權統一與權責歸屬上,仍無法完全予以解決。1995年彰化四信危機所產生金融監理權責不明、檢查與處分權分離,財政部就提出金檢一元化的構想,期以提升監理效率,而2004年7月金融監督管理委員會成立後,金融檢查呈現一元化的新面貌。

四、金融監督管理委員會成立後的金融檢查

如前所述,為達金融監理一元化的目的,以提高監理效率,維護金融秩序與遵行金融紀律,2004年7月金融監督管理委員會成立,而其所屬的檢查局也相繼設立,行使全國金融檢查之職權。2004年8月該委員會舉行第八次委員會議核定「行政院金融監督管理委員會檢查金融機構業務要點」,內容包括檢查依據、目標、受檢機構、檢查方式與作業,及檢查資料管理等。就其檢查依據,除來自於該組織法所賦予之職掌外,亦依據農業金融法第7條第1項之委託,辦理金融機構檢查業務。受檢機構包括金融控股公司、銀行業、證券業、期貨業、保險業、電子金融交易業與其他金融服務業之金融事業機構,與接受其他機關委託檢查之機構如農、漁會信用部等。檢查行使方式以實地檢查為主,再配合報表稽核與業務座談,在一般檢查方面,金融機構的總機構至少兩年檢查一次;對分支機構,依對總機構最

近一次之檢查結果及其他分析資料，辦理抽樣檢查。金融監督管理委員會成立後，在金融檢查業務與執行上，確實產生結構性的變化，由分業檢查模式變爲功能性整合檢查模式，由分工檢查方式變爲權責統一的單一機關檢查方式，不再按業別分類管理與進行，而將銀行業、證券業、期貨業與保險業進行監理合併，如此也不會因金控公司而產生誰來監理的問題，同時金融檢查與金融處分在同一機關執行，事權明確。

　　台灣已進行金融監理改造工程，而金融監理正趨向一元化，但在執行面仍存有金融監督管理委員會與中央銀行、農業委員會在業務上聯繫與協調的現象。

　　(一)中央銀行掌管貨幣政策，爲全國金融業務的主管機關，負責支付系統與外匯等業務的管理。因而基於本身職權與業務執行，央行對金融機構涉及有關貨幣、信用、外匯及支付系統等主管業務範圍，行專案檢查工作。爲避免金融監督管理委員會與中央銀行依職權辦理之專案檢查工作產生重疊，造成金融檢查資源浪費，建立溝通聯繫機制，是有必要的。

　　(二)農業金融的主管機構是農業委員會農業金融局，不是金融監督管理委員會，對農、漁會信用部的檢查與處分，分由兩個獨立的機關來執行，事權未統一。爲發揮監理效率，會局間的聯繫與協調更應加強，尤其是目前正處於農業金融改造之時刻。

第六章
公營銀行民營化

在台灣，金融業爲特許行業，非經政府許可，不得經營。戰後，政府接收並改組當時的金融機構，將銀行變爲公營，計有台灣銀行、台灣土地銀行、台灣省合作金庫、第一銀行、華南銀行、彰化銀行與台灣合會儲蓄公司（後來改組爲台灣中小企業銀行）；屬於區域性的基層金融是由社團法人組織形態的信用合作社與農、漁會信用部，以及各地區的合會儲蓄公司。公營銀行占銀行業的絕大部分，具壟斷的力量。之後，政府對銀行新設與在台復業者仍採謹慎嚴格的處理態度。在1990年之前，所核准的銀行只有三家是屬於民營：爲上海商業儲蓄銀行、華僑銀行與世華銀行，其中兩家因政府政策需求以華僑名義來設立；其餘全都是公營，包括中央信託局、中央銀行、交通銀行、中國銀行、郵政儲匯局、中國農民銀行、台北市銀行、中國輸出入銀行與高雄市銀行。

政府壟斷銀行業的經營，當然就掌控了資金，而資金在戰後台灣經濟發展初期是一項稀少性資源。政府爲了穩定物價，

乃管制利率、分配資金、鼓勵投資與儲蓄、輔導企業,追求成長。由於公營銀行完全配合政府,執行政策性任務,公營銀行在台灣經濟發展過程上對資金分配與金融穩定確實扮演舉足輕重的地位。經濟發展是動態過程,隨著經濟結構的變化,產業開放競爭是一股不能抵禦的力量,金融業當然也不例外。因此,金融業制度上的興革,各項管制逐漸解除,向金融自由化與公營銀行民營化的道路邁進。本章主要討論金融業民營化的問題。於此,分別以下列主題論述之:為何公營銀行要民營化,民營化與國際競爭,及公營銀行民營化的成效。

第一節　公營事業為何要民營化

一、推動民營化的時代背景

　　台灣推動公營事業民營化,是從1989年起,但公營銀行民營化執行的基準時期卻落到1998年之後,比商業銀行開放民間申請設立與銀行服務業務自由化的政策推行,在執行時效上落後太多。公營事業民營化的推動是有時代背景的。

　　在國際上,1980年代世界掀起一股經濟自由化的思潮,當時美國雷根總統與英國首相柴契爾夫人,都大事鼓吹自由競爭之經濟思想,認為管制代價高,競爭可引發創造力,政府責任是鼓勵競爭,而非參與競爭。於是先進國家大都在推動民營化,像英國、日本、德國與法國所推動的民營化運動,成效斐然。

　　在國內,為順應世界潮流,及衡諸國內情勢,行政院於1984

年6月揭示：「經濟自由化、國際化與制度化」作爲今後經濟政策走向的最高原則。1985年6月成立「經濟革新委員會」，所指出的今後經濟發展也以上述三化爲方向，許多政策建議多屬於自由化與民營化的措施。在金融業方面，如提高公營銀行經營的自主性、開放商業銀行新設、利率自由化與放寬外匯管制等，均爲具體措施。其實，當台灣經濟步入1980年代時，爲使未來經濟能持續增長，體制須做一番調整，以迎合大環境的變遷。當時財金情勢大致如下：

　　(一)總體經濟失衡，對外，貿易持續順差；對內，卻是超
　　　　額儲蓄，游資充斥。

　　(二)政府財政收入不足，預算赤字持續擴大。

　　(三)公營事業經營效率不彰。

　　以現有銀行基本服務項目，充當金融中介的角色，當時就不能彰顯資金不足者與資金多餘者之橋梁。在金融活動受壓抑下，金融雙元性成爲台灣金融業的特色之一。民間無組織的借貸，在重要性上比有組織的金融機構毫不遜色，這就是不正常的金融體制。在當時咸認金融自由化與民營化可提高金融效率。另在釋股的過程中，不但可吸收民間過剩游資，同時也緩和政府的財政壓力。

　　既然戰後台灣的銀行大都屬於公營事業，我們要問：從學理與實務上，銀行營運必須爲公營形態嗎？從提升社會福祉、加強企業競爭與社會需要等角度，有些企業之爲公營形態，是肇因於自然獨占，與因經濟發展所需而民間無意願興辦者；顯然銀行業的公營形態，並不屬於這些因素。銀行之爲公營，唯

一可解釋的理由是基於金融安定之考量。當金融安定無疑慮，或金融安定可經由其他途徑來解決時，對銀行經營管制的放鬆，營運體制向自由化與民營化發展，實爲大勢所趨。1992年16家新設商業銀行陸陸續續營業後，公營銀行面對民間銀行的競爭，就產生非民營化無法提升經營績效的困境。

公營事業民營化，不但理清政府的角色與任務，同時也理清企業的角色與任務。政府的職責之一是營造一個公平競爭的環境，制訂遊戲規則，監督而仲裁之，而不是自己身兼裁判與球員。公營事業民營化後，在經營上可解除政府的政策任務，同時也解除一般行政機構加諸在公營銀行上的束縛。

二、民營化的目的

公營事業爲何要民營化？一言以蔽之，就是效率問題，目的在於提高經營效率，增強競爭。1989年政府展開公營事業民營化時，曾揭示四項目的：

(一)增進經營自主權，以提高經營績效。

(二)籌措公共建設財源，平衡財政。

(三)吸收市場過剩游資，紓解通貨膨脹壓力。

(四)在資本市場上，增加籌碼，擴大規模，以達健全之發展。

到1995年，國內外經濟情勢已大幅轉變，考量到台灣經濟朝向自由化發展之趨勢，以及準備加入世界貿易組織(WTO)須履行必要條件，政府修正民營化目的爲：

(一)調整政府角色，發揮市場機能。

(二)開放產業競爭，提升資源有效利用。

這是針對一般化公營事業民營化而言。針對效率，公營銀行民營化後可脫離下列束縛：

(一)類似公務部門法規的束縛

公營銀行為公營事業，而公營事業具有準公務部門之性質；其從業人員也具有準公務人員之身分，因而公營銀行與其從業人員都要受政府機關種種法令規章之約束。公營銀行，無論在預算、決算、審計、人事、採購與業務等方面，如一般行政機關，須遵守法規，因而在經營上常綁手綁腳，經營自主性低，營運也欠機動性。在從業人員方面，有關進用、考核、獎懲、陞遷、晉級、退休等須符合公務人員相關法規，其所執行的職務中，有關放款、匯兌、票券買賣與保證等，都會涉及盈虧，與「公務員貪污圖利」界限模糊，致使從業人員作風保守，態度消極，不求有功，但求無過。公營銀行民營化後，種種法規之緊箍咒自然就失去效力。

(二)擺脫政府機關與民意機構的監督與干預

監督公營銀行者，據統計，政府部門中，有16個單位有權管轄公營銀行，包括財政部、省(市)政府的財政廳(局)、中央銀行、主計處等，另外尚有其他直接或間接監督管轄機關，如考試院的考選部與銓敘部等(見許嘉棟等，1985)[1]。公營銀行有如此多的公公婆婆，即使有再好的功夫與本事，也無發揮之餘

1　許嘉棟，〈解除經濟管制，重整社經紀律〉，《中國時報》(1985年12月24日)，2版

地，經營效率當然低落。更何況，公營銀行依法須受民意機構的監督，與其說是監督，不如說干預來得貼切，符合事實。一些民意代表常借監督之名而行干預之實，甚至影響公營銀行正常業務運作，有些呆帳的產生，與民意代表直接或間接的「關切」有關。民營化後，可完全解脫民意機構的監督，而管轄的公公婆婆也大幅減少。

三、民營化與自由化的關聯

產業的自由化，就是指解除管制，開放競爭。在數量與價格管制的解除上，若廠商的數量不受限制，開放自由申請，此為企業進出自由化；若價格由市場機制來形成，不是來自於政府指令，此為價格的自由化，在銀行業方面，則為利率自由化與匯率自由化；若銀行經營服務業務範圍不受限制，此為銀行服務業務自由化；對於銀行的競爭環境，政府制定一套遊戲規則，此為制度化；若廠商可到海外設立分支機構，或外國廠商可在台灣設立分支機構，此為國際化。

至於民營與公營的分野，若政府擁有的股權超過50%以上者，就是公營；否則，就不算公營[2]。自由化是針對市場開放而言，理論上不涉及廠商經營的所有權問題。在台灣，公營銀行

2　在台灣，企業公營的定義，是依政府持有股份以50%為界，從50%以上而降到50%以下，就稱為民營化。公營事業民營化後，是否就是民營事業，那就不一定，此時決定於公股的比例上，若公股仍具有決定性的影響，政府還是掌握經營權，並不是徹底的民營化，因而就不能稱為民營事業。

曾爲銀行業經營之主體，市場開放後，市場的監督管理是財政
部，而公營銀行的股東是政府，代替政府行使股東權者爲財政
部，因而財政部不但管理銀行業務，同時也經營銀行業務。財
政部身兼市場執法者與經營者雙重身分；而一些公營銀行也須
肩負政府的政策任務。公營銀行與民營銀行顯然處於不公平的
競爭環境。自由化的另一層意涵，就是應明確劃分政府與企業
的角色。政府制定競爭規則，責任在於鼓勵競爭，而非參與競
爭。公營銀行民營化就是解除政府參與企業經營競爭的角色。

第二節　公營銀行與國際競爭

　　由於台灣已加入世界貿易組織，成爲其會員，而全球化浪
潮正如火如荼地在各地展開，國際競爭已成爲任何行業求生
存、圖發展必須面對的局面。大致說來，在1990年代以前，台
灣的公營銀行在政府保護下，排除外來的競爭，獨享國內的壟
斷利益。可是自1990年以來，公營銀行的壟斷利益並不僅被新
設的民營銀行所分享，而且也成爲外國銀行染指的對象。
　　我們可以武斷地說，凡能來台灣設立分行的國外銀行都有
國際競爭的經驗與能力；而台灣公營銀行是在政府呵護下成長
起來的。能否與外國銀行做公平的競爭，尚待時間的考驗。在
這方面，我們不妨衡量一下，本國與外國銀行競爭力的大小。

一、營運規模

　　對於一般企業，規模大並不一定就有效率；但對銀行業而

言，銀行規模大，倒閉的紀錄並不多，因為這種銀行的各部門可相互調配與支援，同時有能力設立資訊單位，較有能力掌握世界各地區的資訊，做決策的依據；同時亦可用高薪聘請到一流的金融人才，為銀行的發展效力。至於一般小型銀行，則無此優點。台灣的銀行，即使採行金控之後，以國際尺度而言，仍不是規模大的銀行。

二、服務態度

一般外國銀行通常以顧客的滿意度為衡量服務的尺度。對於開戶、存款、辦理匯兌，它們的業務員態度和藹可親，盡量為顧客提供便利。像開戶，花費較長的時間，它們的業務員為顧客提供桌、椅，協助填表，辦理各種手續。台灣的傳統公營銀行經常被評為像衙門，業務員架子大，多以晚娘面孔視顧客。

三、服務效率

一般外國銀行，所有營業員在上班期間，以服務顧客為最重要任務，他們細心，按一定程序完成一件工作。台灣的傳統公營銀行，在1990年以前，其營業員對顧客服務態度差，效率不彰是一般現象。

四、抵押、質押為貸款必要條件

外國銀行對貸款客戶，事先的考察，事後的監督，視為必要工作。因此，即使在經濟不景氣時期，它們的呆帳比率也較國內公營銀行為低。不動產抵押、證券或公債質押，也有風險，

即抵押的不動產價格暴跌，或質押的證券變成雞蛋股，同樣也不能保證貸出的款項必定能本利全歸。

五、貸款自主性

貸款自主性低是呆帳產生的重要原因。在台灣，外國銀行的自主性很高，不受民意代表挾預算通過與否的力量來威脅，也不受其他利益團體與政府人員所形成的壓力影響。在台灣的公營銀行之預算要經國會通過，才能執行；少數不良民意代表即利用此權力，要脅公營銀行的負責人意圖某項貸款。最後，往往成為銀行呆帳的來源。

六、公司治理

一般先進國家的銀行，其公司治理甚健全，財務透明化是常態。董事會結構健全，像交叉持股之現象罕見。在台灣的公營銀行，五年以前多無「公司治理」的概念，董事會的董事有名無實。內控不佳，而財務透明度低，這也是常發生員工竊盜公款、逃之夭夭的主要原因。自1990年以來，政府准許16家民營銀行的設立，同時也准許外國銀行來台設立分行。面對劇烈的競爭，尚未民營化的公營銀行，為了締造業績，從民營銀行及外國銀行學習了不少經營的技巧。

政府為了因應全球化的浪潮，社會輿論認為公營銀行所受束縛太多，難以與外國銀行競爭，除催促公營銀行按期限民營化外，也鼓勵民營銀行採行金融控股公司的成立，期能在國際競爭中有永續發展的力量。

七、保守性的貸放行為

由於公營銀行所適用的法規多是一般公務人員所遵守的法規，公營銀行的貸放，常會受到民意代表以「圖利他人」或「與民爭利」之罪名來攻擊，致負責貸放的行員寧可不貸放，亦不願授人以罪嫌。因此，該貸放的款貸不出去。這種保守作風的原委，在外國銀行是不存在的。

八、員工的保障制度

公營銀行對員工的工作保障是很大的，因此，員工容易形成「金飯碗」的心態。無論在銀行的表現是好是壞，只要不犯重刑事罪，都不會被開除。正因為這種保障制度的相沿成習，也養成員工的敬業精神不夠，從而影響效率。像這種賞罰不夠嚴明的制度，在外國銀行是不存在的，因為這種行為影響競爭力的提升。

第三節　公營銀行民營化推行成效

推展公營事業民營化，其工作的範圍甚廣，從移轉前之前置規劃，事業單位之價值估算，移轉方式，既有員工的權益，從業人員優先認購股份的優惠，到移轉時之出售作業，與移轉後剩餘官股之股權管理等，所牽涉的事務與法規甚為複雜，甚至執行民營化工作期間也很冗長。民營化在業務上所牽涉的主體，包括被移轉事業單位、事業單位的主管機關、員工、投資

人及社會大眾等，牽涉的範圍也很廣。

一、民營化的法律依據與執行組織

　　為推動公營事業民營化，政府於1989年7月成立「公營事業民營化推動專案小組」，負責民營化政策的研擬與推動，並由經建會主委擔任召集人。1996年12月召開「國家發展會議」，建議加快民營化過程；後為強化推動專案小組的功能，於1998年4月更名為「公營事業民營化推動指導委員會」，下設「工作小組」與「顧問小組」，主要任務為修訂民營化相關法令，研擬解決民營化問題途徑，與審議民營化執行方案。由於政府推動民營化部分作法，受社會大眾質疑，認為部分民營化後之事業，經營權易為財團所控制，乃呼籲組成民營化監督委員會，並管理監督民營化後事業的公股股權，因而於2000年10月將推動組織調整為「公營事業民營化推動與監督管理委員會」，除原有的三大任務外，再加：

　　(一)推動修正或訂定公營事業民營化後公股股權管理相關
　　　　法令。
　　(二)審議公營事業民營化後公股管理方案。
　　(三)其他有關民營化推動與民營化後監督管理之重大事
　　　　項。

　　民營化推動的組織，除中央設有推動與監督管理委員會外，原公營事業的主管部會與地方政府也相繼設有專責單位，如民營化推動工作小組，作為推動民營化工作之幕僚單位，負責資料蒐集、分析與規劃研究等事宜；而各事業也均成立民營

化工作小組，研擬民營化規劃書，據以推動民營化。因而公營
事業民營化的推動，在組織上分爲三層，大致如下：

(一)在中央，民營化推動與監督管理委員會協調解決各民
營化方案執行所遭遇的困難，研修法規。

(二)各事業主管機關，如部會或地方政府，負責所屬事業
民營化之規劃與執行。

(三)原公營事業單位依據所核准的民營化規劃書，推動民
營化工作。

民營化專案小組幕僚的主要工作如下：

(一)民營化推動之制度性規劃與監督工作，內容包括各事
業單位民營化方案、籌組「民營化問題診斷小組」進
行訪查及個案診斷、定期追蹤管考各事業民營化推動
進度、舉辦民營化策勵營及研討會、研修條例與施行
細則等相關法規。

(二)民營化後公股管理之制度性規劃與監督工作，內容包
括規劃公股股權管理與監督機制方案、研究建立公股
代表遴派與獨立董事制度、定期追蹤考核公股管理之
機構及公股代表執行績效、審核剩餘公股釋股計畫或
訂定釋股原則。

公營事業民營化，執行者，除政府部會管理人員外，也包
括事業的從業人員，然在民營化之前，即使是從業人員也都算
是公務人員。基本上，公務人員是依法行政，因而對公營事業
民營化的推動就須增修法令與規章，據此而執行。在法律層面，
政府於1991年公布「公營事業移轉民營條例」，1992年2月再公

布實施該條例施行細則。此外，主管機關的部會或地方政府會訂定所屬公營事業移轉民營從業人員權益補償辦法，與所屬公營事業移轉民營評價委員會設置要點；若移轉採取釋股方式，就會再訂定所屬公營事業移轉民營從業人員優先優惠認股辦法，與所屬公營事業移轉民營主辦承銷商遴選要點等。公營事業的民營化，在民營化過程中，主要的工作便是事業資產價值的評定，員工權益的問題，與移轉民營採取的方式等，這些工作都須依據法令規章而執行。

二、民營化的方式與時機

依公營事業移轉民營條例第14條規定，公營事業移轉民營，由事業主管機關採下列方式辦理：出售股份、標售資產、以資產作價與人民合資成立民營公司、公司合併且存續事業屬民營公司，與辦理現金增資等五種方式。公營事業民營化途徑可選擇的方案雖多，到2004年底，公營銀行民營化皆採行出售股權方式來完成。按公營事業移轉民營條例施行細則所稱出售股份，係指下列情形之一者：

(一)依證券交易法令，以下列方式出售者：

  1. 股票上市或上櫃前公開銷售公股。

  2. 對非特定人公開招募出售公股。

  3. 於集中交易市場或證券商營業處所出售公股。

  4. 於海外以出售原股或海外存託憑證銷售公股。

  5. 其他方式銷售公股。

(二)依其他法令規定，進行股份轉換或公開出售公股者。

(三)以協議方式出售公股者。

以出售股權而達民營化之目標,首先該公營銀行須上市或上櫃,或在上市與上櫃之同時釋出股份,或在上市與上櫃後擇期分批釋出股份。此時,釋股時機的選擇尤為重要,因關係到國家資產的價值。其實,在股市低迷時,不易釋股,因股價低,不但會被視為「利益輸送」而被攻擊,同時也因買氣不足而影響執行率;另者,也不能在高價時釋股,因股價大幅下跌時會招惹民怨。釋股方式包括競價拍賣、公開申購及員工優惠認購,前兩者關係到釋股對象,在民營化過程中也要重視,應盡量免除財團藉釋股而成為公營銀行民營化後的大股東,進而操縱其營運,形成財團化的後果。

三、執行的過程與成果

(一)執行過程說明

1989年公營事業民營化政策方向確定後,對公營事業就展開民營化工作,其中,省屬的三商銀(彰銀、一銀與華銀)及台企銀被列為第一優先民營化的公營銀行[3]。民營化工作的推展,不是一蹴可幾的,由於牽涉的人與事極為複雜,工作頗大,因而相當費時。1996年12月召開「國家發展會議」,建議加速民營化過程,中央政府的專案小組依國發會的共識,訂定47家公營事業民營化時間表,預定在2002年6月底前完成公營事業民營

---

3 早在1971年12月,因外交因素,國營的中國銀行因配合政府政策,改制民營化,民營化後稱為中國國際商業銀行。

化，計包括：

1. 財政部所屬的交通銀行與中國農民銀行。
2. 台灣省政府所屬的彰化銀行、華南銀行、第一銀行與台灣中小企業銀行。
3. 台北市政府所屬的台北銀行。
4. 高雄市政府所屬的高雄銀行

　　根據規定，對於這8家公營銀行，只要政府持股比例低於50%就算完成民營化。它們採取在股票集中市場以釋股方式來完成民營化，因而財政部、台灣省政府、台北市政府與高雄市政府都為其所屬公營銀行成立民營化推動工作小組，作為幕僚單位，進行資料蒐集與規劃等事宜。同時亦設置公營銀行移轉民營評價委員會，評定出售官股之底價及承銷價格計算公式等。這些公營銀行內部也組成民營化工作小組，負責民營化工作的推展與執行。公營銀行民營化的過程大致如下：

1. 若未辦理公開發行者，補辦公開發行。
2. 申請股票上市。
3. 辦理現金增資，原股東（政府）放棄認購；或適時釋出股份，以降低持股比例達50%以下。

　　在過程中，公營銀行員工的權益最為重要，由主管機關先擬定對員工的補償辦法，報請行政院核定後實施。員工權益事項包括年資結算給付、公保養老給付或勞保老年給付的損失補償、領有勳章獎章之獎勵金、不休假加班費、加發薪給等，通常分為三類來處理，這三類分別為離職、資遣與留用人員。對員工權益處理得當，可化阻力為助力，不然就會造成民營化過

程中的重大障礙。在處理過程上,溝通尤為重要,通常所採方
式,計有刊物宣導、在各種集會舉辦座談會、辦理問卷調查、
印製宣導手冊、設置專線電話與意見專欄信箱等,與員工溝通
的內容以下列事項為主:民營化的時程與方式,員工優惠優先
認股,員工權益與保障,員工轉業輔導與民營化後之發展方向。
與員工溝通的目的,旨在增加員工對民營化的支持,與消除疑
慮、不安。這8家公營銀行民營化的完成,並沒有像其他公營事
業民營化般,出現員工強烈抗爭局面,倒是平和地完成民營化。

　　「表6.1」列出這8家公營銀行移轉民營的日期與持股比例。
就民營化基準日言,都在2002年6月前順利完成民營化,政府持
股比例都低於50%,但大都高於40%,只有彰化銀行低到為
30.72%。省屬三商銀與台企銀在1998年1月完成民營化;財政部
所屬的交通銀行與農民銀行在1999年9月完成民營化,高雄市政
府所屬的高雄銀行也在同個月份完成民營化;而台北市政府所
屬的台北銀行在1999年11月完成民營化。與政府原先規劃的民
營化時間表相比,只有財政部所屬的公營銀行落後,其他部會
所屬的公營銀行執行則提前[4]。

(二)成效評述

　　公營銀行民營化的成效,就數量言是可觀的,在13家公營銀
行中,就有8家於1998年及1999年內陸續完成民營化,民營化的

4　1997年7月行政院所備查在案的公營銀行民營化時間表,農民銀行為
　　1998年6月,三商銀與台企銀為1998年12月,交通銀行為1999年6月,
　　台北銀行為2000年6月,高雄銀行為2001年6月。

表6.1　公營銀行移轉為民營情況

原主管機關	已移轉公營銀行	民營化基準日	辦理方式	民營化基準日持股比例	2004年12月持股比例
省政府	彰化銀行	1998年1月1日	出售股權	30.70	21.31
省政府	第一銀行（第一金控）	1998年1月22日	出售股權	42.10	20.29
省政府	華南銀行（華南金控）	1998年1月22日	出售股權	41.24	31.46
省政府	台灣中小企銀	1998年1月22日	出售股權	40.96	37.99
財政部	交通銀行（兆豐金控）	1999年9月13日	出售股權	42.20	18.37
財政部	中國農民銀行	1999年9月3日	出售股權	44.99	38.97
高雄市政府	高雄銀行	1999年9月27日	出售股權	48.86	47.90
台北市政府	台北銀行（富邦金控）	1999年11月30日	出售股權	46.28	14.36

資料來源：2004年12月持股比例資料來自於股市觀察站。

附註：2001年台灣實施金融控制法後，許多銀行加入金控公司之行列，表中所列2003年底政府持股比例是以金控公司爲基礎所計算的。

比率高達61.54%。然而對執行成效的分析，不是單單著眼於家數的多少，應從更寬廣的角度著手。於此，對其成效分析如下：

1. 市場占有率變動分析

我們以2004年3月底的資料，觀察已民營化銀行市場占有率變動的情形。從「表6.2」所示，加上中國國際商業銀行在內的

表6.2　2004年3月公營銀行市場占有率

單位：百萬元，家數，%

銀行別	淨值		資產總額		存款餘額		放款餘額		分行	
	金額	比例	金額	比例	金額	比例	金額	比例	家數	比例
總計	1,484,799	100.00	24,752,211	100.00	18,853,522	100.00	14,062,511	100.00	3,173	100.00
公營銀行	315,751	21.27	6,590,171	26.62	5,330,009	28.27	3,663,665	26.06	479	15.08
中央信託局	6,086	0.41	259,305	1.05	170,391	0.90	168,737	1.20	21	0.66
台灣銀行	152,638	10.28	2,480,189	10.02	2,012,530	10.67	1,050,376	7.47	147	4.63
台灣土地銀行	78,106	5.26	1,719,840	6.95	1,501,991	7.97	1,191,876	8.48	134	4.22
合作金庫銀行	61,559	4.15	2,025,676	8.18	1,645,097	8.73	1,161,555	8.26	174	5.48
中國輸出入銀行	17,362	1.17	105,161	0.42	0	0.00	91,121	0.65	3	0.09
公股銀行	441,567	29.74	8,763,321	35.39	6,185,777	32.80	4,927,695	35.05	976	30.75
中國國際商業銀行	71,293	4.80	1,241,077	5.01	709,715	3.76	537,057	3.82	75	2.36
交通銀行	59,923	4.04	653,823	2.64	304,628	1.62	418,473	2.98	30	0.95
中國農民銀行	17,421	1.17	532,858	2.15	405,950	2.15	362,401	2.58	105	3.31
第一商業銀行	55,713	3.75	1,515,932	6.12	1,129,921	5.99	857,242	6.10	179	5.64
彰化商業銀行	75,256	5.07	1,311,218	5.30	1,007,487	5.34	789,345	5.61	166	5.23
華南商業銀行	61,026	4.11	1,488,200	6.01	1,141,643	6.06	828,267	5.89	181	5.70
台灣中小企業銀行	39,902	2.69	1,041,675	4.21	822,244	4.36	642,507	4.57	124	3.91
台北銀行	50,662	3.41	818,058	3.30	536,228	2.84	368,521	2.62	81	2.55
高雄銀行	10,371	0.70	160,480	0.65	127,961	0.68	123,882	0.88	35	1.10

公營與公股銀行	1,198,885	80.75	24,116,813	97.40	17,701,563	93.87	13,519,055	96.16	2,431	76.58
民營銀行	285,914	19.25	635,398	2.60	1,151,959	6.13	543,456	3.84	742	23.42

資料來源：同「表3.14」。

已民營化銀行，在50家銀行中，銀行家數比例僅為18%，但淨值比例為29.74%，資產比例為35.39%，存款餘額比例為32.80%，放款餘額比例為35.05%，分行家數比例為30.75%，大大高於銀行家數比例，顯示這9家已民營化銀行在台灣是屬於較大型的銀行。從表中得知，三商銀與台企銀，無論在資產、存款與放款餘額等方面，都是屬於大型銀行，所占比例在4%以上，為平均數的倍數或三倍，分行家數有百餘家，分布台灣各個角落。

　　2005年未民營化的公營銀行仍有5家，其淨值、資產、存款與放款餘額之比例都有20%以上，在市場上是屬於大型銀行。在民營化問題考量上，其中中國輸出入銀行具有政策性任務，不考慮民營化外，其餘都列入民營化時程。行政院「金融改革小組」核定合作金庫銀行在2004年底前完成民營化；而台灣銀行、台灣土地銀行、中央信託局須在2006年底前完成民營化。至此，台灣的銀行才會達到全部民營化的境界。無論從各個銀行的資產、淨值、存款與放款餘額來論，台灣銀行、台灣土地銀行與合作金庫銀行都算是台灣銀行業排名前三名的銀行，民營化的釋股，對資本市場必然會產生較大的衝擊。台灣省合作金庫於2001年改制為股份有限公司，更名為合作金庫銀行，同時於2004年11月成功上市，政府持股比率為60.54%，預計在2005年3月釋出3.05億股，釋股比例為13.8%，政府持股比例就會降到47%而

達民營化的目標。台灣銀行、台灣土地銀行與中央信託局,將
來是否共組金控公司,還是依自有特質走自己的發展路線,都
須先行改制爲公司組織,申請公開發行,再辦釋股事宜,以降
低政府持股比例而達民營化。由於環境變化太快,這三家銀行
在民營化作法上,均會有所改變,到2005年春爲止,政府的持
股比例均爲100%。由於資本額大,在釋股時,應考量國內市場
胃納能力,以及對股市的影響程度。爲此,對釋股對象可放寬
到海外或外資企業。

2. 民營化的深化問題

公營銀行釋股,政府持股比例低於50%,算是完成民營化之
程序,不再是公營事業,從此之後,不再受種種法規之束縛,
也免除民意機構的監督,從業人員也不是公務人員,也可免除
「圖利他人」之嫌,經營以市場爲導向,免除政策性任務,具
經營自主性,以追求經營效率爲依歸。如此說來,理應是美好
的結果,其實不然,問題在於民營化深化不夠所產生的後遺症。

民營化後的公營銀行,雖政府持股比例低於50%,但當持股
比例足以對銀行營運具決定性影響時,政府仍可操控人事權與
經營權,這種半民營化的銀行可稱爲「公股銀行」。理論上,此
種「公股銀行」,可同時兼具市場效率與政府介入解決市場失靈
的兩種功能;若運作不當,反而更有可能造成既失去市場效率
又製造政府失靈的結果(張清溪、徐敏鐘,2002)[5]。不幸的是,

---

5 張清溪、徐敏鐘,〈台灣公營事業的民營化與半民營化〉,《金融投資
與經濟發展——紀念梁國樹教授第六屆學術研討會論文集》(2002

後者卻在台灣發生了。

　　「公股銀行」因政府爲最大股東，政府仍可順利取得經營權，指派董事長、董事、監察人與總經理等。實質上，公營銀行如此民營化後，政府仍然掌控銀行。這種民營化的銀行，亦可說是變相的公營。它可排除法規之束縛與逃避監督單位的監督，在經營上，雖較靈活，卻因少了民意機構的制衡，政府更易開方便之門，如替政府護盤紓困等不當行徑便是；在人事上，易成爲執政黨酬庸有功人員的處所。凡淪爲政治酬庸而做的人事安排，會破壞該單位的人事制度，而且對經營也不利，會傷及一般民間投資大眾。

　　在民營化初期，也許須有過渡調整時期，但以不超過兩年爲限，就無必要再由政府來經營，應徹底民營化才對。政府的持股應降到不足以影響經營的程度，更不可藉此取得經營權。若要持股，應是屬於證券投資的性質。已民營化的8家銀行，到2004年底已歷經5至6年之久，如「表6.1」所示，雖見政府持股比例下降，但大多數持股比例仍高於20%，其中高雄銀行爲47.90%，農民銀行爲38.97%，台灣中小企銀爲37.99%，彰化銀行爲21.31%，組成金控公司的第一金控爲20.29%，華南金控爲31.46%，而政府持股比例低於20%者，爲兆豐金控的18.37%與富邦金控的14.36%。台北銀行民營化後，加入富邦金控公司，2005年1月與富邦銀行合併後更名爲台北富邦銀行，政府已不具有經營上的主導權，可說是達到徹底民營化的地步。

_____

年），頁89-112。

　　鑑於公股銀行仍由政府主導經營權之事實，2001年8月陳水扁總統召開經濟發展諮詢委員會，「公營銀行徹底民營化」為該會的共識；2002年行政院在未來施政重點中，將加速公營銀行民營化列為主要政策項目之一；2002年7月成立金融改革小組，於9月對加速公營銀行民營化方案提出具體主張：「公股銀行」的政府持股須於2005年前降至20%以下，2010年前全部釋出。2004年11月20日陳水扁總統召開經濟顧問小組會議時，宣示第二階段金融改革，其中目標之一就是藉由鼓勵合併與引進外資方式，於2005年底將公股金融機構從12家減為6家，以加速落實民營化目標，所採方式有兩種：一是藉由整併來達成，另一是徹底民營化來達成。政府政策宣示後，在執行上更要有決心才行。

　　根據花旗銀行研究報告指出，政府經由直接或間接持有銀行股份，約占整體國內銀行體系的60%，可見政府仍為銀行體系最大之股東，實有違金融自由化的目標（許振明，2003）。民營化的推動，不僅在於將公營銀行轉為公股銀行，而應加深民營化的程度，當完成民營化過渡時期後，政府應放棄人事權與經營權，或完全出脫持股，或轉為純證券投資的股份持有，如此才能擺脫政府繼續在銀行業扮演關鍵角色，以政策配合之由，行市場干預之實。

　　3. 民營化執行完成時間與其他金融政策時點的爭議

　　在1980年代金融自由化政策下，政府所推動的金融措施，如利率自由化、放寬外匯管制、建立外匯市場、金融服務業務自由化、金融機構設立自由化與公營銀行民營化等，都有可觀成果，其中有爭議的部分，為公營銀行民營化與金融機構設立

自由化孰先的問題。1989年7月銀行法修正，增列有關商業銀行設立條文，1990年4月政府公布商業銀行設立標準，到1993年陸續有16家新銀行設立，這使銀行業產生結構性變動，打破公營銀行壟斷局面。凡經營業務同質性高的銀行，彼此競爭劇烈。

　　商業銀行開放新設與公營銀行民營化的政策推動時點是相近的，但在執行時效上，為何有如此大的差異？答案就在於利益給予和利益切斷的差異上。開放新銀行設立，是政府對財團與社會人士所釋放出的新利益，在利益的誘因下，措施推展當然順暢，因而具有時效；而公營銀行民營化的執行，卻與原既得利益者的利益相衝突。為捍衛利益，各方利益團體不但百般阻擾，甚至行困獸之鬥，這包括政府酬庸式的職位安插，立法機關因監督而從中獲取貸款的好處，官商勾結的利益，從業人員因民營化可能喪失工作與福利的保障等，諸如此類的利益深植在公營銀行，最顯著的阻擾莫過於民意機構的掣肘。三商銀曾於1990年以公開承銷方式釋股，因股市泡沫破滅，承銷失敗，後改為在集中市場逐日賣出。但在民營化執行釋股上，省議會決議：限制三商銀不得出售公股達持股比例51%的下限，因而民營化遲遲未有進展。直到1996年，政府召開國家發展會議，做成精省決議案後，省議會才隨之解除當初對民營化限制之相關決議，於1997年下半年起，省屬金融機構才得以順利展開民營化。另一個來自民意機構阻擾的例子，便是在1994年國民大會代表會議時，應公營金融業者的要求，增修憲法條文，取得公營金融機構管理的憲法法源，之後便著手訂定「公營金融機構

管理條例」草案，在立法院第三、四屆闖關，均未通過。從上述得知，在執行金融自由化政策時，政治操作上，新銀行開放民間新設易行，而公營銀行民營化難行。這就說明政府採取自由化先於民營化之原委。因此之故，在順序上，政府推動民營化不是那麼有決心與魄力，反而變成迫於環境的需要，面對具效率的新設銀行的強烈競爭，被動地、處於無奈地將民營化視爲金融改革的項目來進行。

此外，公營銀行民營化是採釋股方式，而決定釋股的幅度與時程時，左右的因素頗多，如市場競爭開放程度、相關法規健全與否、肩負政策任務是否完成、對資本市場衝擊程度與市場胃納能力如何等，因而在股市低迷時，不適合釋股；股市過熱時，也不適合釋股。這8家公營銀行民營化釋股時機，分別於1998年1月與1999年9月。這兩個時段，雖爲亞洲金融風暴發生後，金融變動對股價產生些衝擊，但台灣股市卻處於牛市行情，台股股價指數在8000點以上。就公營銀行釋股而言，相對上是較好時機。若釋股時機得宜，民營化的目標就易達成。

第七章
股市泡沫的發生與破滅

　　股市是經濟的櫥窗，爲經濟盛衰的溫度計；股市也是金融體系中重要的一環，搭建了資金交流的橋梁。

　　股市的地位，無論在整體經濟或金融經濟都是重要的，因而我們在本書第四章論述金融市場時，曾對股市予以論述，而論述的重點爲台灣股市運作的組織結構、交易制度與規範、股價與交易額等。

　　台灣股市最大的特徵，爲淺碟式形態，雖經多次整治，主力炒作與內線交易依然嚴重；雖設有漲跌幅限，追高殺低經常上演，而周轉率也居高不下。

　　復因兩岸關係多變，常衝擊股價，因非經濟因素嚴重干擾股市，諸如政府的護盤基金，直接干預股市，致對股價波動影響頗大。台灣股價自1980年代末以來，曾有過劇烈波動現象，一般用泡沫來形容；至其壯觀程度，可媲美十八世紀法國密西西比股票泡沫與英國南海股票泡沫。

　　本章旨在論述台灣股市泡沫發生背景、狀況與破滅，股市

泡沫與金融體系，以及股市泡沫破滅後的省思[1]。

第一節　股市泡沫發生的背景與狀況

在台灣，股價狂瀉重挫，至少有三起，一是發生在1990年2月到10月，股價從12,682.41點暴跌到2,485點，跌幅爲80.4%；二是發生在1997年8月到1999年2月，股價從10,256點暴跌到5,422點，跌幅爲47.13%；三是發生在2000年2月到2001年10月，股價從10,202.2點暴跌到3,446.26點，跌幅爲66.22%。第一起的暴跌，以股市泡沫相稱，實不過分；後二起，也許稱不上泡沫，但重挫程度令人咋舌。

一、1980年代後期的股市泡沫

1980年代後期的台灣股市，以泡沫來稱呼當時股價暴漲暴跌的情況，可說是最爲貼切。股市泡沫的吹起，燦爛奪目，股價指數從1985年7月的636.02點開始上漲，漲到1990年2月的12,682.41點，55個月漲幅達19倍之多，許多股民終日迷失在追價的狂歡中[2]。股價衝到高峰後，逆轉而下，如瀑布之狂瀉，到1990年10月跌到2,485點，以不到8個月的時間下跌萬點，約等於

1　作者曾在《台灣泡沫經濟》專書中，分析股市泡沫的發生、狀況、引起的社會現象，以及破滅與影響。本章的論述多參考此專書。

2　股市的上漲過程，不是一次漲到底的。依股市投資理論，漲多了，乖離率變大後，會修正的。此次股價的狂漲，曾有三次大幅度的回檔修正，我們稱此現象爲次泡沫，可參閱于宗先、王金利（1999a, 2003a）。

當時國內生產毛額(GDP)(4兆元)的資產,就這樣消失得無影無蹤。其實,泡沫的創造與破滅,就是一場財富的重分配,贏家的快樂建立在輸家的痛苦上。股價如此的暴漲暴跌,在台灣股市史上留下壯觀的一頁。

(一)股市泡沫之形成

　　1985年前,台灣股市並非是社會大眾關注的經濟焦點,投資人少,交易量也低,股市不具規模。次年起,股市開始沸騰,進入1987年後,股價如脫韁之馬,一路飆漲。較上年而言,1986年股價年上漲26.7%,1987年為126%,1988年更上漲143.7%。1988年底,股市投資開戶數增為160.62萬人戶,年增3倍,交易額放大到7.868兆元,年增39.3倍。到1989年,股價繼續狂飆,年漲65.6%,開戶數急增到420.85萬人戶,年增率為162%,此時台灣股市似幾成為家家投資的全民運動,交易額暴增到25.408兆元,年增率為222.9%。此交易額為起漲年(1985年)的130倍,為當時國內生產毛額(GDP)(3.939兆元)的5.45倍,可見股市交易之狂熱。

　　股市泡沫在創造期間,由於股價飆漲,投資人快速增加,交易額也急速擴增。由於市場上的籌碼相對有限,劇增的交易額使股票的周轉率也大大提高。1981年底,上市總股數為128.05億股,1985年底為213.45億股,增長率為66.69%;1989年底上市總股數增到421.30億股,較1985年增加約1倍(97.38%),但交易額卻增加130倍。股市籌碼的增加遠不及投資人與交易額的增加,隨著股市交易狂熱的遞增,股票的周轉率也開始攀升,1985年為68.09%,1986年便為162.11%,1987

表7.1 台股在泡沫期間的股價與其相關重要訊息

年	上市公司家數（家）	開戶買賣人數（萬人）	股價	上市總股數（百萬股）	交易總股數（百萬股）	周轉率（%）	交易總金額（億元）	上市市價（億元）
1981	107	38.57	548.84	12805	13198	103.07	2092.2	2013.3
1983	119	36.86	654.28	16716	23864	142.79	3638.4	3059.6
1985	127	40.05	745.62	21345	14534	68.09	1952.3	4157.1
1986	130	47.38	944.74	24082	39041	162.11	6756.6	5484.4
1987	141	63.45	2135.03	28735	76857	267.47	26686.3	13860.7
1988	163	160.62	5202.21	34358	101350	332.63	78680.2	33832.8
1989	181	420.85	8616.14	42130	220558	590.14	254079.6	61741.6
1990	199	503.31	6775.32	50643	232307	506.04	190312.9	26819.1

資料來源：臺灣證券交易所的證券統計資料與證交資料。

年更為267.47%，1988年變為332.63%，1989年達到590.14%，堪稱世界上最高周轉率的股市（參見表7.1）。

　　台灣股市泡沫的發生，是有環境因素的。1984年雖在國內吹起經濟自由化運動，然金融面仍處於較高的管制狀況，財金主管作風保守，尤其對外匯管制放寬部分更是如此。由於出超逐年擴大，1985年超過百億美元，新台幣升值的預期心理一直存在於投資者與投機客的心中，如此造成資本不斷流入，外匯存底也就急速攀升，更使貨幣供給成長加速。貨幣供給的成長，並沒有造成物價上揚，所增加的貨幣流向股市與房地產，股市與房地產相激相盪，創造出台灣泡沫經濟。對股市泡沫創造的環境因素，臚列如下：

1. 總體經濟失衡：貿易出超，超額儲蓄

總體經濟失衡，是泡沫經濟產生的主因，因其為製造爛頭寸的來源，這可說起源於對外貿易的失衡，即貿易出超。貿易出超的結果，產生了超額儲蓄；超額儲蓄的資金，因在國內可投資管道不足，這些爛頭寸湧向股市，創造了股市泡沫[3]。

台灣對外貿易出超，可說是多年來鼓勵出口、限制進口的結果。出超是創造外匯的最佳途徑，而台灣曾在1950年代遭受嚴重外匯短缺，因而就產生一種心理：外匯愈多愈好，因此，外匯存底也就不斷增加。在當時，出口商所賺取的外匯絕大部分要結算給央行，央行也就釋放出等值的新台幣給出口商，出口愈多，央行釋放出的新台幣也就愈多，這就說明了在1980年代後期貨幣供給大幅增加之原委。外匯多，就衝擊新台幣的價位，同時對美貿易順差持續擴大，美方也不斷對新台幣升值予以施壓。

台灣之有貿易連續出超，始自1976年，1981年出超金額為14.12億美元，1983年為48.36億美元，1985年超過百億美元後，到1990年間出超金額年年都在百億美元以上，其中以1987年為最高，達186.95億美元。貿易上的超額出超導致國內的超額儲蓄，而超額儲蓄的金額在1980年代也是年年爬升，1982年為801億元新台幣，到1985年為3778.5億元，到1987年為6495.6億元，

3　有關台灣股市泡沫的理論建構與形成因素的分析，可參閱于宗先與王金利（1999a）。

表7.2　1980年代台灣重要經濟指標　　　　　　單位：億美元，%

年	出超	外匯存底	匯率	貨幣供給率
1981	14.12	72.35	37.84	13.8
1983	48.36	118.59	40.27	18.4
1985	106.24	225.56	39.85	12.2
1986	156.80	463.10	35.50	51.4
1987	186.95	767.48	28.55	37.7
1988	109.95	738.97	28.17	24.4
1989	140.39	732.24	26.16	6.1
1990	124.98	724.41	27.11	-6.7

資料來源：*Taiwan Statistical Data Book*（2001）.

超額儲蓄的金額隨超額出超的膨脹而膨脹[4]（參見表7.2）。

　　2. 新台幣漸進式升值的匯率管理政策

　　出超愈來愈大，美金供給也就大量增加，於是新台幣對美元持續升值。1985年底的匯率，1美元兌換39.85元新台幣，到1986年底兌換35.5元新台幣，1987年為28.55元新台幣，到1989年底，

4　超額儲蓄之未成為投資資金也有其環境因素。自1987年戒嚴法取消之後，整個台灣社會成為虛脫狀態，失序現象處處發生，時時發生。對於工業界而言，社會失序，諸如環保抗爭、勞資糾紛、地價又大幅暴漲。同時新台幣大幅升值後，使出口競爭力大大被削弱，有不少中小企業寧願出售廠地而到海外做寓公，或者到股市炒股票，更積極的中小企業跑到海外求發展，於是東南亞便成為它們創造第二春的新領域；也有些中小企業在政府開放大陸探親之後，跑到大陸設廠生產。

其兌換率變爲26.16元新台幣。五年裡新台幣升值52.33%。面對新台幣升值的問題，政府遭受相當大的壓力，升值是採漸進方式[5]。漸進式升值可使出口企業有調整時間，以減少傷害程度，但無可諱言地使投機客有機可乘。因預期新台幣會持續升值，熱錢便由國外流入，即投機者將大量美金匯入，如此更墊高外匯存底的部位。匯入的美金，兌換成等值的新台幣，流入股市，去炒股票。

3. 太多的資金追逐有限的投資籌碼

出超的增加與熱錢的流入，直接使外匯存底增加，相應地也使貨幣供給大幅增加。1985年底的外匯存底爲225.56億美元，1986年就倍增到463.1億美元，1987年攀升到767.48億美元，直到1990年外匯存底皆在700億美元以上。台灣外匯存底，在當時僅次於日本與德國。1986至1987年間外匯存底巨幅攀升，政府雖採若干沖銷措施，無奈貨幣供給（M_{1b}）的年增率，在1986、1987與1988年分別高達51.4%、37.7%與24.4%，而1989年的年增率趨緩爲6.1%。如此高的貨幣供給增長，在股市裡爆發資金行情，使股價扶搖直上。台灣的外匯政策，外匯非經許可，私人不得持有，直到1987年7月，政府才批准自由持有或運用外匯從事貿

5　關於新台幣對美元升值，有兩種意見，一爲漸進式升值，其效果，正如文內所示；另一爲一次升值，即完全聽任市場的供需。持後種意見的人認爲：新台幣對美元已低估久矣，應讓它調整到合理的價位，然後讓它自由波動，不加干預。當時，匯市還不是完全自由運作的市場，政府深怕新台幣升到50%時，會使很多工廠一夜之間便倒閉下來，故認爲這種措施不能輕易嘗試。

易，並允許個人或公司在一定金額內可自由匯出或匯入外幣（見第二章第二節）。政策的鬆綁，並未見到新台幣升值減緩的壓力，流入的資金反而變本加厲，如此更墊高了外匯存底，也推升了新台幣進一步的升值。

由於貨幣供給增加太快，遂使利率下降，且達到谷底，貨幣市場的利率由1985年的6.44%滑落到1987年的3.90%，而重貼現率也從5.25%下降到4.5%。一般人民將儲蓄資金存在銀行，年息只有5%，若存款超過100萬元，很多銀行拒絕接受或以3%年息接受之。社會上充滿著太多的閒置資金。當游資進入股市，股價便連續上漲；當游資進入房地產市場，房地產價格便上漲；當游資進入地下投資公司，地下投資公司又將轉到股市或房地產。

4. 地下投資公司的乘機炒作

地下投資公司對股市的乘機炒作，若不是股市泡沫的禍首，至少也是幫凶。在1980年前半期，台灣商界引進日本的老鼠會，不久之後，地下投資公司便如雨後春筍般繁殖起來，速度驚人。地下金融，尤其是地下投資公司，利用老鼠會方式，按四分高利或「金生金，金生利」的方式吸收游資，如此高的利息當然吸取許多退役軍人及退休公教人員的儲蓄，更何況銀行的利息低，甚至被拒絕存款。地下投資公司的吸金規模，從數億元到千億元不等。就最大的兩家：鴻源與龍祥而言，鴻源資本額登記為1億元，以月息4分，吸金1500億到2000億元，付息之高，遠遠高過地下錢莊。龍祥資本額登記為2億元，以同樣手法，吸金500億到1000億元（見林鐘雄，1991）。它們吸金規模

之大，連許多正規金融機構都自嘆不如[6]。這些地下投資公司，將吸收的資金大部分投資於股市，台灣1980年代後期所爆發的股市泡沫，沒有地下投資公司的參與是吹不起來的。

　　台灣在1980年代後期的股市泡沫，其形成的經濟因素之歷史背景，從上述陳述中便可知曉。國際經濟的失衡，持續的超額貿易順差，導致國內的經濟失衡，而產生持續的超額儲蓄。超額貿易順差，構成新台幣升值的壓力，在漸進式升值策略上，預期心理的作用，又引來熱錢流入，外匯存底的部位愈墊愈高，貨幣供給急速增長，游資氾濫，地下投資公司猖獗。在國內投資管道不足的情況下，投資籌碼有限，氾濫的游資湧入股市，股價狂飆，創造了股市泡沫。在實證分析上，貨幣供給與預期作用可作為解釋台灣股市泡沫之因素（見于宗先、王金利，1999a），由此顯示貨幣供給急速增長所呈現的游資氾濫對股市泡沫創造所產生的作用。

（二）股市泡沫破滅之原因

　　物極必反是自然界的常軌。股價衝上萬點，嚴重偏離市場基要，墜落是預期的，但追逐高價的散戶並不認為如此。進入1990年，若與1986年相比，台灣的經濟與社會都起了很大變化，這些變化都無法使股價維持在萬點以上。造成股市泡沫破滅，有下列因素：

　　6　依1989年3月底資料，農民銀行的存款為1490億元，中信局為268億元，中國商銀為597億元，上海商銀為213億元，世華為1171億元等。

1. 經貿環境的變化，股價失去支撐力道：

貿易出超不但不再繼續攀升，出超金額卻由1987年186.95億美元的最高峰下滑到1990年124.98億美元；外匯存底於1987年達767.48億美元後，也就不再推升。新台幣兌換美金，1989年底為26.16：1，不再是1985年的39.8：1，新台幣升值52.14%，這對貿易影響頗大，致使出口產品的競爭力下降。在國內投資增加與因資產膨脹而導致消費增加的雙重影響下，超額儲蓄率不再是1986年的21.35%，卻降為1990年的6.8%。同時，政府在1989年7月後，持續整頓猖獗的地下投資公司。

2. 貨幣政策改弦更張：

最為重要的，就是貨幣政策改採緊縮性措施。央行於1989年4月提高重貼現率，由該年3月之4.5%提高為5.5%，到8月再提高到7.75%，從3月到8月調整幅度為72%，同時也調高存款準備率。政策如此改變，旨在減縮銀行創造貨幣的功能，立即的效應就是貨幣供給增加率的下滑，與社會大眾存款類別的轉移，由活期改為定期。1989年M_{1b}的年增率不再維持20%以上，該年降為6.05%，1990年第1季卻為-8.72%。我們知道股價的推升須靠資金，更何況處於高檔的價位。若資金動能不足，當然就不能使股價持續維持在高檔，會產生「物極必反」的後果。央行收縮資金的措施對股市產生利空的影響，而資金的退潮，更加劇股價的挫殺。

3. 解嚴後的社會失序與政爭：

在社會方面，政府於1987年7月宣布解嚴，社會運動於焉在街頭展開，罷工、圍廠等自力救濟的社會活動層出不窮。社

會失序，勞資爭議，環保抗爭，這些投資環境的變化，使得工商界的投資意願大大降低。再加上各種賭博性娛樂盛行，成年人醉心於股市投資，去追逐一夜致富之美夢，脫離了生產線，工業生產因而不振。政局不穩，必然影響民心，這也是股市系統性風險的重要來源之一，民進黨的獨立聲浪，尤其是國民黨為總統提名而產生異見與派系，黨爭雖告平息，但對股市的衝擊卻已造成。

4. 國際上股市利空的波及：

再者，國際股市的低迷也衝擊台股的走勢，當時日本股市的崩盤，也會自然地感染到台灣。

上述所提的經濟、社會、政局與國際股市等不利台股的因素，陸陸續續地發生，而股價狂飆後極度不合理的股價，終必產生逆轉下挫的後果。台灣股價於1990年2月10日達到最高峰後，便因這些「利空」因素而連續重挫。1990年8月，伊拉克入侵科威特，爆發波斯灣戰爭，中東石油生產馬上受到影響，油價上漲的預期心理形成，這對已受創傷的股市更是雪上加霜，10月1日股價跌到2,485點。從2月10日之高峰到10月1日之谷底，共跌10,197點，跌幅為80.4%，跌得淒慘。在1980年代後期，台灣股價暴漲暴跌，幅度之大，猶如樓起樓塌，在中國股票史上確是空前的。

台灣股市泡沫，在其暴漲暴跌的過程，經歷了一場嚴酷的資產重分配。在高價位盲目跟進的散戶，無疑地是這場資產重分配遊戲下的犧牲者。他們的資金被套牢後，既未尋死以求解脫，亦未走上街頭請政府救濟。他們默默承受，因被套牢的錢

主要是自己的「私房錢」，是多年所累積的。這些累積的財富就在這場重分配的遊戲中輸了，不見了。由此顯示追逐高價位的股市，風險是何等地高。

二、東亞金融危機與股市重挫

東亞金融危機爆發前的一年餘，台灣股市展開牛市的大行情，股價由1996年3月的4,744點上漲到1997年8月27日的10,256點，漲幅為116%；爾後股價逆轉，類似泡沫破滅般，於1999年2月5日跌到5,422點，跌幅為47.13%。在這期間，股價漲了一倍，而股價又以腰斬之勢跌落，波動巨大。

(一)股市大漲之原因

1995年後，台灣經濟面臨基層金融機構不斷擠兌風波，而1996年3月舉行有史以來第一次民選總統，中共對台導彈試射，台灣面臨內部金融機構持續擠兌、外部中共文攻武嚇之壓力，政府對股市不斷作多，然而股價始終在5,000點以下低檔徘徊。3月後，股價終於走出陰霾，譜出一段有14個月的牛市大行情，股價於1997年8月27日達到此波段的最高點（10,256點）。股價在持續攀升的過程中，投資人亦不斷加入，同時政府放寬外資法人投資股市的額度與比率，股市欣欣向榮，土洋共創台灣股市萬點行情，告別七年的萬點股價又重現在台灣股市。股價的攀升，交易額亦隨之放大，1995年為10.15兆元，1996年微升到12.91兆元，1997年交易額急速放大，遽增到37.24兆元，年增率為188.46%。此三年交易額占GDP的比例分別為144.65%、168.11%與447.14%，由此可見在1997年股市交投熱絡時，也使股票周轉

率由1996年243.43%提升到1997年407.32%。有關股市牛市大行情的經濟與環境因素，臚列如下：

1. 經濟繁榮，尤其是電子業，以OEM方式為世界電子大企業的代工：

1996與1997年的台灣經濟，皆維持繁榮局面，經濟成長率分別為6.1%與6.7%，這是來自於第一出口產業電子業的出口暢旺。在股市裡，漸以電子股為重心的盤面，電子產品產銷興隆，無論電子產業下游生產周邊設備的公司與系統廠商，甚至半導體公司，皆有傑出表現，股價呈現一飛沖天的氣勢。台灣的電子產業替國際大廠進行委託製造代工（OEM），闖出一片天，經由垂直整合走向分工整合的生產模式，在廠商間綿密的分工網絡，呈現出富彈性、應變快、成本低之優勢。電子業的繁榮，促成了股價的攀升。

2. 放寬外資法人投資股市所帶來的激勵：

台灣為求加入世界貿易組織（WTO），在金融產業方面逐步進行國際化，資本市場也開放，放寬外資法人投資台灣股市，於1996年將全體外人投資股市比例提高到25%。同時，台灣加權股價指數於1996年4月納入道瓊世界指數，於該年9月納入摩根士丹利新興市場自由指數，市場上就有所謂的摩根士丹利的大型摩根股，如此，使得台灣股市為世界新興股市之一，國際資金流入台灣股市。由於外資法人買賣股票的方式異於國內的大戶或法人，比較注重基本面，而在股市上就有所謂的「外資概念股」，產生從眾行為。

3. 綜合工商開發計畫，為土地資產的利用來築夢。

(二)股價重挫之原因

1997年，台灣經濟處於繁榮時期，股價正奔向萬點之時，東亞卻發生一場幾乎席捲全球的金融危機。7月2日泰國宣布泰銖實施管理下浮動匯率制度，泰銖急遽貶值，其勢如雪崩，銳不可當，且很快衝擊東亞各國金融市場，使其貨幣大幅貶值，股價大幅滑落。

在東亞金融風暴初期，台股尚未受到影響，股價反而不斷挺升。當風暴日趨嚴重時，香港及韓國股價陷入低迷狀態，台灣股市投資人的信心也因受到衝擊而動搖，於是股價開始下挫。不過，由於台灣經濟基本面良好，且政府對股市不斷作多，釋放振興股市措施，股價於1998年2月又回到9,000點以上。東亞金融危機發生後，東亞各國經濟嚴重衰退。因新台幣貶值幅度相對東亞各國為輕，致使台灣出口東亞各國也嚴重萎縮，1998年台灣經濟一季不如一季，本土型企業財務危機因而爆發，這些現象馬上反應到股市，使股價嚴重下挫，於1999年2月下降到5,422點。台灣股價重挫的原因約為：

1. 受東亞金融危機之波及，經濟轉為衰退：

受東亞金融危機的影響，1998年台灣經濟逐季變差，全年貨物出口下降9.4%。由於出口減縮，工業生產便受到不利影響，GDP成長率也降為4.6%，失業率上升到2.7%，為1999年以前，近15年來最差的整體經濟表現。

2. 本土型企業財務危機，股市的地雷效應與骨牌效應：

因經濟衰退，股價滑落，企業財務危機於1998年8月底之後陸續爆發，先是萬有集團在8月發生跳票事件，接著9月上櫃的

東隆五金發生公司負責人挪用公司資金護盤失利而違約交割。10月有國融企業、羅莎食品、駿達建設等公司跳票，而安峰集團的跳票與新巨群集團的財務問題更凸顯企業財務危機的嚴重性；11月的禾豐集團、漢陽集團與廣三集團的跳票與違約交割，有較多的上市公司受到牽連，上市的台中精機公司也於11月爆發財務危機，在12月仍有櫻花集團、美式家具與環隆電氣等公司繼續發生財務危機。到1999年初仍有企業發生財務危機事件，但件數已在減小，到4月時雖有零星企業經營不善，但台灣整個產業已漸形穩定。

　　政府的政策，除對企業採取紓困措施，調降重貼現率與擔保放款融通利率，以及降低存款準備率外，對股市實施連續性的穩定措施，力圖使股價維持在7,000點以上。8月24日萬有集團事件爆發，股價下跌255.62點，收盤價為6,957.75點，7,000點失守；政府於8月25日宣布四項股市穩定措施，力挽狂瀾，然而股價還是節節下降；9月3日又大跌220.3點，股價跌到6,251.38點，此時政府又宣布三項股市穩定措施，股價終就從谷底回升。由於企業財務危機發生的家數實在密集，不斷地衝擊股價，11月10日又大跌145.1點，11日再跌157.51點，股價跌至6,654.79點，政府於12日推出五大振興股市措施，其中包括成立穩定股市專案小組，進場護盤，使股價強力反彈，又一次發揮政策的短期功效。無奈股市的持續低迷，於12月24日回跌到6,683點，25日政府宣布四項穩定措施，但卻未能使股價回升，1999年1月底反而跌破6,000點，2月4日又爆跌228.97點，2月5日再繼續下挫，盤中最低來到5,422點，收盤價為5,474.79點，此為本土性企業財

務危機發生以來的最低股價。

爆發本土性企業財務危機之企業,大都是上市或上櫃的公司,其財務危機的發生會衝擊到股價,其中就有「地雷效應」與「骨牌效應」。遭遇財務危機的公司,被視為「地雷股」,賣單湧現,買單縮手,其股價直直落是必然結局。政府處理方式之一,就是盡早將其變更為全額交割股。按理,某一企業發生財務危機,所產生的影響應為其本身與其有業務往來的企業,然而在台灣一些企業負責人熱中於股市投資,又以所投資的股票質押,充分發揮財務槓桿;而企業間也盛行交叉持股、策略聯盟或為集團之成員。若對企業財務危機處理不當,骨牌效應就會產生,且會演變成市場的系統風險。在1998年8月之後,尤其在9到12月之間,企業財務危機的發生,不是零星的現象,而是聚集連續的發生,風暴儼然形成。政府對股市的作多與政策性的護盤,就是在於能免除「骨牌效應」的產生。

本土性企業財務危機的爆發,對股價確實產生衝擊,即使政府採取許多穩定股市措施,股價長期走勢還是持續下挫。政府措施所發揮的功效,只不過是短暫的。要想避免對股價的衝擊,即不要有企業財務危機事件的發生;若免不了要發生,也應讓其獨立,立即處置,不要產生波及現象。

三、政黨輪替、經濟蕭條、金融危機與股市重挫

二十世紀末,若遇股市重挫或低迷時,政府就會強力作多,對股市護盤。1999年2月農曆年後開市,在政府強力作多的政策激勵下,股價持續走揚。同時經濟又呈復甦景象,股價於2000

年2月17日達最高點10,202.2點，這是台灣股價第三次攀升到萬
點以上的行情。後因執政政黨輪替，財經政策不明與搖擺不定，
再加上景氣衰退，銀行逾放比率攀高，股價盤跌到2001年10月3
日的最低點（3,446.26點），跌幅為66.2%。這次股價的重挫是可
觀的，跌掉了6,756點，幾近為最低點的倍數，使得許多傳統產
業的公司股價變為「水餃股」或「雞蛋股」。

（一）股價攀上萬點之理由

　　在政府強力作多的激勵下，1999年2月農曆年過後的股市開
市，股價便開始攀升。同時台灣經濟呈復甦景象，而電子、資
訊產業蓬勃發展及出口暢旺，股價又呈上揚走勢。2000年初為
台灣第二次總統民選，執政黨強力作多，股價便於2月17日來到
最高的10,202.2點，漲幅為86.35%。

（二）股價嚴重下挫之原因

　　2000年的總統選舉，民進黨獲得政權，因無執政經驗，政
策搖擺，朝野對立，對股市產生不利影響，雖然2000年經濟成
長率有6%，比1999年的5.4%來得好，但12月27日的股價卻來到
全年的最低點4,614.63點。2001年為台灣50餘年來經濟表現最差
的一年，縱然政府傾全力護盤，也無任何具體成果，股價於10
月3日跌到3,446.26點，跌幅高達66.2%。股市年成交值，也由2000
年30.5266兆元減縮到2001年18.3549兆元，減幅為40%。有關股
價嚴重下挫的原因，大體為：

　　1. 執政黨執政經驗不足，朝野嚴重對立：

　　陳水扁於5月20日就任總統，民進黨首次執政，籌組中央政
府，由於新政府經驗不足，各部門缺乏橫向協調，致政出多門，

政策粗糙；復因意識形態濃厚，朝野對立激烈，尤以核四停建復建案最為嚴重。朝野的對立，消耗國家資源，政治上的惡鬥，反而成為台灣社會最大亂源，影響經濟正常運作，也使股市處於低迷狀態。

2. 經濟嚴重衰退：

2000年經濟雖有6%的成長率，但2001年的經濟卻是壞到透頂，經濟成長率為負的2.18%，為台灣50餘年來經濟表現最差的一年，而失業率也攀升到5%以上。經濟的蕭條，反應在股市上，股價當然重挫，股價跌到4,000點以下乃是反應經濟的蕭條。

3. 金融業浮現嚴重問題：

1998年本土型企業財務危機爆發後，國內金融機構的資產品質逐漸惡化，逾放比率也節節高升，全體金融機構的逾放比率於2001年曾高達8%以上，而基層金融機構的逾放比率更高，潛在的金融危機隱隱浮現（見第九章）。金融業原本就是股市中重要的產業，金融業的危機，當然就會拖累股價；更何況，因金融業危機，產生信用緊縮現象，如此更加深了經濟蕭條。

4. 網絡股泡沫化：

台灣股市，電子產業所占比重高，因而電子產業的榮枯對股價的高低影響甚大。國際間網絡股的泡沫化，造成股市大跌。美國那斯達克（Nasdaq）的股價從5,000多點重挫到1,500點以下，而台灣股市與美國那斯達克相關性高，標竿性的股市已重挫，當然就會受到波及而挫殺。

由上述對台灣股價於泡沫或嚴重下挫所做分析，得知股價的起落非常驚人，動不動就有一倍以上的漲幅，或有腰斬的跌

幅，甚至腰斬再腰斬，處處呈現濃厚投機味，也顯示出對股價的過度反應。台灣股市的全民運動與追高殺低的作風，好似一個賭博場所，這就是台灣股市的特徵之一。

第二節　股市泡沫與金融體系

　　股票市場是資本市場之一，而資本市場為金融體系中重要市場，它是企業家籌措資金的主要管道，也是資金剩餘者主要投資理財管道。健康的股票市場，有效率地運用與分配資金，更能促使經濟發展。股市產生泡沫，基本上就是不健康的市場，因而把它當作資金的籌措與有效運用的管道，是有缺陷的。股市泡沫反而傷害了股市功能。

　　股市泡沫的吹起，與金融體系有關。吹泡沫，必須要有充分的氣才行，吹股市泡沫所需的氣，就是資金。哪一次股市泡沫的吹起或股市牛市大行情，與貨幣供給大幅增長無關？都因貨幣供給大幅增長，尤其是M_{1b}的大幅增長，造成資金行情，讓股價狂漲。股市泡沫破滅，也與金融體系有關；此時金融機構反而成為受害者，因其質押的股票價值嚴重縮水。股市泡沫與金融體系的關係，臚列分析如下：

一、股市信用交易，偏向融資交易

　　台灣股市的交易，除現金交易外，也可信用交易，信用交易的種類包含融資、融券與當日沖銷。法人無法進行信用交易，信用交易的主體為自然人，即散戶，而台灣股市的交易額散戶

所占比例高達8成，而在散戶的交易中，自1990年以來，約有一半是利用融資融券與當日沖銷來進行的。股市中，信用交易所占比例高過4成，2004年約保持3成。信用交易對股市的影響，除可活絡交易與流動性外，對股市具有助漲助跌的作用，使股市波動變大。助漲時，融資金額放大，增加市場需求，使股價進一步上揚；助跌時，融券張數放大，增加市場供給籌碼，甚至因股價重挫，融資戶無法補足差額，斷頭的賣壓會使股價繼續探底。

融資的信用交易，係指散戶買股票時，向證券商或證券金融公司借貸，並以所買的股票質押，借貸的多寡就有成數上的設定。台灣散戶買賣股票，較偏向融資交易，因如此的交易具有財務槓桿作用，可擴大購買數量。「表7.3」列出從1995年以來年底融資餘額，從表中得知，即使在股市低迷期間，融資餘額仍可維持2000億元以上；在交投熱絡時，可高攀到4000億元以上。散戶交易融資的借貸，當然來自金融機構的資金，因而泡沫的吹起，確實與金融機構提供資金有關。

表7.3 台股融資餘額 單位：億元

年底	融資餘額	年底	融資餘額
1995	2923.1	2000	1955.6
1996	3730.9	2001	2034.3
1997	4298.9	2002	2202.6
1998	4556.1	2003	2734.7
1999	1955.6	2004	2625.7

資料來源：證券期貨局，《證券市場重要指標》。

股市泡沫破滅時，股價當然會重挫，融資戶有所謂擔保維持率的問題。股價重挫，融資戶的擔保維持率亦隨之下降，若低於政府規定的成數，就須及時補足自備差額，金融機構為保障其債權，未補足者就會遭受斷頭賣出。有時，斷頭賣出，不見得能成交，若股價繼續探底，金融機構對債權的主張就無法完全實踐，金融機構就有壞帳的產生。

二、企業過度介入股市，操作財務槓桿

1980年代台灣股市泡沫，大都是盲目追高的散戶遭受嚴重損失，企業受牽連的倒不多；但1996年以來的台灣股市，就有些許企業與其負責人過度介入股市，他們或因本業長期不振（大都為營建業）、或因借殼上市、或因交叉持股、策略聯盟、或為集團成員，更甚者，企業負責人挪用公司資金或資產，在股市上大玩財務槓桿的操作。他們藉增資方式，或向金融機構、丙種金主質押股票取得融資，將股價炒高，如此一來，不但可吸收投資者認股，也可向金融機構融資更多資金。財務槓桿不斷放大，融資金額亦不斷增高，因東亞金融風暴的衝擊，股價墜落，便進行護盤，終將發生違約交割，股市地雷引爆，同時也使金融機構的台中中小企銀、中央與宏福票券金融公司發生擠兌風波。發生股市違約交割的企業集團包括新巨群、順大裕、廣三集團、國揚實業、國產汽車等，它們向金融機構融資的部分，便成為金融機構的壞帳。

地雷股炒作資金的來源，包括向銀行借貸、大股東或企業負責人以其資產、股票質押、利用信用交易以融資方式擴大財

務槓桿、向丙種金主借款與辦理現金增資、挪用公司資產及現金等。地雷股引爆後，無論以企業或其負責人名義向金融機構以股票質押的借款，都遭受嚴重資產縮水的衝擊。

其實，企業股票質押是非常普遍的。就1998年底，董監事質權設定股數占董監事實際持股之比率超過一半之公司，在上市公司中有1/4以上（見葉明峰，2000）。由此可見，在國內企業中，大股東以股票質押來籌措資金，是何等普遍。

三、政府對問題企業的紓困措施

1998年國內企業，或因過度介入股市、或以短期資金支應長期投資、或因多角化經營而過度擴張、或以政府力量從公營行庫借貸發展大型企業、或因負責人挪用公司資產與資金等，接二連三爆發企業財務危機。它們因周轉不靈或跳票或違約交割，債留給金融機構，危及金融體系。當危機發生後，政府不得不出面解決，成立紓困小組，提出紓困方案，如展延債務、對企業勿採信用緊縮、逾放壞帳認定與提列沖銷可延長半年、爲求股市穩定與對企業紓困而要求金融機構護盤買入股票等，如此都會影響金融機構資產負債管理，也損及其自主性，更使不良企業利用政府善意，採行脫產賴債之不道德行爲。

四、股市7,000點保衛戰的後遺症

台股股價7,000點是最低點嗎？無論從學理或實務上，都缺乏根據，預設價位是沒有意義的。股價高低的決定因素是複雜的，除心理面、籌碼面、訊息面外，基本面是最重要的。基本

面不好，股價怎能保衛得住？股市7,000點保衛戰，就說明股價脆弱的一面；若7,000點是底部，何須保衛？其意易懂。因股價最終跌到6,000點以下，甚至在2001年時低到3,446點，進場保衛者都遭套牢的命運。唯在3,446點進場者，都獲解套。

五、股市穩定基金有被套牢的風險

　　二十世紀末與二十一世紀初，當股市重挫或低迷時，政府大都會提出振興股市措施，採取股價穩定方案，如調降存款準備率、降低利率等，其中與金融機構關係最密切的，莫過於護盤基金。

　　政府認為一筆龐大的護盤基金，具有穩定股市作用，運用此筆基金進場護盤，會使股價止跌回升[7]。於1998年11月12日，財政部成立穩定股市專案小組，以三個月為運用期限，該小組成員包括公營銀行、民營銀行、郵匯儲金、勞退及勞保基金、公務人員退撫基金、保險公司等。投入股市額度為2830億元，由這些成員分攤。同時規定各機構自行決定進場時機與選股標的，沒底線，也沒預定目標。由股市專案小組所籌劃的股市穩

7　此種構想主要來自1995年夏季李登輝總統訪問康乃爾大學，引起中共反彈，造成兩岸情勢緊張，股價暴跌至4,000點左右。為挽救股市，政府曾將郵儲基金、勞保及勞退基金等投入股市，使股價節節上升。當時台灣股市規模尚小，經濟基本面很健康，導致股價卜跌，僅是一個因素。現在股市不振原因較多，在東亞金融風暴籠罩下，出口衰退，營建業陷於困境，累及金融機構，況股市規模已數倍於三年前，仍想用基金拉抬股價，風險性奇高。

定基金，先由10家公營銀行提撥360億元，23家民營銀行提撥270億元，共計630億元，進場護盤。規定各銀行每天須向金融當局申報買進金額及數量。無奈，股價仍處於低迷狀況，1998年12月25日，財政部又採取四項措施，包括：(一)金融機構爲護盤所買入的股票，可列爲長期投資，不必在今年年底結帳時，反映在損益表上，以增加其進場護盤的意願；(二)1998年6月4日財政部曾宣布，銀行承作以股票爲擔保品的放款，因股價變動質押值低於債權額，但市價仍高於債權額者，銀行得不追補抵押品，且半年內(即12月4日以前)不列爲金檢損失。此項措施繼續延長半年，以減緩股市賣壓；(三)11月12日所成立的穩定基金護盤小組，統一由中國商銀董事長指揮，並分配各成員進場護盤的額度；(四)各大型行庫應以充裕資金，供應證券金融事業，以增加市場買氣(見于宗先、王金利，1999a)。這四項措施都是出自於政府的行政命令，以行政干預金融機構營運，會影響到金融機構的資產負債管理。

股市7,000點保衛戰與股市護盤基金，都使金融機構進場所買入的股票慘遭套牢。

第三節　股市泡沫破滅後的省思

台灣自1962年正式建立股市，迄今已有40多年的歷史。在其發展過程中，曾爆發三次股市泡沫破滅現象，其中以1990年所發生的一次最爲嚴重，其他兩次分別發生在1998至1999年和2001年。每次股市泡沫形成後，一般股民都興高采烈，盲目追

高；當泡沫破滅後，他們多被套牢，傾家蕩產或痛不欲生，也會將台灣經濟帶入一個低迷不振的境地。

台灣股市之發生泡沫現象，有其獨特原因，這三次股市泡沫破滅的慘痛經驗，也爲一般股民提供了活生生的教訓，使他們從不理性地孤注一擲漸變爲較理性的選擇。但執政當局卻從袖手旁觀變爲救火大隊，相信它那隻看得見的手能使股市振衰起敝。

股市本爲資本市場最重要的一環，業者憑經營績效，從股市獲得所需要的資金，而社會大眾也獲得投資選擇的機會。可是在台灣股市發展過程中，發行股票的業者，爲了抬高股價，往往隱瞞經營眞相，誤導投資大眾的信託；而一般投資大眾多不視買賣股票是一種投資行爲，而是將其視作賭注。這種現象在1990年代以前最爲流行，而1990年代以來，多少有了些改善，但尚未達到正常狀態。

俗語說：「前事不忘，後事之師」。1990年股市泡沫之發生是由於超額儲蓄所造成。當時外匯存底大量累積，每年出超亦大，而民間儲蓄率亦高，在資金充裕、但無適當出路的情況下，大量資金流向股市，於是股價爲之狂飆；流向房地產，房地產價位爲之暴漲，而且這兩種市場又相互支應，便形成史無前例的泡沫現象。這種現象不但印證「物極必反」的道理，更告訴我們累積大量資金，不做有效運用，無論對家庭或對國家，均會產生不良後遺症。1998至1999年股市泡沫之發生，一方面台灣企業受了東亞金融風暴的影響，外銷不振而經營失利；另方面，部分業者過度操作財務槓桿，首先導致本身的財務危機，

然後波及股市，乃形成股價暴跌的現象。業者之慣用財務槓桿，虛胖業績，如同買空賣空行為一樣，一遇景氣欠佳，這種企業首先倒閉。2001年股市泡沫之發生，則是因為美國新經濟（高科技產業）的泡沫破滅，直接衝擊到以出口美國為導向，且過分依賴高科技產業的台灣經濟。高科技產業的快速成長曾造成台灣股市的「牛市」，後因接單生產，受到庫存過多影響，造成滯銷，而產生的「熊市」。這次的教訓是：任何一種產業都有它的循環現象，美國業界沉湎於新經濟的碩果，認為科技會使報酬遞減率失效，而經濟循環不復存在。至於台灣業者，由於OEM和ODM的限制，失去自動推銷、分散市場的能力，也只有承受高科技業發生泡沫現象的後果。

對於股市泡沫現象之發生，業者、一般散戶投資者及政府都不能辭其咎。就業者而言，喜歡將短期資金充當長期投資之用，從事彼此不相干的多角化經營，且又過度擴張；利用政治壓力，由公營行庫貸到大量資金；對於財務報表，誇大收益，隱藏損失，使收益比虛胖，蒙蔽股民，同時慣用內線交易，占盡先機。就一般散戶而言，多對股市缺乏正確認識，認為進入股市，即可一夜致富；盲目地「從眾行為」十分普遍，導致「逢高追高，逢低殺低」的不理性行為。更不理性的散戶，當股價指數已上萬點，認為仍有賺錢機會，乃利用借款，購買大量股票；一旦股價大幅下跌，便被套牢，不傾家蕩產者幾希！就執政當局而言，當股價連續下跌時，深怕發行股票的業者倒閉，產生「骨牌效應」，影響員工基本生活，便經常採取「概括承受」的措施，拯救那些奄奄一息的業者，卻忽略其所引發的「道德

危機」，致使發行股票的業者和購買股票的散戶心有所恃，認為
一旦金融危機發生，政府會為其善後。近年來，政府更利用四
大基金護盤，甚至成立金融安定基金應付「非常時期」的股市
波動。很不幸的，2001年以來，由於兩岸關係惡化，政局動盪
不安，曾使股價跌落過大，且迄無起色，四大基金以及金融安
定基金乃全被套牢。如果股價指數升不到7,000點，這些基金翻
身的機率就很低。事實上，這些基金，除金融安定基金外，均
有其特定用途，非屬政府所有，如果股價一直維持六千點以下，
這些基金的原有功能便被廢掉了。

　　無論如何，要健全股市，免蹈泡沫化的厄運，亦需股市投
資大眾、發行股票的業者及政府共同努力。股市投資大眾應徹
底摒除盲從的「從眾行為」，對於股市的基本面應有正確認識，
對於發行股票的業者之財務狀況也應有所了解，方不致為本益
比過高的股價所迷惑、所誤導。其實，發行股票的業者在股市
中居關鍵角色。今後應積極建立公司治理機制，使財務透明化，
讓投資大眾有正確的了解與選擇。政府的角色既不是股市的保
母，也不是股市的救火隊。台灣的股市已有40多年的歷史，它
應該健全起來去因應全球化帶來的衝擊，政府的責任是為股市
提供一個安定的政治環境與治安良好的社會環境。尤其對海峽
兩岸的關係，必須維持和平與交流的局面，否則，要使台灣股
價恢復到8,000點以上的局面，則是件極為困難之事。

第八章
金融危機與金融改革

第一節　問題金融機構與金融危機

一、問題金融機構的意涵

　　一家金融機構之所以會成為問題，焦點應在無力償付（insolvency）上。金融機構也許在經營、業務、組織、人事或財務上有些問題，但這些都是影響不大的小問題，如多支付給提款者數十萬元，或分行經理職位變動等。這類問題易於解決，不會變為大問題，也不會動搖該金融機構的根基。該家金融機構即使有如此的「問題」，也不至於變成為「問題」金融機構。它們之所以成為問題金融機構，就是償付能力出了問題，最顯著的現象就是存款者來提款時，卻無錢可提，或害怕到期提不到錢，乃提前趕來提錢，後者曾於1990年代後期在台灣陸續發生過。一家金融機構為何會發生償付能力問題？其原因很多，或因經營不善，或因財務惡化，或因違規營運而被發現，或因

重大舞弊案件等,可說不一而足。

在文獻上,對問題金融機構,並沒有明確的定義。各國在建構金融預警系統時,就有問題銀行(troubled bank)的認定標準。美國聯邦存款保險公司(Federal Deposit Insurance Corporation, FDIC)對問題金融機構的認定,係指目前或未來可能立即發生財務困難,需財務援助者。此種認定也是關係到償付能力問題。另按美國金融機構統一評等系統的認定,凡CAMELS評等等級在第四級與第五級的金融機構屬之;所謂第四級,係指該金融機構處於不安全與不健全的狀態,致在財務或管理方面,出現嚴重缺失,須及時採取有效改善措施,否則將危及其存續;第五級的狀態,係指該金融機構處於極不安全與極不健全的狀態,若繼續經營,須及時給予財務援助。依CAMELS評等等級的認定,也是繫於償付能力的問題上。英國金融預警系統對問題金融機構的認定為:凡違反安全性、流動性及外匯持有風險比率限制,須加強監理,促其改善者;而西德與日本的認定方式,也是從安全性與流動性上著手。金融機構若產生安全性與流動性問題,主要牽連到償付能力,且有無力支付之虞(見蔡進財,2000;李滿治等,2001)。

在台灣,銀行法中對問題金融機構並沒有加以定義。依該法第62條規定,銀行因業務或財務狀況顯著惡化,不能支付其債務或有損及存款人利益之虞時,基於金融安全的考量,行政權予以介入。依此,金融機構若有無力支付之虞,理當視為問題金融機構。

綜合上述,所謂問題金融機構,可定義為:凡金融機構有

違規營運或經營不善之事實，致發生經營危機，而有無力支付或停業之虞者，除非立即採取有效改善措施或提供財務援助，否則短期內極有可能會倒閉（見蔡進財，2000；李滿治等，2001）。

　　一家金融機構若變成問題金融機構，很有可能會產生擠兌或異常提領的現象。即使是一家財務再健全、現金再充裕的金融機構，也經不起擠兌的，更何況是一家問題金融機構。一家問題金融機構的擠兌，若處理不當，也許會產生系統風險，造成區域性或全面性的擠兌，此時問題就非常嚴重，因而各國對問題金融機構都給予極度的重視。

　　從倒閉的金融機構事件中可發現，問題金融機構通常具有下列特徵：(一)淨值變為負數；(二)巨額不良資產；(三)放款風險集中；(四)內部控制不佳；(五)存款利率偏高；(六)貸款利率居高；(七)管理與經營不具效率；(八)惡質的企業文化（見李滿治等，2001）。台灣在1990年代後期所發生的問題金融機構，其特徵大致上與上述相符合。

二、問題金融機構的形成因素與處理措施

　　問題金融機構的形成，有內在與外在因素，內在因素來自於金融機構本身的營運欠佳、管控失當與違規舞弊等因素；外在因素係因整個經濟環境變遷、經濟波動與結構調整、甚至政治力干預等因素的衝擊所致。

(一)外在因素

　　1. 因經濟波動，在經濟反轉為衰退時導致經營產生風險：

　　經濟循環在資本主義社會是不變的定律，但循環期間與幅度甚難預估。經濟處於繁榮時期，銀行對評估貸款者信用可能過於樂觀，一旦景氣反轉，企業獲利會下滑，失業人口會增加，資產價格會降低，如此將導致銀行呆帳增加，擔保品價值重挫，資產品質惡化，導致經營風險的形成。在台灣，2001年經濟為負成長，就是最好的例子。

　　2. 資產價格的泡沫化：

　　過於依賴抵押與質押的貸款，而抵押與質押的標的又是不動產與股票時，這些資產價格的泡沫化，就會導致擔保品價值的重挫，不足以抵償貸款額度，呆帳因而產生。在台灣，房地產市場的不景氣已持續十多年了。股市行情常發生股價腰斬再腰斬的情形（見于宗先、王金利，1999a；于宗先、王金利，2003a）。資產價格的持續低迷現象，會造成金融機構資產品質的惡化。

　　3. 金融自由化導致競爭加劇：

　　1990年代，政府不但開放16家民營銀行設立，又放寬分支機構的設立，金融機構經營因如此高的同質性，且新加入的競爭者劇增，業者經營環境當然變差。為求業績，乃使利差縮小，開挖邊際客戶，乃使營運風險增加。另一方面，銀行分支機構大量增設，相互競爭激烈，從而壓縮區域性基層金融機構的生存空間。通常基層金融機構規模小，風險分散不易，復以競爭加劇與景氣低迷，再加上經營不善與人謀不臧，較易發生經營風險。

　　4. 監理制度的不周延：

在金融自由化推動之同時，未能健全金融監理體制，強化金融紀律，致有關紀律的規範不完備、不周延，讓一些不肖業者有機可乘，或存僥倖心態，鋌而走險。由於監理體制不健全，監理分業，金檢分工，事權未統一，檢查權與處分權分離，乃造成監理效率不彰（見第五章）。

(二)內在因素

1. 經營不善與財務管理不佳：

金融機構的經營與財管，應以安全為基本要求。經營不善與財務管理不佳的現象，包括存款利息的支出大於放款利息收入，從事高風險高利潤之業務，負債管理持續擴大，造成流動性與外匯部位不對稱的風險（見李滿治等，2001）。

2. 缺乏內部控制與稽核：

內控不良是問題金融機構產生的最大原因。為何會產生內控不良？一是沒有內控與稽核的規範，另者是在地方派系掌控下，內控與稽核的規範如同虛設，根本發揮不了作用。依蔡進財(2000)所指，內控重大缺失計有：監督管理不周，權責劃分不清，未能充分認知及評估業務風險，內部關係人授信核貸鬆散，未能建立健全的信用風險管理制度，向上呈報管道阻塞致溝通不良，稽核功能不彰，管理作業不周延，會計制度、資訊揭露均有瑕疵，以及績效管理誘因遭扭曲等。

3. 組織不健全，派系鬥爭，人事傾軋：

基層金融機構，尤其是農、漁會信用部，均設在基層農會或漁會之下，選舉問題與派系鬥爭，不但扭曲信用部的正常業務，也影響組織的穩定與存款者之信心。

4. 詐欺與內部舞弊：

金融機構的經理人員與行員，利用職務之便，謀取私人利益，或從事內線交易，違規犯紀；或利用人頭，做不實記載，在內部控管制度不健全下，所涉及的詐欺與舞弊等弊端，一旦被揭露，便會動搖該金融機構的根基。

(三)處理措施

問題金融機構一旦發生，就是產生無力償付問題，若消息走漏，存款人信心動搖，擠兌接踵而來。依銀行法第62條規定，銀行因業務或財務狀況顯著惡化，不能支付其債務或有損及存款人利益之虞時，得勒令停業並限期清理、停止其一部業務、派員監管或接管、或做其他必要之處置，並得洽請有關機關限制其負責人出境。

一般而言，問題金融機構的處理機制，有裁量權式（discretionary）與規則基礎式（rule-based）兩種，而大都以後者爲主。在明訂處理規則下，如以資本適足率分等級爲適足（低於10%）、不足（低於8%）、嚴重不足（低於4%）與極度不足（低於2%），則監理處理手段也從預警到逐步增加監理措施，如監控、限制業務、重建計畫、強制增資、指派董事及管理者等；若財務繼續惡化，則實施監理干預，如監管、接管、勒令停業、指派清理人等。

在台灣，對問題金融機構的處理措施，各年代是不同的。1970年代，因問題金融機構規模小，出問題的農、漁會信用部採取合併方式解決。1980年代，出事的信用合作社卻由大型行庫概括承受。中央存款保險公司營運後，參加存款保險的金融

機構若變爲問題金融機構時，由存保公司進駐輔導或監管、接管；未參加存保者，由政府安排大型行庫概括承受，或以低利融資促成合併；無法合併者，繼續輔導或整理。1999年起，台灣實施強制性存保制度，問題金融機構便由存保公司進駐輔導，或監管、接管（見蔡進財，2000）。有關對問題金融機構的各類處理機制，我們扼要陳述之。

1. 概括承受：

概括承受，是台灣處理問題金融機構獨有的方式，用的時間是最長，用的頻率也是最多。所謂概括承受，就是依民法第305條規定，由健全的行庫將問題金融機構的資產負債與營業全予以承受，被承受機構的存款人與債務人，因承受行庫完全承受被承受機構的權利及義務，而獲得完全保障。

2. 停業清理：

對財務上喪失償付能力的問題金融機構，爲避免道德危機與維護信用秩序，最適當的處理措施就是勒令停業並限期清理。一般而言，金融法令都具有公法性與強制性，而金融機構的營業是經主管機關之許可，依法，主管機關也擁有撤銷許可之權。金融機構一旦喪失償付能力，不依據破產法宣告破產，由主管機關勒令停業並限期清理。

3. 提供財務援助：

提供財務援助，有兩種不同的類別，一爲在有繼續經營價值的前提下，緊急援助，讓其度過難關，解決流動性危機；另爲促成合併的財務援助。前者所給予的援助，監理機關應掌控其資金流向，必要時可配合其他措施，如強制增資、撤換負責

人等。

4. 限制業務：

為避免財務繼續惡化，導正業務經營，監理機關可對問題金融機構停止部分業務的處分，如停止對利害關係人無擔保的授信業務，限制以高於市場利率吸收存款等。

5. 監管或接管：

金融機構的監管或接管是重大事件。因於該機構財務與業務的顯著惡化，主管機關以公權力介入方式，導正其業務，改善其財務。二十世紀末的台灣金融業，政府曾多次派員監管或接管問題金融機構。政府頒布「金融機構監管接管辦法」，規範監管人或接管人的指派、職務範圍、運作程序、處置事項、監管或接管的費用負擔等，以利執行。

6. 派員輔導：

對問題金融機構派員輔導，是在業務與財務未惡化到不能償付之前的作為。有效的輔導，應注重個案的特殊性，組成輔導小組，訂定輔導計畫，明訂輔導期限，屆滿時，評定結果；在派員輔導期間，評估財務發現有繼續惡化傾向時，應終止輔導，另議其他對策。

7. 購買與承受交易：

購買與承受交易，是指存保公司以清理人身分，取得倒閉金融機構資產與負債後，再將所有存款、負債與優良資產等移轉給承受銀行。如此作為，可使倒閉金融機構的服務不中斷，免除存保公司對存款人理賠的責任等（見李滿治等，2001）。

三、問題金融機構與金融危機的關聯

金融危機是指一國金融體系發生不穩定的現象，甚至有體系崩潰之虞。造成金融危機，據國際貨幣基金（IMF，1998）的研究，主要涵蓋三大類型：通貨危機（currency crisis）、外債危機（foreign debt crisis）與銀行危機（banking crisis），而銀行危機就是直指問題金融機構，亦即指金融機構經營與財務的危機。

銀行危機的發生，是指銀行發生或即將發生擠兌，或資產品質嚴重惡化，導致償付暫停，或政府提供大規模金援紓困之謂（吳懿娟，2003）。銀行危機發生的認定，Goldstein等人（2000）認為，政府干預或銀行關閉家數最多時為銀行危機的最高峰。Demirguc-Kunt與Detragiache（1998，1999）採用下列指標來判斷銀行危機的發生：（一）銀行體系的逾放比例超過10%；（二）紓困成本超過GDP的2%；（三）銀行部門發生問題，導致大規模的銀行國有化；（四）許多銀行發生擠兌，政府採取凍結存款或暫停營業等緊急措施，或提出存款保證。Caprio與Klingebiel（1996）將銀行危機分為系統性與一般性兩種，前者是指當體系中大部分或全體銀行資本耗用殆盡時；後者是指產生顯著問題的銀行，如擠兌、清算、合併或政府接管等（見吳懿娟，2003）。綜合上述得知：在某時刻或某期間，數家（或全面）金融機構連續發生嚴重問題，如擠兌或接管，或整體金融體系產生資產品質惡化，便是發生了銀行危機。問題金融機構的連續發生，或全面性的發生問題金融機構，都是銀行危機所涵蓋的範圍，這便是金融危機。

　　一家金融機構發生問題，可視爲獨立事件，不會危及整個金融體系，不造成金融危機。數家金融機構連續發生問題，是系統性風險，整個金融體系的危機浮現。在此情況，謀求金融紀律的整飭與金融秩序的穩定，便是當務之急；接踵而來的，是金融改革，期在謀求一個健全的金融業，發展經濟，福利民生。金融改革是一項艱巨的金融再造工程，二十世紀末台灣金融風暴後，便展開一系列的金融再造工程，到2005年仍在進行中。

第二節　問題金融機構、金融危機與處理機制

一、1980年代問題金融機構與處理機制

　　1980年代，台灣發生四起問題金融機構，分別爲1982年8月的亞洲信託投資公司，1985年2月的台北市第十信用合作社，3月的國泰信託投資公司與9月的華僑信託投資公司。對這四起問題金融機構的發生原因與處理機制，扼要陳述如下[1]：

(一)亞洲信託投資公司

　　該公司爲何會變成問題金融機構，主要係將資金過多投資於不動產上，資產流動性低，同時以高利吸金，負債沉重，又對關係企業巨額貸款，不良資產偏高。擠兌的發生，係經媒體

　　1　本內容主要參考曾國烈等十人(1996)所著的《金融自由化所衍生之銀行監理問題探討：美、日經驗對我國之啟示》一書，頁601-606。

披露該公司淨值僅為1億元，財務狀況差而造成，在不到一周期間，投資者提領存款67億元。

政府對該公司的處理措施，在擠兌發生時，先緊急財務援助，以平息擠兌，接著便展開財務與業務改善計畫。中國國際商業銀行以特別股股東投資該公司2億元，並以股東身分派員代管經營，嚴控資金流向，改善資金結構，催理不良資產與授信，改善違規事項。1988年9月原經營者承諾分散股權，辦理現增，新投資人納入董監事中，財政部同意代管經營終止，由該公司原主要股東買回特別股，結束5年4個月的代管經營。

(二) 台北市第十信用合作社

該社之所以為問題金融機構，係負責人知法犯法，公器私用，金庫通私庫，而監理事權不一，未能及時採取措施予以整飭，負責人有恃無恐，變本加厲。擠兌的發生，此案係中央銀行金檢處會同財政部組成專案小組，突擊檢查該社，發現庫存現金短少7.5億元，經媒體報導，關係企業國塑職工存款開始發生擠兌，隨即該社也出現大量存款人擠兌現象，存款金額提領約百億元。

政府對該社的處理措施，先暫停放款業務三天，同時由合作金庫給予緊急財務援助，並派員全面進駐總社與分社，一者檢查蒐證，另者嚴控資金流向。停業三天，約被提領66億元，該社存款大量失血，緊急召開臨時理監事會議，依財政部旨意，決議委託合作金庫代為經營，直到改善為止。該社經此風波，信用盡失，實難以正常營運，風波後的20個月，由合作金庫概括承受該社的資產負債。如此處理機制，開啟了台灣對問題金

融機構概括承受的一扇門。

(三)國泰信託投資公司

該公司為何成為問題金融機構，主要係將資金過多投資於不動產與證券，同時授信集中於主要股東的關係企業上，流動性低。因受1985年2月十信的波及，投資人對該公司信心動搖，擠兌因而發生，被提領金額約200億元。同時，由該公司保證的商業本票即將到期，無償付能力，該公司主動請求政府處理。

政府對該公司的處理措施，由交通銀行、中央信託局與中國農民銀行合組銀行團，以第三者地位進駐，代為經營。銀行團接管後，即清理該公司的資產負債，政府並要求負責人開立百億元個人支票，以個人財產填補公司虧空，又將其股權全移轉分散給新投資人。1988年9月改選董監事，完成該公司的改組，同年11月與銀行團終止委託經營，由新組成的董事會自行承接營運。

(四)華僑信託投資公司

該公司之成為問題金融機構，主要係經營能力不足，而授信又多集中於股東的關係企業。金融檢查時，發現不良放款達70億元，累積虧損達59億元，財務結構不佳。為免於惡化，財政部主動予以處理。

政府對該公司的處理措施，要求「先減資，再增資」。在減資方面，將資本額減低到1%之水準，再由世華銀行對該公司投資5億元，以最大股東身分，取得經營權，原董事長等原有股東的權利與身分皆於減資過程中喪失。

上述四起問題金融機構的發生，皆與負責人違規營運，將

金庫變爲私庫而對其關係企業大肆授信有關。政府基於金融穩定的考量，與保障投資人與存款人的權益，先對這些問題金融機構緊急融通，平息擠兌，是無庸置疑的；但善後處理對經營權的歸屬卻有不同的結果：有些被迫讓出經營權，另有些仍可保存經營權，同樣的狀況，卻有兩樣情。亞洲信託投資公司的原股東保存經營權，國泰信託投資公司的主要股東以出售股權方式喪失經營權，而華僑信託投資公司的原股東以減資再增資方式喪失經營權，十信以概括承受喪失經營權。造成金融機構問題的原由，理應由這些負責營運的股東們承受不當作爲的後果。然因當時法令不完備，並無相關配套措施，善後處理對策與時機皆受到限制，因而完備的問題金融機構處理機制的法令程序，有其必要性。

　　《易經》上的「不經一事，不增一智」，用來描繪台灣金融監理的強化面，可說相當貼切。由於上述四起的問題金融機構的發生，在台灣催生了存款保險機制，也在法規上強化問題金融機構的處分權。

二、商業銀行開放設立後所發生的金融危機與處理機制

(一)持續擠兌風波

　　1. 擠兌風波狀況：

　　1995年7月底，爆發彰化四信擠兌風波，因處理不當，造成區域性系統風險，使得彰化　信、二信、五信、十信及員林、鹿港信合社也發生擠兌，不久，又爆發國際票券金融公司弊案，遭解約270億元。從那時起，基層金融機構在台灣各地，好似不

定時炸彈般，隨時會被引爆；而地方政府、農業行庫、中央存
款保險公司、中央銀行與財政部，好似扮演救火隊般，到處平
息擠兌之火。1995年下半年，至少有15起農會信用部發生擠兌
事件，按發生時間先後，計有東勢、埔里、後壁、萬巒、中壢、
楊梅、民雄、東石、西螺、溪湖、高雄小港區、新豐、南投、
金門與楠西等鄉鎮，而同年12月初華僑銀行也爆發擠兌風波，
其擠兌金額高達130億元。到1996年，金融機構的擠兌仍持續蔓
延，未見停歇。農會信用部至少發生12起，分別為觀音、林口、
鹽埔、高樹、內門、芬園、平鎮、長治、鳥松、芳苑、松山與
美濃等；而信用合作社也有兩起，分別為台中八信與新竹二信；
處於東部的台東中小企銀也於1996年2月上旬爆發擠兌，擠兌金
額約為90億元。在這兩年中，至少發生40家金融機構擠兌風波，
基層金融機構的農會信用部有28家，信用合作社有10家，銀行
有2家。這個現象顯然不是一家金融機構單獨出了問題，而是整
體台灣金融機構經營不良與金融紀律不佳所造成，這表示台灣
整體金融機構是有問題的。

　　1997年擠兌現象，雖見降溫，但未止住，信用合作社繼續
發生4起，分別為陽明信合社、台北九信、高雄五信與高雄十信；
農會信用部有埔鹽、水上、嘉義市、下營與萬丹等5起。1997年
8月東亞金融危機發生，台灣仍延續先前基層金融機構所爆發的
擠兌風波與異常提領，1998年仍有零星火花，農、漁會信用部
有鹿港、林內、竹南、松山、枋寮與林邊等發生擠兌與異常提
領現象。因本土型企業財務危機而波及到金融機構，於11月就
有中央票券、宏福票券的危機與台中中小企銀的擠兌風波。鑑

於金融機構脆弱的一面，政府強制全部金融機構加入存款保險，即使如此，擠兌與異常提領仍持續發生。1999年發生擠兌與異常提領的金融機構，計有新園、豐原、平鎮、梓官與萬巒等農、漁會信用部，屏東市二信與東港信合社，及板信銀行。到2000年，中聯信託發生異常提領，政府派存保機構監管中興銀行，台灣開發信託公司與華僑銀行發生擠兌，而慶豐銀行與員林農會信用部發生異常提領。到2000年8月底之後，金融機構的擠兌與異常提領的風波才暫告一個段落。從1995年8月算起，到2000年8月止，台灣金融機構的擠兌風波持續了5年之久。

在1990年代後期，擠兌爲何持續發生？究其成因，按林寶安（2001）的歸類分析，其中有43.4%是因機構本身「違法超貸、冒貸與虧空」；有32.5%因謠言引起；有25.3%因「逾放比與呆帳過高」；有21.7%因「其他擠兌事件的蔓延所導致」；有14.5%因「派系鬥爭、人事傾軋」。逾放比與呆帳之所以過高，是因經濟不振、資產泡沫與銀行過度競爭等因素所導致；謠言與其他擠兌事件蔓延的波及，可顯示台灣金融機構脆弱的一面，存款者與投資者對金融機構的信心薄弱；「違法超貸、冒貸與虧空」與「派系鬥爭、人事傾軋」，是不法行爲。台灣在金融自由化的推動下，首重解除管制，開放競爭，卻忽略了金融紀律的法制化。自由化的工作只做一半，在解除管制（de-regulation）的同時，並未建立紀律規範（re-regulation），導致金融機構負責人與經理人，因內部控制、稽核未能建立或等同虛設，及外部監理、檢查未能落實與事權統一，成爲舞弊與金融犯罪的溫床。

表8.1　1990年代金融機構擠兌事件與善後處理情形　　單位：億元

遭擠兌的金融機構	發生日期	擠兌原因	擠兌金額	善後處理結果
農漁會信用部				
豐原農會	1994/04/16	人頭放款傳聞，延滯付息	38	
二水農會	1995/05/22	總幹事抗議背信案判決而自殺	0.2	
東勢農會	1995/08/03	外傳提供資金供鄭楠興炒股	11.56	
埔里農會	1995/08/04	電話及口傳謠言	0.8	
後壁農會	1995/09/04	因建商無力付息，傳有2億元逾期放款	11.13	
萬巒農會	1995/09/11	謠言	4.64	2001年由RTC承受
中壢農會	1995/09/20	總幹事等人涉嫌超貸1.9億元，另有5百萬外縣市土地超貸案，及人頭超貸30多億元。	74.14	1996/11由省農會概括承受
楊梅農會	1995/09/21	受中壢農會波及	1.50	
民雄農會	1995/09/23	受中壢農會波及	7.50	
東石農會	1995/09/25	謠言	3.41	
西螺農會	1995/09/25	受中壢農會波及	6.81	
溪湖農會	1995/09/27	總幹事不法超貸被判刑	3.01	
小港區農會	1995/10/09	謠言	0.03	2001年由RTC承受
新豐農會	1995/10/30	檢調單位偵辦人頭超貸案引發異常提領	5.65	2001年由RTC承受
南投農會	1995/11/24	謠言		
金門農會	1995/12/13	逾放比率過高，資產品質惡化	6.60	2001年由RTC承受
楠西農會	1995/12/13	逾放比率過高，資產品質惡化	2.71	2001年由RTC承受
觀音農會	1996/02/17	謠傳融資10億元遭拒	0.01	2001年由RTC承受
林口農會	1996/03/28	前鄉長涉嫌人頭超貸案3億元	17.56	
鹽埔農會	1996/05/06	總幹事擅自挪用客戶存款	10	6/10由縣農會合併

		1.26億元，有超貸放款，且總幹事行蹤成謎		
高樹農會	1996/05/10	受鹽埔農會影響	3.52	2001年由RTC承受
內門農會	1996/05/15	總幹事涉嫌偽造文書	2.75	
芬園農會	1996/05/16	逾放比嚴重	4.41	2001年由RTC承受
平鎮農會	1996/05/24	理事長借款延滯未還	21.11	
長治農會	1996/05/27	謠言	2.33	2001年由RTC承受
烏松農會	1996/05/28	理事不和，逾放比過高	2.47	2001年由RTC承受
芬苑農會	1996/05/28	逾放比過高，加上謠言	2.96	2001年由RTC承受
松山農會	1996/06/21	總幹事借款3億元，無力償還	12.8	2001年由RTC承受
美濃農會	1996/07/26	總幹事因經營理念與理事不合而辭職		
埔鹽農會	1997/01/04	謠傳總幹事虛報逾放比	2.6	2001年由RTC承受
水上農會	1997/01/13	檢調單位搜索蕭登標冒貸案，派系鬥爭	2.0	
嘉義市農會	1997/01/13	與水上農會同	3.9	
下營農會	1997/01/13	謠言	0.86	
梓官鄉漁會	1999/07/13	逾放比過高	2.50	2001年由RTC承受
信用合作社				
彰化四信	1995/07/29	總幹事股市丙種墊款，虧空28億元	79	1995/8由合作金庫概括承受
彰化一信	1995/08/03	受彰化四信擠兌的蔓延	32.86	
彰化二信	1995/08/03	受彰化四信擠兌的蔓延	22.01	1998/7/11由第七商業銀行承受
彰化五信	1995/08/03	受彰化四信擠兌的蔓延	19.71	
彰化六信	1995/08/03	受彰化四信擠兌的蔓延	61.42	
彰化十信	1995/08/03	受彰化四信擠兌的蔓延	28.84	
彰化員林信合社	1995/08/03	受彰化四信擠兌的蔓延	43.70	2001年由RTC承受
彰化鹿港信合社	1995/08/03	受彰化四信擠兌的蔓延	13.05	
台中八信	1995/08/06	蔡裏理挪用客戶款項	29.97	1997/12/31由誠泰

				銀行概括承受
新竹二信	1995/09/12	經營不善，理監事人事不和	34.90	1997年1月由誠泰銀行概括承受
陽明信合社	1997/02/01	前副理偽造假定存單	0.5	
台北九信	1997/04/23	超貸，派系糾紛	14.00	
高雄五信	1997/06/11	淨值過低，逾放過高	50.00	監管後，於9/29由板橋信合社概括承受
高雄十信	1997/06/11	淨值過低，逾放過高	19.60	監管後，於10/25由泛亞銀行概括承受
屏東東港信合社	1999/07/05	理事主席挪用資金9億元	7.00	監管後，於9/16由台灣銀行概括承受
銀行				
華僑銀行	1995/12/08	梁柏薰超貸50億元給新偕中建設	130	
台東中小企銀	1996/02/09	外傳董事長涉嫌違法超貸，內部人事糾紛致放款機密外洩	90	
台中中小企銀	1998/11/24	董事長違法超貸74億元，股票違約交割80億元	540	
板信銀行	1999/02/03	受劉炳偉跳票事件波及	33	
票券金融公司				
國際票券	1995/08/05	楊瑞仁舞弊案	270	
中央票券	1998/11/1	營運虧損		
宏福票券	1998/11/6	財務危機		

資料來源：賴英照(1997)，郭瑜芳(2000)，與本研究整理。

附註：RTC為金融重建基金。

表8.2　中央存款保險公司各年度大事紀要所示遭擠兌或異常提領的金融機構

日期	遭擠兌或異常提領的金融機構
1995/8/3	彰化四信恐慌性擠兌
1995/9/11	屏東萬巒農會信用部擠兌
1995/10/7	高雄市小港地區農會信用部擠兌
1995/10/30	新竹新豐農會信用部擠兌
1995/12/4	華僑銀行擠兌
1995/12/14	金門農會信用部擠兌
1996/2/11	台東區中小企銀擠兌
1996/2/24	桃園觀音農會信用部擠兌
1996/5/11	屏東高樹農會信用部擠兌
1996/5/17	彰化芬園農會信用部擠兌
1996/5/25	屏東長治農會信用部擠兌
1996/5/27	桃園平鎮農會信用部擠兌
1996/6/28	台北市松山區農會信用部擠兌
1996/8/8	台中市八信擠兌
1996/9/12	新竹市二信擠兌
1997/1/13	嘉義水上農會擠兌，嘉義市農會擠兌
1997/2/3	台北市陽明信合社擠兌
1997/4/24	台北市九信擠兌
1997/6/12	高雄市五信擠兌，高雄市十信擠兌
1997/7/25	屏東萬丹農會信用部擠兌
1998/1/3	彰化鹿港農會信用部擠兌
1998/5/7	雲林林內農會信用部擠兌
1998/7/8	台北市松山區農會信用部擠兌
1998/7/28	屏東枋寮區漁會信用部異常提領
1998/9/10	苗栗竹南農會信用部擠兌
1998/11/2	屏東枋寮區漁會、農會信用部及林邊農會信用部異常提領
1998/11/25	台中商業銀行擠兌，進駐監管
1999/1/25	屏東新園農會信用部異常提領

1999/2/3	台北縣板信商業銀行擠兌
1999/3/3	台中豐原農會信用部擠兌
1999/3/15	桃園平鎮農會信用部異常提領
1999/6/29	屏東市第二信用合作社異常提領
1999/7/5	協助屏東縣東港鎮信用合作社平息擠兌
1999/7/13	協助高雄縣梓官區漁會信用部平息擠兌
1999/7/30	協助屏東縣萬巒地區農會信用部平息擠兌
2000/1/10	協助中聯信託平息存戶異常提領
2000/4/28	奉財政部指定為監管人，組成監管小組監管中興商業銀行，為期半年
2000/5/11	協助台灣土地開發信託投資公司平息擠兌
2000/5/24	協助華僑商業銀行平息擠兌
2000/6/8	協助慶豐商業銀行平息異常提領
2000/8/3	協助員林鎮農會平息存戶異常提領
2002/1/28	奉財政部函示接管高雄區中小企業銀行五個月，接管期間代行該行股東會、董事及監察人職權

資料來源：中央存款保險公司年報。

2. 處理機制：

　　從1995年8月起，金融機構持續發生擠兌風波，到1998年8月復因本土型企業財務危機而引發的金融風暴，政府對問題金融機構接二連三的擠兌處理，仍是以個別事件視之，並未從整體體制加強與金融紀律整飭上下功夫，一直延宕到2001年，才進行金融改革的再造工程。問題金融機構大都為基層金融機構，其中尤以農、漁會信用部為大宗。對發生擠兌風波的農、漁會信用部，大都先予以財務援助，平息擠兌，再派員進駐輔導、觀察，或協助處理。農、漁會信用部不是獨立的法人，只是屬於農會或漁會的一個金融部門，因而對其處理尤為棘手，

有難以接管、整理、撤銷許可、解散、概括承受與合併之窘境，所以才導致一些問題農、漁會信用部發生多起擠兌事件。僅以合併方式處理問題農會信用部者，只有中壢農會與鹽埔農會。至於屏東縣農會合併鹽埔農會，以及經擠兌後的中壢農會，其善後處理，原則上係由上級農會進行合併，經幾番波折，最終由台灣省農會合併。這兩起由上級農會合併後，經營不但未見起色，反而成為RTC所處理的經營不善之金融機構。

　　彰化四信於1995年7月29日爆發擠兌後，因該社體質向屬良好，主管當局輕忽問題的嚴重性，兩日內遭提領79億元，主管機關緊急會商，做成「停業清理三個月」的決議，由合作金庫、存保機構、省財政廳與彰化縣政府組成接管清理小組。8月2日接管清理小組正式接管運作時，彰化地區發生地區性信用合作社的擠兌風波，還波及到台中地區，因政府對彰化四信的勒令停業，使得存款人對信用合作社喪失信心。為顧及地區系統性支付危機，財政部做成於8月4日由合作金庫概括承受的決議，同時恢復營業，才平息彰化地區全面性的擠兌風波。正由於此案不成功的經驗，使得之後陸續發生問題金融機構擠兌時，政府展現危機處理的能力更強，致未使擠兌風波擴大。1997年6月11日，高雄五信與高雄十信經媒體披露，淨值低，逾放高，財務不佳，因而引發擠兌。政府在平息擠兌之同時，也組成監管小組，進駐處理。9月29日由板橋信合社概括承受高雄五信，而泛亞銀行於10月25日概括承受高雄十信。

　　在兩起銀行擠兌處理方面，華僑銀行因常務董事梁柏薰介入經營，超貸50億元給相關企業新偕中建設，嚴重影響銀行正

常經營，主管機關對其專案檢查，發現弊端，成立輔導小組進駐，但仍免不了遭受擠兌。為求正常營運，主管機關要求該行經營主管辭職，改由財政部主導派任，才平息擠兌。台東中小企銀因媒體披露董事長涉嫌違法貸款，人事紛爭而使放款機密外洩，造成擠兌事件。事件發生後，存保機構派員進駐，向存款人說明狀況，仍無法平息擠兌。主管機關會商決議為：(1)本於所有權與經營權分開及專業經營原則，董事長與總經理應由專業人士擔任，(2)派員進駐，依法停止無擔保及利害關係人授信業務，輔導業務經營，兼顧流動性需要。整個擠兌事件，到輔導小組進駐後才平息。輔導小組對該行進駐輔導，並監督交款審查業務，協助改善流動性不足問題。

擠兌成因中，違法犯紀者占較大的比重，顯示金融紀律整飭的重要性。上述曾提及，因台北十信案催生了存保機構。彰化四信事件後，訂頒「信用合作社社員代表理監事及經理人應具備資格及選聘辦法」，該辦法主要是針對理監事及經理人規範不明確所引發的關係人頭違法貸款問題而來的。彰化四信與中壢農會事件後，主管機關就檢討監理制度與檢查分工的缺失，做成廢止「中央銀行委託合作金庫檢查基層金融機構業務辦法」的措施。因一再爆發金融弊病，財政部針對信用合作社、農、漁會信用部的內部控制、稽核之規範與外部監理、檢查制度進行補強修法的工程，於2000年修正銀行法時，在第45條之1明訂：銀行應建立內部控制及稽核制度，而財政部於2001年10月公布「銀行內部控制及稽核制度實施辦法」(見林寶安，2001)。由此顯示，主管機關是在事發付出慘痛代價後才進行補強工作。

(二) 東亞金融危機對台灣金融市場之衝擊

在第七章的內容中，曾對東亞金融危機做了較詳細的探討。在本節則是從東亞金融危機對匯市與股市之衝擊程度做扼要之說明。

1. 匯市：

在危機爆發前，新台幣對美元的匯率約為27.8元；爆發後，東亞一些國家相繼停止釘住美元，如此卻造成新台幣貶值的預期心理。由於當時台灣整體經濟基本面良好，外匯存底豐富，央行對新台幣卻採取捍衛策略。7月底央行突然鬆手，讓新台幣貶到28.8元兌1美元，之後的三個月，匯率就在28.6元附近波動。9月間，央行展現捍衛新台幣幣值的決心，動用約50億美元，期以打擊投機客，匯市氣氛劍拔弩張。如此作為，等於提供一個選擇權的買權（put option），給業者穩賺不賠的機會，到新台幣大幅貶值止，估計外流資金約有5000億元。10月3日與4日匯市均出現高於正常交易量數倍的異常現象，16日賣壓過大，新台幣匯率失守，升到29.5元。10月下旬央行政策急轉彎，放棄干預，不再捍衛幣值，匯率交由市場決定，新台幣因而迅速貶值，10月底兌美元的匯率為30.94元，1998年1月12日貶到34.5元，與危機發生前的匯率相比，貶值幅度為24.1%。1998年5月25日央行關閉國內法人NDF（無本金交割遠期外匯交易）市場，杜絕對遠期外匯投機的炒作，算是一項較為強硬的非常態之干預手段。

2. 股市：

台股初期並不畏懼東亞金融風暴，在牛市行情下，股價反

而不斷挺升，於1997年8月27日升達10,256點，這是自1990年2月所創下最高峰以來，第二次的高峰。股價處於高檔，財金官員提醒投資人要「居高思危」，而央行也於8月1日調高重貼現率及擔保放款利率各一碼。

金融危機日趨嚴重，東亞各國的股價已陷入低迷，台灣股價便自高峰猛烈下跌，到1997年10月30日跌到7,040點，跌幅為31.36%。股價下跌時，總統與副總統均曾做心戰喊話，期以提振投資人信心，但激勵效果有限。比較重要的措施，是央行分別於9月24日與10月16日宣布調降存款準備率；同時亦宣布外資投資國內股市的上限全體提高到30%，單一股票提高到15%。這些利多的宣布，仍無法阻止股價的狂跌。政府又於10月20日宣布採取四項措施：(1)股票融資成數，一律調整為5成；(2)對融資融券交易之上市公司股票標準，改依信用狀況予以融資；(3)融券保證金成數由5成提高為9成；(4)在兩周內審查完成12個基金，共1420億元募集金額的申請案。是項新措施的宣布，發揮止跌回穩的效果。無奈10月27日紐約股市於盤中兩次終止交易，而股價狂瀉554點，次日台灣股價以下跌452.52點作為回應。由於1997年台灣經濟基本面良好，再加上政府在股市不斷地作多，股價在1998年2月又回到9,000點以上。

在東亞金融危機期間，台灣幣值雖貶值，股價雖下挫，但與其他各國相比，算是影響程度較輕。由於外匯存底豐富，匯率改採浮動，在經濟基本面良好的情況下，台灣並無貨幣危機與外債危機發生。

(三)本土型企業財務危機所引發的金融危機

1. 1998年下半年的企業財務危機：

東亞金融危機後，台灣因在匯市因應得當，受到國際社會的肯定。相對於東亞各國，台灣幣值貶值幅度相對較小，使得對東亞各國的出口大幅萎縮。1998年台灣出口績效一季不如一季，以季表示的經濟成長也呈現衰退現象，企業財務危機於1998年8月底之後陸續爆發，先是萬有集團跳票事件，接著上櫃的東隆五金發生公司負責人挪用公司資金護盤失利而違約交割。問題企業財務危機的浮現，好似受感染般，在上市上櫃或公開發行公司蔓延開來，台灣企業財務危機的現象已形成，情勢異常嚴峻。10月有國融企業、羅莎食品、駿達建設等公司跳票，而安峰集團的跳票與新巨群集團的財務問題更凸顯企業財務危機的嚴重性；11月禾豐集團、漢陽集團與廣三集團的跳票與違約交割，有較多上市公司受到牽連，上市的中精機公司也於11月爆發財務危機，12月又有櫻花集團、美式家具與環隆電氣等公司發生財務危機。到1999年初，財務危機事件已在縮小，到4月企業只有零星經營不善，台灣整個產業已漸形穩定。

「表8.3」所示的企業財務危機，對銀行的負債動輒數十億元，甚至上百億元，由此所累積金額對金融體系的衝擊是可觀的。為何台灣會發生本土性的企業財務危機，學者(見于宗先、王金利，1999a；殷乃平、沈中華，1999；霍德明，2003)曾予以深入分析，至少存有下列的原因：

(1)經由財務槓桿的操作，進行多角化經營，過度擴張事業。
(2)利用短期資金做長期投資之用，周轉不靈，陷入危機。

表8.3　1998年下半年來台灣企業發生財務危機的集團與公司

爆發日期	集團或公司名稱	企業危機因素	銀行負債
1998/8/26	萬有集團	經營困難跳票	43.7億元
1998/9/25	東隆五金	負責人挪用公司資金護盤失利跳票	58.1億元
1998/9/30	瑞聯集團	財務危機	78.2億元
1998/10	國融企業、羅莎食品、駿達建設、耀元電子	跳票	47.9億元
1998/10/23	聯蓬食品	跳票	29.8億元
1998/10/28	新巨群集團(亞瑟、台芳與普大等上市公司)	過度操作財務槓桿,企業策略聯盟的連鎖反應,集團快速擴充,受中央票券公司影響	223.3億元
1998/10/30	羅捷集團	跳票	39.7億元
1998/10/31	安峰集團	經營困難跳票	348.6億元
1998/11/1	中央票券	營運虧損	淨損40億元,保證商業本票退票200億元
1998/11/6	宏福票券	財務危機	淨值低於0.4元,保證金額已有50億元出問題
1998/11/8	禾豐集團(國產汽車)	跳票	502.2億元
1998/11/10	漢陽集團(國揚實業、廣宇等)	財務問題	301.1億元
1998/11/17	中精機公司	公司周轉困難	59.8億元
1998/11/25	廣三集團(廣三建設、順大裕食品、廣三SOGO百貨、台中企銀)	過度投資股市,周轉失靈,違約交割,財務困境	168.8億元

1998/12	櫻花集團、美式家具、環隆電氣	財務危機	139.6億元
1999/1/27	宏福集團	其建設公司跳票	111.5億元
1999/2/3	海山集團		27.9億元

資料來源：依據殷乃平、沈中華(1999)的資料整理而得。

(3)經由政商關係，以政治力量向行庫借貸，大肆擴充投資，復因景氣欠佳而使營運產生困頓。

(4)1996與1997年的股市多頭行情，過度介入股市，熱中股市投資，股市行情逆轉而陷入泥淖。

(5)一些問題集團或企業與不動產投資及開發有淵源關係，而房地產的資產泡沫與長期滯銷，對公司營運與資金積壓造成嚴重影響。

問題企業財務危機陸續爆發，自然會衝擊股市與金融機構，股市的低迷影響到金融體系，而不健全的金融體系又進一步拖累了股市。財務危機之企業，大都是上市或上櫃公司，對股市造成「地雷效應」與「骨牌效應」。政府雖一再採用股市穩定措施，無奈股價仍持續降低，於1999年2月，低到5,422點。在台灣，上市與上櫃公司的負責人從事股票質押者非常普遍，其中有些負責人熱中於股市投資，而企業間也盛行交叉持股、策略聯盟，成為集團之成員，骨牌效應因而產生，遂演變成市場的系統風險，危及金融體系。

2. 政府對企業的紓困方案：

企業財務危機發生後，政府不能坐視不管，於是成立紓困小組，提出方案，除對企業提供援助外，也要求金融機構伸出

援手，乃於1998年11月5日宣布五大緊急紓困措施，協助企業度過危機，經濟部提撥390億元，作為緊急融資與專案貸款，以紓困中小企業；央行也提撥郵儲轉存300億元，以專款專用方式，供中小企業購置機器設備或周轉金；對營運正常而出現財務困境的公司，對於屆期債務，可同意其展延6個月；同時要求金融機構勿對票券、證券金融與企業做不必要的信用緊縮；金融機構對逾期放款、壞帳認定與提列沖銷，延長半年。12月25日政府為求股市之穩定與對企業的紓困，同意金融機構因護盤而買入的股票，列為長期投資；對銀行承作以股票為擔保品的放款，所採行的放寬措施，再延長半年；提撥1600億元企業紓困資金，央行釋出600億元，供作購屋、生產貸款；12月31日央行又釋出1500億元供低利房貸。

3. 問題金融機構與金融體系危機：

台灣金融法規原本就不周全，金融管理也是不足，政府紓困措施立意雖佳，因以行政干預市場機制，不但影響銀行業務的自主權，也影響銀行的資產負債管理。政府以行政命令，變動逾期放款與壞帳的認定，違背國際普遍所採用的銀行健全經營原則，也因此使得台灣金融機構被國際信用評等公司降低信用等級；另者，問題企業卻利用政府善意，採行脫產賴債等不道德行為。從上述所列對企業紓困措施，可知其解決之道，似以犧牲金融體系的健全與穩定為代價，將企業財務危機的負擔移轉給金融機構。單就上述所列問題企業的銀行負債，至1999年2月止，其所累積的債務計有2000多億元（見殷乃平、沈中華，1999）；斯時，全體金融機構的逾放金額已高達7500億元，而壞

帳就有3500億元，但備抵呆帳只有1800億元，金融體系的潛在危機似已形成。

　　不僅如此，由於一些金融機構與爆發危機的企業關係匪淺，因受牽連，也陸續傳出危機，如台中商銀、泛亞銀行、中央票券、宏福票券、東港信用合作社、中興銀行、台灣土地開發信託投資公司與高雄企銀等。這些產生問題的金融機構，雖不及在1995至1996年間如基層金融機構般來得多，因屬大型金融機構，擠兌時動輒百億元，甚至動用上千億元，對社會衝擊頗深。平息擠兌之同時，政府亦派員進駐協助或接管；像台中商銀以發行可轉讓定期存單（NCD），解決流動性不足問題，該機構因重整而存續；泛亞銀行安排新經營團隊接手；中央票券最終由銀行團接管；而宏福票券則安排主要金融機構入主接手；東港信用合作社由存保機構以財務協助方式，促成台灣銀行合併之；中興銀行、台灣土地開發信託投資公司與高雄企銀由存保機構接管，而中興銀行與高雄企銀後來成為政府的燙手山芋，最終在2004年由RTC予以標售，問題才告解決。

　　1995至1996年間基層金融機構的問題懸而未決，1998年來因企業財務危機所引發金融問題，不單單是一些金融機構受牽連，而是整個金融體系逾放比不斷攀升，資產品質不斷惡化，金融體系的危機已有徵兆，金融再造工程勢在必行。

第三節　危機後的金融改革

　　二十世紀末，台灣金融體系的問題愈來愈嚴重，考其原因，

除上述所提的違法犯紀、人謀不臧等因素外，整個經濟與金融環境的丕變是最爲重要的（于宗先、王金利，2003b），如1990年銀行開放設立後，銀行快速成長，造成過度競爭局面；十多年房地產的不景氣，資產價格的巨幅滑落而造成資產的泡沫化與營建業的蕭條。直接金融的發展，也壓縮了間接金融生存的空間。二十世紀末經濟的蕭條，2001年的經濟負成長，通貨緊縮的問題似乎比通貨膨脹問題更爲嚴重，因其直接衝擊銀行的資產品質。銀行經營績效持續滑落，資產報酬率由1997年的0.87%下降到2001年的0.4%，淨值報酬率由11.37%降到5.5%。金融機構的逾放金額與逾放比率節節高升，1995年底國內整體金融機構逾期放款金額爲3515億元，1999年攀升到7303億元，至2001年底爲1兆3274億元，較1995年增2.8倍，六年間逾放金額平均每年增加25%；逾放比率由1995年的3%提高到1999年的4.9%，2001年達8.2%[2]。從問題金融機構的陸續發生，以及整體金融機構逾期放款金額與比率的攀升，台灣金融已確實浮現嚴重問題。過去政府對個別問題金融機構的處理，大都以「概括承受」方式爲之，或以投資方式入主來取得經營權，金融機構的退出機制並不完善，執行也不具效率。

政府對企業危機的紓困，最終變爲由金融機構來承擔，再加上金融機構本身因經營環境丕變所受之衝擊很大，面對過度競爭、利差縮小、資產泡沫等營運風險，使得資產品質惡化，

2　造成金融機構逾放比率高升的原因很多，可參閱于宗先、王金利（2003b）。

逾放比率高升，整體金融體系危機因而浮現。爲降低金融機構
經營困境，政府先後採取下列措施：釋出郵儲、調降短期融通
利率、再貼現率、調降存款準備率等，目的在於提升金融機構
資金的流動性，維持一個相對資金寬鬆、利率較低的金融環境，
俾金融機構的經營成本降低（殷乃平、沈中華，1999）。然而在
金融機構逾放比率初期遽升之際，1999年2月19日政府提出因應
措施，大幅調降存款準備率，同時將金融、保險、證券業營業
稅由5%降爲2%。如此有利於金融機構營運的措施，會大幅降低
銀行資金使用成本，並提高其流動性；同時每年約有400億元的
結餘，可用於打銷呆帳，使逾放比率能在5年內降到合理水準。
殊不知銀行呆帳問題的嚴重性，在打銷呆帳之同時，逾放比率
反而逐季節節攀升。

　　針對金融機構體質趨向惡化，不良債權與資本不足之嚴重
性，金融改革有其必要。財政部實施「258」金融改革政策，即
要求金融機構在2年內，打銷壞帳，將逾放比率降到5%以內，將
資本適足率維持在8%以上。其對金融機構管理的基本策略是：
業務從寬，財務從嚴。財政部要求在2003年6月底前，金融機構
須將逾放比率降至2.5%，而銀行也利用其超額盈餘部分，努力
於呆帳的轉銷，甚至產生虧損，也在所不惜。

　　金融改革，必須以相關法規的修訂與立法予以配合，然後
依法執行，才能奏效。2000年11月通過「金融機構合併法」，2001
年6月卜旬通過「金融控股公司法」、「金融重建基金設置及管理
條例」、「存款保險條例部分條文修正」、「營業稅法部分條文修
正」、「票券金融管理法」與「保險法部分條文修正」等金融六

法，2002年7月14日公布實施「金融資產證券化條例」，2003年7
月立法通過「行政院金融監督管理委員會組織法」，與2004年1
月立法通過「行政院農業委員會金融局組織條例」。上述條例經
修正或立法後，對金融機構之整治、監理、營運及不良資產處
理皆具有明顯助益；而台灣金融體系也開始展開結構性的調
整。台灣金融再造工程，主旨在於建構一個健全、穩定、紀律
與經營效率的金融體系。我們從下列角色予以分析與檢討：一、
改善資產品質，加速降低逾放比。二、加強財務管理，落實公
司治理。三、鼓勵金融機構整併，及問題金融機構退場機制。
四、擴大業務範圍與跨業經營。五、金融監理一元化。

一、改善資產品質，加速降低逾放比

政府降低存款準備率，調降金融業營業稅由5%到2%，實施
「258」政策，設立資產管理公司等，旨在改善金融業整體資產
品質，處理不良債權，加速逾放比的下降。此外，為盡速達成
整體金融機構逾放比降至5%以下的目標，政府乃公布「加速降
低本國銀行逾期放款措施」，以資激勵。該措施針對本國銀行逾
期放款輕重程度，施予不同監理措施，低者，給予獎勵；過高
者，則予以處置；例外者，則加以管理。依逾期放款輕重程度
分四級，分別為2.5%以下、5%以下、5%以上、超過15%。逾期
放款比率未超過2.5%者，其獎勵措施為：

(一)申請設立國外及大陸地區分支機構，優先核准。

(二)申請抵換簡易型分行，依核准家數加倍核給。

(三)申請辦理金融相關事業轉投資案件，採自動核准制。

(四)申請辦理信託資金集合管理運用帳戶及共同信託基金，自信託業同業公會檢送無意見之審查報告後，自動核准。

逾期放款比率未超過5%者，其獎勵措施為：

(一)申請辦理新種金融業務，採自動核准制。

(二)申請增加辦理信託業務，自申請書件送達後，自動核准。

(三)銀行遷移國內分支機構之申請案，採自動核准制。

(四)銀行之非營業用辦公場所申請案，採自動核准制。

(五)銀行之營業場所外自動化服務設備申請案，採自動核准制。

(六)銀行赴大陸地區從事商業行為申請案，採自動核准制。

逾期放款比率超過5%者，得視其降低逾放比率、轉銷呆帳金額、備抵呆帳提列、資本適足情況等，衡酌採取下列一項或多項處置措施：

(一)糾正並限期改善。

(二)禁止新設國內外分支機構及一般分行抵換簡易型分行。

(三)限制分配董監事酬勞金。

(四)限制分配盈餘。

(五)限制轉投資非金融相關事業。

(六)限制新增加利害關係人授信或由利害關係人擔任保證人或提供擔保品之授信。

逾期放款比率超過15%者，經主管機關限期改善而未改善

者,除引用對逾期放款比率超過5%者之處置措施外,主管機關得另為下列一項或多項處置措施:

(一)限制高風險性質之業務。

(二)限制以不當高利吸收存款及借入資金。

(三)要求精簡分支機構。

(四)解除董事、監察人職務或停止其於一定期間內執行職務。

(五)命令銀行解除經理人之職務。

若銀行原資產品質欠佳,管理階層改組後,經證實積極處理逾期放款或有效降低銀行逾期放款比率者,主管機關得酌減或免除相關處置措施。由此顯示,主管機關對本國銀行逾放比率的改善作為,明示賞罰內容,依情利導,或者說,主管機關一手拿著胡蘿蔔,另一手拿著棒子,要求本國銀行執行資產品質的改善,加速逾放比的降低。

自政府決心要求銀行改善體質,轉銷呆帳,使逾放比率能達到預期目標之措施以來,銀行就開始努力轉銷呆帳,「表8.4」為具體成效。從表中得知,至2005年1月止,共轉銷呆帳金額為1.3828兆元,其中來自營業稅與存款準備率降低所增盈餘的部分為1624.52億元,所占比例為11.75%,其餘都來自於銀行自身盈餘,金額為1.2204兆元,比例高達88.25%。由於銀行努力打銷呆帳,自然地逾放金額與比率就會下降,表「8.5」列出銀行資產品質情形。表中顯示,本國銀行逾放金額由2001年12月的1.087兆元,呈穩定下降走勢,到2005年1月為4328億元,逾放比率也從7.48%降落到2.78%;在應予觀察放款金額方面,也從5503億

表8.4　本國銀行轉銷呆帳金額彙總表　　單位：百萬元

年	實際轉銷呆帳金額	營業稅及存款準備率降低所增盈餘(A)	銀行以自身盈餘轉銷呆帳累計金額	銀行平均每月以自身盈餘轉銷呆帳之金額
1999	140,176	20,686	119,490	9,958
2000	163,501	38,344	125,157	10,430
2001	256,891	34,195	222,696	18,558
2002	413,853	26,822	387,031	32,253
2003	236,848	20,183	216,665	18,055
2004	162,235	20,408	141,827	11,819
2005/1	9,340	1,814	7,526	
合計	1,382,844	162,452	1,220,392	

資料來源：銀行局網站(2005/2/23)。

附註：本國銀行係指15家新銀行、工業銀行、中小企銀、信合社改制之商銀、信託投資公司及其他本國銀行。

表8.5　本國銀行資產品質統計　　單位：億元，%

	2001年12月	2002年6月	2002年12月	2003年6月	2003年12月	2004年6月	2004年12月	2005年1月
1. 逾期放款	10870	10569	8644	8087	6306	5356	4327	4328
2. 總放款(含催收)	145274	141298	141307	142320	145632	151115	155583	155430
3. 逾放比率	7.48%	7.48%	6.12%	5.68%	4.33%	3.54%	2.78%	2.78%
4. 應予觀察放款	5503	4683	3868	3253	2552	2049	1580	1551
5. 應予觀察放款占總放款比率	3.79%	3.31%	2.74%	2.29%	1.75%	1.36%	1.02%	1.00%
6. 逾期放款及應予觀察放款占總放款比率	11.27%	10.79%	8.85%	7.97%	6.08%	4.90%	3.80%	3.78%

資料來源：銀行局網站、金融統計、本國銀行逾期放款及應予觀察放款。

說明：應予觀察放款包括中長期分期償還放款逾3個月但未滿6個月、其他放款本金未逾3個月而利息未按期繳納逾3個月但未滿6個月及已達列報逾放期限而准免列報者(免列報者包括符合規定要件之協議分期付款、已獲信保基金理賠及有足額存單或存款備償放款、其他經專案准免列報者)。

元下降到1551億元，其比率從3.79%降落到1%。將上述兩種比率加總，用來表示銀行資產品質狀況，其比率由11.27%下降到3.78%，低於政府政策5%的目標。單就該項金融改革與再造工程而言，經政府措施的推行與業者的配合，無庸置疑地確見成效，總體結果算是滿意。

「表8.6」為全體金融機構逾放比率的情形。總體逾放比率於2002年初達最高水準，為8.16%，之後就開始下降，2005年1月時為3.11%。各類別金融機構逾放比率的走勢與總體者同，但最終逾放比是不同的，表現最優者，為外國銀行在台分行，比率為0.93%；本國銀行為2.78%，信用合作社為3.22%，而農、漁會信用部仍高達14.22%。本國銀行努力打銷呆帳，致使逾放比率達成政府政策目標；信用合作社的逾放比率能從最高時的12.45%遽降下來，是因對問題信用合作社經安排由銀行合併所導致。

本國銀行與信用合作社的整體逾放比率已降到5%以下的水準，這並不意味著每家銀行都已達成。2005年1月逾放比率在5%以上的銀行與信用合作社，計有中華銀行（7.83%）與台東中小企銀（9.58%）、淡水信合社（5.53%）、彰化市五信（6.45%）、彰化鹿港信合社（7.31%）、台南市七信（7.72%）、澎湖二信（6.33%）與高雄市二信（7.47%）等；在10%以上者，計有慶豐銀行（13.75%）、中興銀行（14.96%）、彰化六信（10.74%）、嘉義市一信（13.9%）、台南市六信（12.83%）等；在15%以上者，計有寶華銀行（19.59%）與花蓮中小企銀（18.4%）等。由此顯示，本國銀行共有49家，信用合作社共有32家，在資產品質上呈現出極大的差異，資產品

表8.6　金融機構逾放比率　　　　　　　　　　單位：%

年／月	總體逾放比率	本國銀行(含信託投資公司)	本國銀行	外國銀行在台分行	信用合作社	農、漁會信用部
1995	3.00	2.88	2.85	0.82	3.12	5.07
1996	4.15	3.74	3.70	1.00	6.13	8.24
1997	4.18	3.74	3.71	1.07	6.19	10.68
1998	4.93	4.41	4.37	1.65	7.55	13.10
1999	5.67	4.96	4.88	3.20	10.54	16.03
2000	6.20	5.47	5.34	3.22	12.45	17.91
2001	8.16	7.70	7.48	3.53	11.66	19.37
2002	6.84	6.39	6.12	2.36	10.34	18.62
2003	5.00	4.57	4.33	1.51	6.91	17.57
2004	3.12	2.95	2.78	1.03	3.17	14.51
2005/1	3.11	2.95	2.78	0.93	3.22	14.22

資料來源：銀行局網站，《金融統計指標》。

質好與不良者，依然共存於市場中。

　　就各類別金融機構逾放比率分析，只有農、漁會信用部仍存有偏高的比率。農、漁會信用部，一來規模小，是區域性的經營形態，風險不易分散；二來無股金，資產結構脆弱，而擔保品大都又是不易處分的農地；三來為農會或漁會的一個金融部門，存有無法分隔而由其他金融機構合併之困難。農、漁會信用部的監理已由農業主管機關負全責，事權已統一，針對農漁會信用部脆弱的一面，以建立上層的支援系統，如農業金庫等，期以達成農業金融的穩定性。在金融業激烈競爭之下，基層金融能否永續發展而不受侵蝕，尚待嚴峻的考驗。

二、加強財務管理，落實公司治理

在問題金融機構持續出現期間，主管機關對金融機構的管理，係以業務從寬、財務從嚴爲方針。對金融機構的管理，不只消極面爲業務的規範，而是積極面爲財務的監督，強化金融紀律的法制面，落實公司治理，使董監事確實發揮獨立制衡之功能。

在強化財務管理上，2000年銀行法增修時，在第45條之1明訂：銀行應建立內部控制及稽核制度，而財政部於2001年10月公布「銀行內部控制及稽核制度實施辦法」。金融機構內控與稽核制度的建立、公司治理的落實，再加上外部政府監理一元化的實施，期使金融機構內部能消除舞弊、規範關係企業、關係人的授信比率與額度，也使違法犯紀無以遁形，同時加重經濟犯罪的刑責，整飭金融紀律，以達金融安定之目的。

三、鼓勵金融機構整併，問題金融機構退場機制

在台灣，金融機構過多，而呈現過度競爭之事實。如何提供誘因，讓金融機構依市場機制自願合併，同時對經營不善之金融機構依公權力如何讓其退出經營？基於金融的再造工程，立法上就有「金融機構合併法」、「金融控股公司法」與「金融重建基金設置及管理條例」。早期，台灣金融機構的合併，通常是由公營行庫以概括承受問題金融機構，來達到經營服務不中斷的目標，平息擠兌。金融機構合併法提供金融機構合併之法律環境與租稅及規費優惠等誘因，自公布實施以來，包括銀行

與信用合作社、銀行與票券金融公司、銀行與銀行之間的合併，至2005年已有十多件成功案例。

　　針對經營不善之金融機構，政府成立金融重建基金來處理，為期三年（經立法院同意後得延長一年）。經營不善之金融機構，係指調整後淨值為負數，且無能力支付其債務，財務狀況顯著惡化，經主管機構認為無法繼續經營者。政府利用重建基金，採全額賠付，強制收購呆帳，或以特別股的方式強制收購問題金融機構的經營權，促使銀行合併或轉讓。該基金之收入，包括過去四年期間之營業稅稅款；過去存款保險費收入；處理經營不善金融機構之收入；基金孳息及運用等之收入；其他經行政院核定之貸款來源。該基金委由中央存款保險公司負責執行，起初約1400億元，於2001年8月10日存保公司受託處理36家基層金融機構時，已給付資產負債缺口772億元予承受銀行，另台南五信與7家農會信用部也採由銀行概括承受的方式處理，資產缺口由重建基金支付；政府不另行核發新營業據點，銀行為求增加通路據點與分支機構，唯有經由整併之途徑。雖然高雄企銀與中興銀行分別由玉山銀行與聯邦銀行標得而增加營業據點，同時也確立問題銀行之退場機制，但資產負債缺口因重建基金的不足而懸掛著。對經營不善之金融機構，所須處理的基金規模是相當龐大的，重建基金之規模產生嚴重不足，因朝野政黨為規模大小爭議不休，一再延宕對經營不善金融機構處理的時機。2005年初，重建基金對經營不善之金融機構處理的家數如「表8.7」所示，農、漁會信用部共36家，信用合作社共8家，銀行共2家。

表8.7　重建基金處理經營不善金融機構一覽表

日期	承受機構	被處理機構	處理方式
2001/9/14	中國農民銀行	枋寮區漁會、萬丹農會、六龜農會、內門農會、鳥松農會	承受
	台灣銀行	省農會中壢辦事處、新園農會、屏東縣農會	承受
	土地銀行	金門農會、高樹農會、枋寮農會、豐原農會	承受
	合作金庫	台中市一信、台中市五信、台中市九信、台中市十一信	承受
	第一銀行	萬巒農會、七股農會、梓官區漁會、楠西農會、長治農會	承受
	華南銀行	觀音農會、新豐農會、佳冬農會、小港區農會、竹田農會	承受
	彰化銀行	芬園農會、埔鹽農會、車城區農會、林邊農會、芳苑農會	承受
	世華銀行	屏東市農會、松山區農會	承受
	誠泰銀行	岡山信合社	承受
	陽信銀行	員林信合社、屏東市二信	承受
2002/7/26	土地銀行	福興農會、南化農會、大樹農會、潮州農會	承受
	合作金庫	神岡農會、彰化市農會、林內農會	承受
2004/9/4	玉山銀行	高雄中小企銀	標售
2004/10/1	中國信託銀行	鳳山信合社	標售
	聯邦銀行	中興銀行	標售

資料來源：本研究整理。

金融危機的處理，有其時間上的急迫性。針對金融體系的改革，其實，存在金融改革措施執行遲緩現象，也存在朝野政黨之間意見相左，且爭論不休困境，如此將使道德危機等問題持續發酵，更加重全民負擔與對問題金融機構處理的棘手。

基層金融機構，不單單農、漁會信用部面臨經營不善的問題，信用合作社同樣面臨壓力，在金融機構合併法實施之前，一些信用合作社或出於本身的意願，或由政府安排，或政府強制執行，由銀行概括承受，再加上由重建基金處理的部分，與依據金融機構合併法所進行合併的部分，從1997年到2005年3月遭合併的信用合作社共有33家。單就信用合作社被合併數量而言，成效斐然。信用合作社因改制與遭合併，使得家數由1996年的73家銳減到2005年初的32家，共減少41家，減少的家數大過存在的家數，如「表8.8」所示。至於銀行與銀行、銀行與票券金融公司之間的合併，案例不多，如「表8.9」所示，銀行與銀行之間的合併有五起，銀行與票券金融公司的合併有兩起。

四、擴大業務規範、跨業經營、調整企業組織形態

金融控股公司法，除具有金融機構合併法合併金融機構之功能外，在合併上以控股公司的形態呈現，可擁有金融業各類子公司，如銀行、保險公司與證券商等，如此，完全改變了金融機構的企業組織形態，如美國式的綜合銀行，銀行跨業經營，具規模經濟與範疇經濟，產生經營綜效。台灣企業的形態，由歌頌「小而美」之樂譜改為「大而強」，期以在金融業中能產生具區域性的領導功能，也具有國際競爭力。

表8.8 信用合作社遭受合併情形一覽表

承受機構	被承受機構	合併基準日	方式	營業據點
誠泰銀行	新竹二信	1997/1	概括承受	
板信銀行	高雄五信	1997/9	概括承受	
華僑銀行	北港信合社	1997/9	概括承受	
泛亞銀行	高雄十信	1997/10	概括承受	
誠泰銀行	台中八信	1997/12/31	概括承受	
第七商業銀行	新竹六信	1997/12/31	概括承受	
中興銀行	台南二信	1998/1/6	概括承受	
台新銀行	台南一信	1998/1/18	概括承受	
萬泰銀行	台南四信	1998/4/11	概括承受	
慶豐銀行	南投市信合社	1998/5/11	概括承受	
高新銀行	旗山信合社	1998/5/11	概括承受	
大眾銀行	台南十信	1998/6/1	概括承受	
第七商業銀行	彰化二信	1998/7/11	概括承受	
安泰銀行	台北七信	1998/7/27	概括承受	
中興銀行	台中四信	1999/4	概括承受	
台灣銀行	東港信合社	1999/9/15	概括承受	
萬泰銀行	苗栗信合社	2001/8/10	概括承受	
誠泰銀行	嘉義二信	2001/9/1	概括承受	
合作金庫	台中市一信	2001/9/14	RTC，承受	
合作金庫	台中市五信	2001/9/14	RTC，承受	
合作金庫	台中市九信	2001/9/14	RTC，承受	
合作金庫	台中市十一信	2001/9/14	RTC，承受	
誠泰銀行	高雄岡山信合社	2001/9/14	RTC，承受	
陽信銀行	彰化員林信合社	2001/9/14	RTC，承受	
陽信銀行	屏東市二信	2001/9/14	RTC，承受	
陽信銀行	台南五信	2002/8/24	概括承受	
日盛銀行	台南新營信合社	2002/12/20	概括承受	27+7
復華銀行	雲林斗六信合社	2003/7/25	概括承受	37+5
萬泰銀行	新竹市五信	2003/7/28	概括承受	53+10

復華銀行	台東信合社	2004/3	概括承受	42+8
中國信託銀行	高雄鳳山信合社	2004/10/1	RTC，概括承受	
台新銀行	新竹十信	2004/10/18	概括承受	89+12
板信銀行	嘉義市一信	2005/3/7	概括承受	37+9

資料來源：本研究整理。

表8.9　銀行間與票券金融公司的合併情形

存續機構	消滅機構	合併基準日	方式	合併後名稱
台新銀行	大安銀行	2002/2/18	合併	台新銀行
世華銀行	國泰銀行	2003/10/27	合併，股份轉換	國泰世華銀行
中國信託銀行	萬通銀行	2003/12/1	合併，股份轉換	中國信託銀行
玉山銀行	高雄中小企銀	2004/9/4	RTC，標售讓與	玉山銀行
台北銀行	富邦銀行	2005/1/1	合併	台北富邦銀行
大眾銀行	大眾票券金融公司	2001/6	合併	大眾銀行
萬泰銀行	萬泰票券金融公司	2002/10	合併	萬泰銀行

資料來源：本研究整理。

　　在台灣，自2001年11月實施金融控股公司法以來，迄2004年底，已有14家金控公司成立。有關金控公司的資本、淨值、資產、在銀行與票券金融業中的地位，以及對台灣金融業體制與經營的影響及特色等，請參閱本書的第十章。

　　「金融控股公司法」通過實施後，金控公司相繼成立，已改變了台灣原有的金融制度與運作模式，也重組了金融版圖；

金融集團以金控形態來運作，邁向組織大型化與經營多角化方向來發展；子公司以共同行銷、資訊交叉運用、共用營業設備或營業場所等方式，提供投資者或消費者「一站購足」的多樣化金融商品。這種制度上的改革，對台灣金融發展的影響必定是既深且巨，目前已呈現出與改革前完全不一樣的風貌。在政府宣示的政策裡，金控公司數目還要再減少，因而金控公司與金控公司之間的合併也勢必會在台灣上演，將來會出現大者恆大的局面。

五、金融監理一元化

在台灣，金融監理一元化，是指金融業如銀行、證券商與保險公司間的監理合併，包括整個金融服務業的金融政策管理、行政監督與業務檢查的一元化在內，為政府組織再造。2003年7月立法通過「行政院金融監督管理委員會組織法」，2004年1月立法通過「行政院農業委員會金融局組織條例」，而於2004年7月行政院金融監督管理委員會與農業委員會金融局成立，基層農業金融機構的主管機構為農業委員會，解決數十年來多頭馬車監理混亂之現象；金融監督管理委員會將對金融業檢查權與處分權予以結合，同時對全部的金融服務業與其市場的發展政策、行政管理與業務檢查的職權予以統一，同時賦予調查權，為準司法單位的一個公務機構，不但可依法獨立行使職權，同時在金融監督管理基金設立下，增加其在財務上的獨立運作能力。有關金融監理一元化的相關問題，已在本書第五章論述了，於此，不再贅述。

　　金融體系畢竟不能簡單地視爲經濟實體的面紗。金融體系在經濟活動中所扮演的角色，類似人體的供血系統，若供血系統出了問題，卻還說人體是健康的，那絕對是錯誤的。一個健康的經濟社會，一定需要一個健全的金融體系。

　　台灣金融再造工程是否有成效，評定方法有許多，至少可從股市金融保險類股價指數的走勢上看出端倪。金融保險類股價指數的走勢由1997年7月的1,920.17點開始持續滑落，到2001年7月落至最低，爲488.66點，之後開始回升，指數在600點與830點之間徘徊。2003年5月指數超過690點後，就呈一路上升格局；2004年1月以來，指數已超過900點，最高時超過1,100點；2005年第一季，指數在950與1,050點之間波動，由此顯示金融機構最壞的現象已過去了。我們期待今後能有一個穩定、健全、效率高的金融體系。

第九章
台灣金融體制之特質

　　一般而言，金融系統包括銀行業、證券業和保險業。在這三大行業中，以銀行業的發展較早，一般社會大眾對其功能的認識較為正確；至於證券業的發展，在台灣的歷史較短，一般人對其功能多有所誤解，以為它是投機牟利的地方；至於保險業的發展，更是晚近的事。一般人對保險業的態度比較保守，主要的原因是缺乏避險、求安的觀念。

　　台灣的金融體制在過去50多年，雖有多次改革，然與歐美先進國家相較，仍然是落後的。其所以落後，是有其歷史背景的。在產業革命之後，歐美先進國家的金融體制便與產業發展發生了互動的關係，且息息相關。在台灣，由於產業革命發生較晚，金融體制很難完全脫離農業時代那種保守、不求改進的作風。

　　從過去50多年，台灣金融體制的演變過程來剖析，它具有的特質大體可分三類：即政府對金融體制之態度、金融機構不夠健全的形態，以及股民表現不當風氣。這些特質在一段很長

的時間才能形成台灣金融業的文化；即使到了二十一世紀，面
對金融體制的國際化，這些特質仍未被完全革新。

第一節　政府對金融體制之態度

一、剪不斷的政企關係

　　在一種混合性經濟制度中，政企關係密切是無可避免的現
象。所謂「政」係指政府及立法委員、民意代表、執政黨；而
「企」即金融機構。在1991年以前，金融機構主要爲公營，少
部分屬省府管轄，大部分屬中央政府管轄；1996年之後，統稱
爲國營[1]。凡國營金融機構的年度預算，必須經立法院通過，始
得執行。正因爲這種關係，這些民意代表中，有些利用審查預
算的權力，向國營金融機構貸款，甚至爲其親戚或朋友貸款，
由於不提供充分抵押物或質押品，往往是造成銀行呆帳的主要
來源。至於執政黨的黨員，也藉執政的關係，推介親友爲公營
金融機構的幹員。

　　自公營銀行民營化以來，由於在民營化的金融機構中，政
府仍握有49%以下的股份，對金融機構的經營權握有舉足輕重的
力量，如主要人事任命權、陞遷權。於是，自政黨輪替以來，
執政黨爲了酬庸其選舉功臣，乃派其擔任公營金融機構的董事

1　因廢除台灣省政府之故，所有省營事業均歸中央政府經營。在省營時
　　期，年度預算要送省議會審查，通過後，才可執行。

長或總經理，即使他們在金融領域毫無專業知識及經驗。此不但打亂金融機構的人事制度，而且在國際競爭日趨激烈的情況下，就很難締造較佳的業績。

在一般民營金融機構中，為了建立良好政企關係，也會聘請民意代表兼任董事，以便在必要時，發生些有利的作用。同時有些民營金融機構為了得到某種特權，也會自動向執政黨獻金。類似的政商關係並不因政黨輪替而消失無蹤。

二、政府政策的執行工具

在很長的一段時間內，公營金融機構往往成為政策的執行工具。在那段時期內，台灣的利率是管制的，匯率也是公定的。而且全台灣的公營金融機構利率都是相同的。當中央銀行認為需要提高利率時，所有金融機構一起調升；當中央銀行認為新台幣需要對美元貶值時，也是由所有金融機構一體遵行。

至於公營金融機構的貸款，有時也受制於政府的政策。譬如為了振興經濟，政府令公營金融機構對某一特定的行業降低利率，對於非特定行業的貸款，其利率不變。再如政府為了振興房地產業，通令所有銀行的利率一律下降若干碼。至於使民營金融機構因執行政府政策而產生的損失，則用其他方式予以彌補，這有點像拆了東牆補西牆。

三、執政當局之進場護盤

鑑於股市規模不大，又慮及一般股民之不理性行為，會興風作浪，釀成災難，執政當局將進場護盤視作應盡的責任。於

是當預期股市有大的波動時，即令四大基金(即勞退基金、勞保基金、公撫基金和郵政儲金)適時進場，以便左右股價的暴跌，避免傷及無辜(無知)的股民。爲了名正言順，乃於2001年春成立國家金融安定基金，專責於股市之殊常變動——凡預期將有影響國家安全的事件發生，即進場護盤。可是令人困惑的乃是，如何界定有關國家安全的重大事件，可能因認知不同而有差異。

政府進場護盤常受到輿論的指責，認爲它無助於股市的穩定，反而會使股市無法趨於正常狀態。當有關當局預期股價會大跌時，便進場購買某幾種具影響力的股票，使其價格不下跌，有人便指責這種行爲是「圖利他人」，一旦告到法院，便會判爲有罪的行爲。當股價上升到某一水準，有關當局將股票拋出時，也會有人訴之於法庭，以「與民爭利」起訴。況且，爲護盤進場購進大量股票時，也會因股市久久低迷不振而被套牢。

如果爲護盤所用的基金是四大基金，而且當人民需要此基金時，有關當局只有到銀行借錢來應付；如果所用的基金是安定基金，有關當局也須向貸放銀行交付利息。這兩種作爲的最後付款者都是納稅人，亦即有關當局用納稅人的錢去填股市交易的黑洞，無疑是一種不當行爲。

四、治絲益棼的「概括承受」

政府對於金融機構發生財務危機非常重視，深怕它倒閉之後，產生系統性風險，造成數萬存款人的損失，導致社會的不安，於是自1980年代以來，對於呈現財務危機的金融機構，採

取「概括承受」的處理辦法[2]，即這個有問題的金融機構之經營權暫時移交由政府指定的金融機構去經營，一待這個金融機構的業務上了軌道，再交回原有的企業主去接辦，如亞洲信託公司。正因為這種救助方式可使該倒閉的金融機構仍可殘存，有不少太過自私的業主，利用非常手段，掏空金融機構的資產，將大批負債留給政府去處理，影響所及，投機分子可乘機而起，使金融體制難以健全發展。像這種處理方式，在一般先進國家是見不到的。

五、政治人物言論與股市動盪

由於與大陸有密切的地緣關係，台灣早已成為政治的敏感地區。台灣的股市本不夠理性，常常因政治人物的一句話，掀起股市狂瀾，即使一句平常的話，也會引起股市的騷動。如2000年，財政部長說了一句「居高思危」，意思是說，當股價暴漲很厲害時，要股民考慮它驟然暴跌的風險，本來是善意，有的媒體卻解讀為「危言聳聽」，便大加抨擊。正因為兩岸政治關係的不夠穩定，政治人物的談話往往是：聽者有心，說者無意。因

2　在1985年初，台北十信、國泰信託、亞洲信託、華僑信託，因逾期放款過巨，發生連鎖性擠兌事件，個別金融單位的財務危機，正危及全島的金融安定。政府為防止系統性風險擴大，乃指定省合作金庫「概括承受」台北十信的財務危機。至於國泰信託、亞洲信託和華僑信託的財務危機，則由三家國營金融機構，以及中國國際商業銀行和世華銀行予以接受代為經營。這是台灣採取「概括承受」辦法的濫觴。參見陳思明的《金融風暴》，頁1-41。

此，股市經常處於不穩定狀態。這也反映出股市本身的不夠健全，一般股民缺乏對股市的正確認識，對股價的變動，喜歡聽信馬路消息。這也反映出執政人物一舉一動對股市所能產生的影響。

第二節　金融機構不夠健全的形態

一、當鋪特色的保證制度

　　一般貧苦人家在急需用錢時，往往到當鋪去「當」抵押物，抵押物的價值被打折扣之後，才是當鋪要貸放的金額。台灣的一般金融機構對於需款者，也是需要抵押物的，最好的抵押物是房地產，以及其他不動產；同時也可以股票、債券做質押。一般中型企業及大型企業向金融機構貸款，也都有能力提出抵押物或質押品；也有極少數的企業因多年來信用良好、可靠，也可得到信用貸款。對於一般小型企業，因無值錢的抵押物與質押品，它們就很難由一般金融機構貸到所需要的資金，在急需之下，它們不得不到地下金融機構去求助；而地下金融機構貸放時，雖不需抵押物或質押品，但所訂的利率非常高，往往是公訂利率的四、五倍，而且到期必須償還。

　　儘管1991年，政府開放民營銀行的設立，抵押物與質押品仍然是一般銀行貸放的必要條件。換言之，金融機構與社會大眾仍然未建立起互信關係，主要是因為有不少人貸款後發生財務危機或失業，而無力償還，致所變成的呆帳仍然是金融機構

傷透腦筋的事。

二、家族傳承的世代交替

　　家族傳承是台灣一般企業的傳統。在公營金融機構獨占時代，不會有家族傳承的現象，但自民營金融機構開設以來，家族傳承很明顯地出現在民營金融機構。儘管民營金融機構爲有限公司組織，但持有絕大部分股份的創業老闆，在退休後，讓賢的風氣尚不多見，子女繼承則是普遍的現象。其所以如此，有兩個基本原因：一是公司是創業老闆創立的，不希望經營大權旁落；二是創業老闆對家族以外的人不信任，認爲只有子女最可靠。

　　創業老闆那一代大都是從艱苦奮鬥中，建立起他們的事業，他們既勤且儉，又能精打細算，不會冒無把握的風險，可是其子女卻有良莠不齊之分，能克紹箕裘，使企業繼續成長者畢竟不多，故有「富不過三代」之警惕。況且現代的金融業彼此間的競爭愈來愈激烈，外國金融機構往往攜其龐大資金、最新且最完備的資訊，以及能征善戰的經理部門，來參與競爭，對家族傳承性質的金融公司所造成的威脅，不言可喻[3]。

三、基層金融別樹一幟

　　有人認爲台灣的金融制度是二元制度：一爲合法的金融制度，一爲非法的金融制度。而合法的金融制度又分爲：基層金

3　像新光與遠東大企業，就是家族傳承的範型。

融制度和非基層金融制度。

　　台灣的基層金融機構是指農會的信用部和漁會的信用部。本質上，農會與漁會都是民間組織，前者由農民組合，後者由漁民組成。當他們有了積蓄，通常存在信用部生息。當在種植季節，需資金購置種子、肥料時，通常到農會信用部貸款；或者當購買漁具，下海捕魚時，也需要資金，於是他們到漁會信用部貸款。多年來，所發生的問題是：信用部的存款通常被少數有勢力的理事或幹部挪用，挪用之後，如果未牟利，便無法償還信用部的貸款而成呆帳；或將存款貸給有私人關係的非會員，或贊助會員，因無力償還，造成呆帳。可是一般的存款戶，在需要資金向信用部貸款時，卻無款可貸。前者掏空了信用部，後者因蝕本而不能應付急需，這就是多年來，兩會金融問題的沉痾。

　　台灣有土地銀行，也有中國農民銀行，按理，它們應照顧農民和漁民，事實上，它們和一般的商業銀行一樣，一般農民或漁民想由這兩家銀行取得融資較難。2001年，由於農會與漁會的金融部門本身資本適足率嚴重偏低，且虧空過多，輿論主張應改變農會和漁會的管轄，於是引起一場風波。政府迫於無奈，乃於農業委員會設置一金融單位，統合處理兩會的金融問題。農會與漁會之反對去掉信用部，主要的是因為兩會與信用部之間唇齒相依，農會、漁會之總盈餘90%來自信用部，兩會的日常運作所需費用，主要靠這兩個信用部的支援，否則兩會的經費便失去著落。

四、技術騙人的保險理賠

　　台灣的保險公司，無論人壽保險或產物保險，主要由民間企業經營。保險公司所提供的保險須知，都是蠅頭小字，長篇大論，對一般要保人而言，能夠看懂的人並不多。一般要保人認爲一旦保險標的物有了問題，保險公司一定會賠償。結果，當事情發生後，能夠獲得賠償的案例並不多，通常是以不符合賠償要件而作罷，要保人感到很冤枉，認爲保險公司只賺不賠。

　　保險公司對要保的人所提供的資訊繁瑣而不夠明晰，而要保人投保之前所了解的條件又極端不足，當事情發生後，糾紛迭起。復由於少數要保人懷藏禍心，爲獲得巨額賠償，往往犧牲被保人的生命，在同期間，到處投保，以便取得巨額保險賠償；而保險公司之間也因彼此資訊不溝通，同時被騙上當的事例也相當多。

五、有名無實的「公司治理」

　　最近十年來，公司治理（corporate governance）成爲一個流行術語。咸認爲有了公司治理，這個公司的營運就不會出問題，因爲公司有個負責的董事會，也有監管單位，應該可以防弊。其實，一般傳統企業也擁有公司治理之名，但無公司治理之實。公司內經常發生的問題，多是經營單位的監守自盜及有力董事的攬權胡爲。有不少企業是被自己的幹部掏空，結果弄得公司垮了，監守自盜的幹部卻肥了。董事會的濫權，或不盡責任，是近年民營金融機構發生財務危機的主要原因。公司財務之不

透明，致監管單位也失去功能，更重要的是會計師問題。如果有關的會計師事務所與金融單位的首長沆瀣一起，必然會導致財務危機的發生，像中興銀行，其股票上市後，未出三個月，中興銀行即發生財務危機。其實冰凍三尺，非一日之寒。中興銀行的財務危機在申請獲准股票上市之前，即因會計上的隱瞞，導致事態擴大，不堪收拾的殘局。

六、地下金融如燒不盡的野草

地下金融或非法金融一直在台灣社會存在。儘管政府再三加以取締，並設立中小企業銀行，解決消費者小額貸款問題，然地下金融仍如冬天的野草一樣，「春風吹又生」。台灣地下金融中有專司融資的，即有人在急需時，無法立即由一般銀行貸到所需要的金額，地下金融單位便為其解決急需問題，既不需房地產做抵押，也不需人保證。不過，地下金融單位每貸出一筆錢，利息為一般商業銀行的三、四倍，到期不還者少之又少，因為他們有嚴厲辦法使借錢者到期歸還；如到期無力歸還，其下場都很慘，有的被迫自殺，有的甘願為貸放者效力，以抵充其借款。

在外匯管制時期，一般人需美金時，先要申請，手續複雜，且費時費日。地下金融融資的效率非常高，他們收取的手續費也不高，對於兩地匯款，在政府禁止時期，地下金融單位可照常達成任務，他們的效率高，而且不會發生收款人收不到匯款的情事。當外匯兌換開放後，地下金融單位的角色似乎也為之式微。不過有些還存在，因為由一般商業銀行申請大額外匯都

會留下紀錄；由地下金融單位匯款則無任何紀錄。凡想將大批錢匯出，多由地下金融管道協助爲之。

七、農會與漁會的信用部是怪胎

　　一般西方國家的金融組織，無論是全國性或地方性，都獨立於一般非金融業務的經營，像台灣的農會和漁會，前者是農民組織，後者是漁民組織，他們採會員制，他們正常的業務是協助農民及漁民解決些作業上的問題。他們既然是會員，有權利，也有義務。然而農會與漁會的業務，竟然以經營金融爲唯一的財源。在二十世紀，兩會的信用部並不受財政部金融局的管轄。在省政府存在時，兩會受台灣省農林廳的管轄；廢省之後，則歸爲農業發展委員會管轄，而農委會原無金融部門來處理它們的金融業務，於是，爲了因應需要，農委會特設一個金融單位負責管轄這兩個信用部。在金融體制上，這種不一致的安排，無疑是種怪胎。

八、自縛手足的交叉持股

　　在台灣，交叉持股，除非合乎公司法規定，一般被認爲是不法行爲。因爲一個財團擁有多家金融機構，一方面爲了膨脹持有之資產，另方面爲使肥水不外溢，以便彼此之間相互支應，於是甲公司持有乙公司的股票，乙公司持有甲公司的股票。優點是相互支援，缺點是一旦其中一個金融單位出了問題，便會形成骨牌效應，即其他相關的金融單位也會遭池魚之殃。因此，政府嚴格限制交叉持股，並認爲是犯罪行爲。

第三節　股民行爲不當風氣

一、全民皆股風氣

　　儘管台灣的股市發展較晚，但成長卻相當快，因爲在股市健全之前，一般社會大眾多視股市如賭場，也就是說，從事股票交易碰運氣的意味較濃。因此多炒短線，放長線的股民不多。股市本爲一種資本市場，屬長期性的，一般股民多從事短期活動，每天在股市進進出出，希望一夜致富；也有點像買彩券，希望天天開獎。當股價不斷飆漲時，買賣股票就會賺錢，旁觀的人也會因垂涎而躍躍欲試。從1980年代中期，台灣股市狂漲，從事股市活動的人大量增加，到1980年代底，高達1000萬人口（其中有不少人重複開戶），約爲全台灣人口的1/4，如果剔除0至14歲的人口數，可能達1/3了。

　　在股市狂飆時期，公務員棄公職而就股市；學校教師無心教書，時時收聽廣播，探聽股市；家庭主婦不安於家務，每日活躍股市；甚至連大學生也籌資購買股票，賺取厚利。當時，台灣的城市百姓大都沉醉於一夕致富的股票買賣。

二、缺乏風險意識

　　投資本是具風險的行爲。一般股民大都缺乏風險意識，在其心目中，只想到賺錢時的快慰，不思考賠錢後的痛苦。爲了追逐股價上漲時所帶來的刺激，乃用股票向銀行質押方式從事

短期貸款。如果「牛市」因某些因素的影響而大幅逆轉成「熊市」，而且延續的時間超出還債時間。在此時刻如低價賣出，便會蝕本；如仍保留手中，便被套牢。至於向親友借錢購買股票，同樣是不智行為。

　　股票有多種，有的股票市面價位已是基本價位的二、三十倍，而不少散戶多不探究發行此股票的企業是否財務健全，而其所經營的事業是否有立即衰退的現象，乃盲目地去購買其股票。像博達科技63億元現金「人間蒸發」案，讓投資大眾血本無歸，就是最慘痛的例子。其實博達案被揭發前，已有些警訊出現，惜投資大眾不察，致造成血本無歸的損失[4]。博達事件發生後，曾引爆國內可轉債負面危機，不少上市、上櫃公司之股價因此無量下跌。

三、追高殺低的「從眾行為」

　　台灣股市的歷史不過40多年，一般股民對股市的反應尚未達到已開發國家股民的程度。在台灣，股市發展早期有大戶與散戶之分，大戶對股市了解程度較大，散戶則不太了解。散戶之買賣股票多跟隨大戶，當大戶進場購買某類股票時，散戶也跟著去購買。當大戶拋售某類股票時，散戶也尾隨其後，在時間上總有些差距，往往大戶賺了錢，散戶連殘羹也沒得分。

　　當股價激烈變動時，一般散戶有追高殺低的非理性行為，

4　葉銀華，〈博達現象：投資八大警訊〉，《管理》雜誌（2004年），第362期，頁56-59。

亦即當股價不斷上漲時，從不過問漲得是否有道理，即使發行股票的本益比已近乎異常，一般散戶仍群起追逐；當股價不斷下跌時，一般散戶也跟著拋售，也不過問為什麼股價會暴跌得如此之慘，他們的行為有時也被稱為「從眾行為」。

近年來，由於資本市場的逐漸放寬，國外的投機客乃乘機來撈財，他們對某些績優股慢慢購進，當其股價上漲到某一水準時，乃大量拋出，結果股價乃為之暴跌，可是追隨在後的散戶，因行動有落差，往往被套牢。一旦被套牢，要想解套，往往費很長的時間。如果購買股票的資金是自己的儲蓄，尚可支撐些時日；如果它是由銀行質押借來的，那就無翻身的餘地了。

以上所述的特質，並非台灣獨有，一般開發中國家或多或少具備這些特質。不過，當一個國家邁向已開發國家之林時，這些不合時宜，違反潮流的特質，將會逐漸減少。

第十章
金控體制下之台灣金融

第一節　金融機構經營業務綜合化的發展

　　對金融機構（銀行）經營的業務是否要限制其範圍？是否要限制區域經營？在理念與實務上，有兩種不同的經營體制：專業分立與跨業綜合經營，前者稱爲專業銀行制度，爲美國模式；後者稱爲綜合銀行（universal banking）制度，爲德國模式。在專業分立體制下，商業銀行與投資銀行的業務是嚴格劃分的，也就是說，商業銀行不得經營證券業務。最具代表性的法案爲美國1933年Glass-Steagall法案，主要內容爲：嚴格區隔銀行業、證券業與保險業之間的業務，存款利率上限的管制，與不得跨州設立營業據點等，因而美國實施金融與證券分家經營模式以及銀行業投資企業隔離的金融制度。1970年代後，各國吹起金融自由化運動，商業銀行爲擴大業務範圍，規避Glass-Steagall法案之限制，透過子公司，跨州經營，並經營證券與保險業務，打

破銀行業務與證券業務的界線,因而於1994年美國通過「銀行跨州經營及設立分行法案」,正式在法規上放寬銀行的經營空間;1995年廢除Glass-Steagall法案。美國的銀行走向綜合性服務的跨州與跨業經營,是為了因應Glass-Steagall法案而發展出銀行控股(holdings)公司的模式,以子公司形態經營之。1999年11月通過「金融服務業現代化法」(financial services modernization act)法案,該法案所規範的銀行控股公司的業務範圍非常廣泛,改變了美國金融產業結構、競爭條件及環境。台灣金融制度深受美國制度的影響,以下我們分析台灣金融機構經營業務綜合化的發展情形[1]。

一、金融自由化之前銀行業務範圍

台灣的金融制度,在法規的立法精神上,是專業分立體制,不但嚴格區分商業銀行與其他銀行的業務,也嚴格規範銀行與其他金融事業機構,如證券業與保險業的業務。政府對銀行所經營的業務範圍與項目,均立法予以規範,採列舉式規定,明載於營業執照中。凡經營項目非經核准,不得經營。

在專業分立體制下,銀行業務以吸收存款、辦理放款為主,不得經營證券業務、票券業務與保險業務。台灣的銀行業是採分類制度,分為商業銀行、儲蓄銀行、專業銀行與信託投資公司,各類銀行各有其專屬業務,可說是長短信用分立,業務隔離專營。實際上,台灣並沒有如銀行法上所定義而設立的儲蓄

1　本節的內容,主要參考王金利(2003a)〈民營銀行兼營業務範圍〉。

銀行，一般銀行得附設儲蓄部，經營儲蓄銀行的業務；也得申請附設信託部，經營證券業務。自1960年代起，在獨立的資本、營運與會計下，設立儲蓄部與信託部經營證券業務。因而在實際運作上，銀行業務並無分類之實，反而具有混合經營的雛形。

在營運上，政府為何允許銀行設儲蓄部與信託部經營證券業務？其實，有其背景與政策上的考量。1950年代初期，證券行號、單幫客為數繁多，之間不乏集團操控，多空鬥法，投機風氣甚盛。政府准許銀行兼營證券，在當時皆為公營行庫的背景下，管理方便，配合容易，措施較能落實，不致弊端叢生。

1961年財政部公布「證券商管理辦法」時，銀行就已成立儲蓄部或信託部，專司證券經紀或自營業務。1967年證券交易法公布實施，明文規定證券商不得由他業兼營，但金融機構得經主管機關之許可兼營證券業務，指的便是銀行。為使在管理上有法規以資遵循，1975年修正銀行法時，就儲蓄銀行與信託投資公司的業務範圍之規範，與有價證券有關者，計有投資、自營、承銷與經紀證券部分；商業銀行不得從事證券投資，但可依該法第28條規定得設立儲蓄部與信託部而涉及證券業。政府對證券商的設立採許可制，1973年起暫緩新券商的核准，1988年政府頒布證券商設置標準，恢復開放新設，依該標準第14條規定，金融機構得兼營證券業務，除在設置標準發布前已許可兼營者外，銀行以兼營承銷、自營、經紀、承銷及自營，或自營及在營業處所受託買賣（經紀）中之一種業務為限，有別於綜合證券商經營全部證券業務。如此說來，從1950年代起，台灣的銀行就跨足經營證券業務了，立法精神與實際運作因環境需

要呈現南轅北轍之結果。在1988年證券經紀商未開放新設前，銀行兼營證券經紀是一項主要業務，成交額比例呈現其地位的重要性，如1981年為40.59%，到1988年卻降到17.75%。開放證券商新設而使銀行兼營業務大幅滑落，2000年降到3.8%之水準，證券經紀業務轉為專營證券商之天下。至於在證券承銷方面，銀行也是相對弱勢，承銷案件較多的銀行為中華開發、中國信託與交通銀行等。

票券業務原本就是銀行業務之一，但在台灣的銀行業務立法精神上，卻採分立專營方式，而公營銀行奉指示發起組設專業的票券金融公司，如由台灣銀行組設的第一家中興票券金融公司於1976年5月成立，之後，由中國國際商業銀行所組設的國際票券金融公司，與由交通銀行負責組設的中華票券金融公司，亦相繼成立，短期票券金融市場的業務經營呈寡占局面。銀行不經營票券業務，卻由銀行組設的票券金融公司來專營，銀行以投資設立獨立公司方式經營票券業務。

二、金融服務業務自由化下銀行業務範圍擴充情形

1990年代以來，台灣在進行金融自由化運動下，銀行業務朝向多元化與多樣化發展。

對金融機構經營業務範圍的放寬，在1989年銀行法修正時增列「經中央主管機關洽商中央銀行後核准辦理之其他有關業務」。這種概括性的規定放寬在法規上原本所規範的業務，使得銀行業務經營範圍因時地變遷而具彈性，如政府允許：銀行儲蓄部得收受支票存款，外商銀行可設儲蓄部及信託部辦理證券

業務等。

　　政府對銀行業務開放方面，計有金融業開辦互聯網銀行業務、以行動電話辦理金融交易、信用卡業務、黃金買賣業務、辦理應收帳款承購業務、以電話、終端設備、支票背書方式約定轉帳、辦理各組合式存款業務、辦理財務顧問業務等。除對銀行放寬業務範圍外，政府也於1994年放寬區域性銀行的營業區域。信用合作社的業務，放寬其業務區域不受行政區域之限制，增列社員積極資格與準社員；大幅放寬其營業項目，除了外匯業務有所規範之外，其餘業務比照銀行法所規定商業銀行之經營業務；放寬農會會員資格，另加贊助會員，擴大其經營空間。

　　銀行法就1989年與2000年之條文來比較，分析商業銀行業務範圍的變動情形，得知業務種類已大幅增加，範圍也擴大，修法增加下列業務範圍：

(一)信用資金的收受與分配期間的限制，由短期擴張到中、長期，因而銀行法上原訂的儲蓄銀行被刪除。

(二)增加金融債券發行的業務與公司發行的保證業務。

(三)由原本不得投資於其他企業，放寬到有限制的投資於金融相關事業與非金融相關事業，後者投資後不得參與經營。金融相關事業係指銀行、票券、證券、期貨、信用卡、融資性租賃、保險、信託事業及其他經主管機關認定之金融相關事業等，顯示商業銀行的業務已跨越到其他金融行業，如證券業、保險業、租賃業、票券業、信託投資業與投資銀行等，目前商業銀行可

為綜合銀行的經營形態。有限制的放寬投資是指投資
金額在法規上有金額、比例上限的規範，種類的限制，
與經營範圍的規範等。

銀行跨業經營有兩種不同途徑，一為轉投資於金融相關事
業，由子公司經營跨業業務，另為銀行本身直接兼營，無論以
何種形態跨業經營，都受法令與政府監理上的規範。依法，銀
行在投資於金融與非金融相關事業方面，從不得投資到須核准
而有限度投資，而投資金額上限不得超過投資時銀行實收資本
總額扣除累積虧損後之40%，且一個業別以一家為原則；投資非
金融相關事業之總額不得超過投資時銀行實收資本總額扣除累
積虧損後之10%，且對每一事業之投資金額不得超過該被投資事
業實收資本總額或已發行股份總數之5%。依照上述規定，1990
年開放商業銀行新設的最低資本額為100億元，因而轉投資可動
用的金額至少為40億元。若要成立一家票券金融公司，最低資
本額為20億元，商業銀行就可獨自投資申請設立一家，經營票
券業務；證券商最低實收資本額只需4億元，當然也是在商業銀
行可動支投資的額度內。因此，1994年開放票券金融公司新設
時，商業銀行如大安、大眾、萬通、萬泰、聯邦、玉山、富邦、
台新與中華等銀行都以投資設立票券金融公司方式，經營票券
業務。鑑於美國在1999年通過金融服務業之現代化法，以及日
本加速金融跨業經營制度之改革，國際上已將銀行轉投資證
券、保險等相關事業視為正常業務，而國內證券商藉由合併方
式提高其規模經濟，增加市場競爭力，於是政府在2000年1月也
就全面開放一般銀行轉投資綜合證券商，使得兼營證券業務的

銀行增加其競爭。為配合國外期貨經紀業務的開放，准許銀行轉投資成立期貨子公司，經營期貨業務。

　　在銀行本身直接兼營跨業業務方面，以證券業、票券業及保險業為主要分析對象。在證券業務上，乃延續以前的部分證券業務，繼續經營；在票券業務方面，1992年5月政府開放銀行辦理短期票券之經紀與自營業務，1995年8月又開放辦理短期票券的簽證與承銷。如此說來，票券業務已為銀行的一項業務，銀行可辦理票券有關的全部業務。銀行對保險業務的經營是受較多限制。由於金融商品不斷創新，使得銀行業務與保險之間的關係愈顯密切，銀行關於擔保品與借款人信用等保險事宜，均與保險業務有關，1996年財政部公布商業銀行轉投資相關規定後，開放銀行轉投資設立保險代理人公司，經營配銷業務。

　　然而，對金融機構業務多元化所產生的綜合經營效能，莫過於「金融控股公司法」的實施。2001年後，台灣的金融體制，經由金融控股公司的機制，連鎖經營銀行、證券與保險等業務，使得台灣金融市場呈現嶄新面貌。

　　政府雖在立法上採業務分立經營模式，但在執行上對銀行轉投資的行為，經由行政裁量，採原則禁止、例外准許之核准方式。因經不起金融自由化潮流的衝擊與社會大眾對金融服務多元化的需求，銀行業務終於朝多元化與自由化邁進，而銀行經營的業務變為綜合化之形態。

第二節　台灣存在金融集團嗎

　　在台灣歷史背景與三民主義的發達國家資本下，1960年代之前，台灣民間並無大企業可言，更遑論集團企業。到2004年為止，台灣經濟活動的基礎仍奠基於中小企業上，中小企業的家數占整體企業家數的比例高達97%，但在發展壯大的過程中，也見到大企業如電子業的台積電、聯電、鴻海、廣達等公司與台塑集團、統一集團、亞東集團、奇美集團等的壯大。若視公司上市或上櫃為大企業的話，台灣目前至少有千餘家大企業。

　　在台灣，金融業為特許產業，其所以如此，乃是因金融企業或金融集團，都經政府特許而產生。初期，政府對金融業是嚴格管制，不開放民間設立，只對信託投資公司與保險公司，在特殊而短暫期間內，曾開放民間申請（見第二章），而銀行、票券金融與證券金融等則不開放民間經營；直到金融自由化啟動後，才展開金融企業進出的自由化，讓民間設立證券商、商業銀行、票券金融公司、證券金融公司等，而商業銀行也可轉投資金融相關事業。政府對金融事業設立與轉投資機會的釋放，對企圖跨入金融版圖而同時擁有雄厚資金的集團企業來說，當然是千載難逢的好時機。把握機會，努力衝刺，金融集團於焉成形。

　　從1950到1980年代，台灣經濟穩健而持續的高成長，民間確實累積充沛資金與企業活動的動能。就以商業銀行開放設立為例說明，1990年開放新設時，在最低資本100億元的高門檻

下，居然有19家提出申請，主導的企業集團計有統一集團、太子集團、亞東集團、台塑集團、新光集團、聯邦集團、長億集團、華榮集團、太平洋集團、富邦集團與黨營企業等，資本形態可分為產業與商業資本、金融資本與政治資本，而產業、商業資本與政治資本出資的目的，就是將企業的經營版圖擴張到金融業銀行，金融資本出資的目的是將金融版圖再擴大，由保險業或證券業擴展到銀行業與票券業。

　　經由再投資的途徑擴大事業版圖，政府原本就有對企業限制的規範，在金融業方面限制尤嚴，旨在防止金融集團的形成，而免於金融勢力的集中。在企業規範方面，如規範銀行業同一關係股東最高持股比例，禁止銀行、證券與保險公司間負責人與經理人的互為兼任，原則上禁止董監事的兼任等等，另也特別規範金融事業與關係人或關係企業之間的交易。然而在台灣社會，政府制訂了政策，民間自然就有對策，正可謂道高一尺，魔高一丈。針對政府的管制規範，業者自有解決之道，如共同出資、人頭戶持股、交叉持股、策略聯盟、收購委託書或董監事派任等手段，不一而足，因而大企業可經由手段的施展而掌握銀行、證券商與保險公司的經營權，金融自由化後，在台灣的金融業利用分殖或演化形成金融集團（見中華民國加強儲蓄推行委員會金融研究小組，2001）。

　　依中華徵信所資料，中華民國加強儲蓄推行委員會金融研究小組指出，2000年台灣地區集團企業已達201家，而符合巴塞爾定義之金融集團共有15家，主要業務以銀行為主者有9家，以證券為主者有1家，以保險為主者有5家；涉及金融事業兩種以

上但以其他行業為主要業務之綜合企業集團者有4家。若以股權
結構分類，金融集團為家族持股者有11家，外商控股者有5家，
其他有3家，家族持股的金融集團在全部民間金融集團中所占比
例仍為多數，而本土型金融集團絕大部分為家族持股之形態。

表10.1 台灣金融集團股權結構及主要從事業務

主要業務	國家持股	家族持股	外商控股	其他
銀行為主	台灣銀行 台灣土地銀行 合作金庫 第一銀行 彰化銀行 華南銀行 台灣中小企銀 台灣產物保險公司 台灣人壽保險公司	和信集團 聯邦集團 大眾集團 宏泰集團	美國花旗集團 英國匯豐集團 荷蘭ABN-AMRO	中華開發銀行集團 玉山銀行集團
證券為主		日盛集團		
保險為主		富邦集團 新光集團 霖園集團	英國保誠集團 荷蘭ING集團	
綜合企業集團		力霸集團 遠東集團 潤泰集團		統一集團

資料來源：中華民國加強儲蓄推行委員會金融研究小組，《金融集團監理之比
較研究》(2001)，頁168。

　　這19家民間與外國的金融集團，所經營的金融事業機構名
稱與其他行業，列於「表10.2」。外商控股的5家金融集團所經營
的事業，絕大部分集中於金融事業上，而本土型的金融集團，
除中華開發銀行集團、玉山銀行集團、大眾集團等所經營的事
業集中於金融事業外，其餘的集團都涉及金融事業以外的產
業，尤其是不動產業與建築業；綜合企業集團所經營的事業，
類別更多，經營事業範圍更廣，它基本上是由製造業為核心所
分殖演化而進軍金融業的，因而除經營金融事業外，還涉及製
造業、營造業、運輸倉儲及通訊業、批發零售及餐飲業、不動
產業、工商服務業、社會及個人服務業等，可說營運相當複雜。

　　這19家金融集團所經營的金融事業，絕大部分都擁有銀行
（只有英國保誠集團例外），然後再配以證券、票券金融或保險
等；若擁有證券商者，再擴充經營到投資、證券投資信託，或
證券投資顧問等。金融集團所經營的金融事業，至少有兩家金
融事業公司，多時甚至達十多家。

　　到2000年，金融集團存在於台灣是事實。為了強化對金融
集團的管理與監督，為了二十一世紀的金融再造工程，鑑於美
國與日本先後引入金融控股公司法制，以提高金融事業的效率
與競爭力，更加落實對存款者與投資者權益的保障，台灣也於
2001年7月通過「金融控股公司法」。金控法實施後，上述本土
型的民間金融集團或國家持股的公營銀行，已開始陸續改制成
立金融控股公司，如第一銀行成立第　金控，華南銀行成立華
南金控，和信集團成立中國信託金控，日盛集團成立日盛金控，
富邦集團成立富邦金控，新光集團成立新光與台新兩家金控，

表10.2 台灣金融集團企業的金融事業機構

金融集團	金融業事業機構名稱	經營其他行業
和信集團	中國信託商業銀行 中國人壽保險 中信證券 中信證券投資信託 和信投資 中信投資 中租迪和	製造業、營造業、運輸倉儲及通訊業、不動產業、工商服務業、社會及個人服務業等
中華開發銀行集團	中華開發工業銀行 中華證券投資信託 華開租賃 中華創投 中亞創投 光華開發創投 中菲資產管理 華夏租賃中歐創投 東南亞投資	工商服務業等
大眾集團	大眾銀行 大眾綜合證券 大眾證券投資信託 大眾票券金融 大眾國際租賃	工商服務業等
宏泰集團	安泰銀行 宏福人壽保險	製造業、營造業、批發零售及餐飲業、不動產業等
聯邦集團	聯邦銀行 聯邦票券金融 聯邦投資信託 聯邦投資顧問 聯邦國際租賃 聯邦期貨 聯邦保險代理人	不動產業、社會及個人服務業

	聯邦財務	
玉山銀行集團	玉山銀行 玉山證券 玉山票券金融 玉山租賃	
荷蘭ABN-AMRO	荷蘭銀行 亞洲荷銀證投顧 荷銀證券亞洲台北分公司 荷蘭保險經紀人 荷蘭光華投信 荷蘭光華投顧	
匯豐集團	匯豐銀行 詹金寶亞洲證券台北分公司 匯豐保險經紀人 詹金寶證券投資顧問 中計投信	
花旗集團	花旗銀行 台灣大來國際信用卡 花旗所羅門美邦證券 花旗保險代理人	工商服務業
日盛集團	日盛證券 日盛期貨 日盛證券投資信託 日盛證券投資顧問 網絡證券 日盛銀行 日盛國際租賃 日盛國際投資控股	運輸倉儲及通訊業、工商服務業、個人及社會服務業
富邦集團	富邦產物保險 富邦人壽保險 富邦銀行	營造業、不動產業、工商服務業、社會及個人服務業

	富邦票券金融 富邦綜合證券 富邦證券投資信託 富邦證券投資顧問 富邦期貨 富邦證券金融 富邦創投	
霖園集團	國泰人壽保險 東泰產物保險 匯通銀行	營造業、不動產業、社會及個人服務業
新光集團	新光人壽保險 新光產物保險 台新國際商業銀行 台證綜合證券 台灣證券投資信託 台灣租賃 新光租賃	製造業、水電燃氣業、營造業、不動產業、批發零售及餐飲業、工商服務業、社會及個人服務業
英國保誠集團	保誠人壽 保誠投信	
荷蘭ING集團	安泰人壽 喬治亞人壽 荷興銀行 彰銀喬治亞投信 霸菱投顧 霸菱證券	
力霸集團	中華銀行 友聯產物保險 力華票券金融 東力投資 東嘉投資	製造業、運輸倉儲及通訊業、不動產業、批發零售及餐飲業、工商服務業、社會及個人服務業
統一集團	萬通銀行 萬通票券金融 統一綜合證券	製造業、運輸倉儲及通訊業、不動產業、批發零售及餐飲業、工商服務業、

	統一證券投資信託 統一證券投資顧問 統一產物保險 統一人壽保險 凱友投資	社會及個人服務業
潤泰集團	宜泰投資 長春投資 復華綜合證券 復華證券投資信託 華信銀行 金華信銀證券 潤泰租賃 光華開發創投 香港滬光國際投資管理 潤泰投資 匯弘投資	製造業、營造業、運輸倉儲及通訊業、不動產業、批發零售及餐飲業、工商服務業、社會及個人服務業
遠東集團	遠東銀行 亞東證券 遠東大聯投資信託 遠銀國際租賃 百鼎投資 裕元投資 遠鼎投資 德勤投資 百慕達遠東投資 百慕達遠東亞洲控股 開元國際投資 鼎元國際投資	製造業、營造業、運輸倉儲及通訊業、不動產業、批發零售及餐飲業、工商服務業、社會及個人服務業

資料來源：中華徵信所(2000)，《台灣地區集團企業研究》；中華民國加強儲蓄推行委員會金融研究小組(2001)，《金融集團監理之比較研究》。

霖園集團成立國泰金控，中華開發銀行集團成立中華開發金控，玉山銀行集團成立玉山金控等。金控公司的誕生，是台灣二十一世紀初在金融業上最具特色之一。

第三節　金融控股公司與其發展

一、金融控股公司法的要義與特色

　　針對二十世紀末的台灣銀行危機，政府為鼓勵金融業大規模經營，引進美國式的金融控股公司，來進行金融改造工程。在完成「金融控股公司法」的立法院三讀通過後，於2001年7月9日公布實施。該法開宗明義就揭示：為發揮金融機構綜效，強化金融跨業經營之合併監理，促進金融市場健全發展，並維護公共利益，特制定本法。

　　金融控股公司係指對銀行、保險公司或證券商有控制性持股，並依法設立之公司；控制性持股係指持有銀行、保險公司或證券商已發行有表決權股份總數或資本總額超過25%，或直接、間接選任或指派銀行、保險公司或證券商過半數之董事。金融控股公司本身並不直接從事業務營運，以控制性持股而掌握銀行、保險公司與證券商兩業別以上的子公司，同時可投資的事業包括銀行業、票券業、信用卡業、信託業、保險業、證券業、期貨業、創業投資事業、經主管機關核准投資之外國金融機構與其他經主管機關認定與金融業務相關之事業，其中銀行業包括商業銀行、專業銀行及信託投資公司；保險業包括財

產保險業、人身保險業、再保險公司、保險代理人及經紀人；證券業包括證券商、證券投資信託事業、證券投資顧問事業及證券金融事業；期貨業包括期貨商、槓桿交易商、期貨信託事業、期貨經理事業及期貨顧問事業。由此得知，台灣所設計的金融控股公司，以子公司方式可跨業經營整個金融業各業別業務，以收經營綜效，在體制上為革命性的變革。

金融控股公司法，共有69條條文，分為6章，分別為總則、轉換及分割、業務及財務、監督、罰則與附則，其特色如下：

(一)為台灣金融事業組織，創設一個以金控公司為形態的經營體制

進入二十一世紀，在台灣，金融機構的跨業經營已成事實，而金融集團亦儼然形成，金融事業組織體系稍顯紛亂；同時金融商品不斷創新，使得原本銀行、證券與保險間的業務變得模糊，而金融業傾向大型集團化發展。為因應國際競爭與組織結構的合理化，在經營體制上，政府引進美國式的金融控股公司，以子公司形態跨業經營，有別於綜合銀行的組織形態。在台灣，金融控股公司是新創的事業組織形態。

(二)以控制性持股規範為手段，強行性改制現存金融集團

在台灣，對關係企業的認定，原本是採法律所有權，而非實質控制權，因而現有的金融集團多以人頭戶或交叉持股等方式持有，規避監理。該法採取控制性股權的認定，規定具有下列事實者，應向主管機關申請許可，設立金融控股公司。

1. 同一人或同一關係人或同一關係企業持有銀行、保險公司與證券商兩業別以上的股份達25%以上者。

2. 可直接、間接選任或指派銀行、保險公司或證券商過半
數之董事者。

（三）對當前金融機構欲轉換為金控公司，提供法源

根據該法，金融機構經主管機關許可，得以營業讓與方式
或依股份轉換方式，轉換為金融控股公司或其子公司。同時規
定，金融控股公司的最低資本額為200億元。

（四）為金融整併，可與金融機構合併法相呼應

政府於2000年12月通過「金融機構合併法」，作為金融改造
工程的重要措施之一，目的在於擴大金融機構經濟規模、經濟
範疇與提升經營效率，及維護適當競爭環境。就金融整併而言，
金融控股公司法的目的，其實類似於金融機構合併法，因而當
金融控股公司設立與設立之後，與他公司為合併、概括讓與和
概括承受的情形，均可與金融機構合併法的精神相呼應。

（五）租稅優惠的獎勵配合措施

為有效引導金融機構與金融集團轉換成金融控股公司，該
法提供稅制連結之獎勵措施。在轉型時，因營業讓與和股份轉
換等所產生的稅負，如印花稅、契稅、所得稅、營業稅、證券
交易稅等，一律免徵；應繳納的土地增值稅准予記存；亦得享
有規費減免之優惠。

（六）擴大金融跨業經營範圍

金融控股公司可投資的金融事業，涵蓋整個金融業，如銀
行、票券、信用卡、信託、保險、證券、期貨、創投等，無所
不包，業務範圍甚廣，多樣化與多元化的經營模式，稱得上是
金融百貨，可為客戶提供金融性商品一站購足的便利性。

(七)交叉銷售，共同行銷與共用場所

在不損及客戶權益的前提下，金融控股公司與其子公司，得資訊交互運用，可共同行銷，共用營業設備或營業場所。

(八)採行常規交易

一方面在避免利益輸送或風險交互感染等情事發生；另一方面，為增加金融控股公司的營運綜效，而使公司內能有交易行為，對金融控股公司採用常規交易原則之規範，即金融控股公司及其子公司與其關係人或關係企業從事交易時，其條件不得優於其他同類對象。

(九)合併監理

成立金融控股公司後，應在其組織架構下，合併編製報表申報，提升業務與財務的完整性與透明化。

(十)風險集中管理

金融集團風險的集中，或可來自大額交易，或可來自集團內的交易行為，而以往在分業管理模式下會存有監理上的死角。該法，對金融控股公司及其子公司，與同一人、同一關係人、同一關係企業，所為的交易行為，如授信或背書等，須合併計算，應以加計總額或比率方式揭露，並向主管機關申報。

二、金融控股公司的成立與發展

金融控股公司法，確實改變了台灣現有的金融經營體制，使台灣金融改造工程有了立法依據，例如現有金融機構開拓金融版圖或金融集團大型化等。從此，各個金融機構莫不展開合縱連橫，經由經營讓與和股份轉換的方式，合併、概括讓與或

承受，重組台灣地區的金融市場版圖，進而朝組織大型化、經營業務綜合化的方向發展。

　　金融控股公司法於2001年公布實施，在當年就有4家提出申請而獲准設立。第一家成立的華南金控，由華南銀行爲主體，與永昌證券以股份轉換方式成立，並合併公誠證券；成立時資本額爲414億元，有兩家子公司，分別爲銀行子公司的華南銀行與證券子公司的永昌證券。第二家爲富邦金控，由富邦金融集團的富邦產物保險、富邦人壽保險、富邦證券與富邦銀行所組成，該集團原本就有較完整的金融版圖，而金融控股公司法卻提供該集團事業予以集中化的機會；不久，該金控又爭取到台北銀行的加入，金融版圖又在擴展中。第三家爲國泰金控，直接由國泰人壽轉型。第四家的中華開發金控，是由中華開發工業銀行轉型。

　　進入2002年，陸陸續續又有10家金控公司成立，計有玉山、復華、交銀、日盛、台新、新光、國票、建華、中國信託與兆豐。這些金控公司的成立，來自於金融集團內股份轉換的方式，計有玉山與復華金控；爲異業整合或合併的，計有交銀、台新、新光、國票與建華金控；直接轉型的，爲中國信託金控。交銀金控營運後，於2002年底，又與中國國際商業銀行、中國產物保險公司，以股份轉換方式，成立在台灣資本額最大的兆豐金控。2003年初，第一金控成立，是由第一商銀直接轉型而來。台灣共有14家金融公司，「表10.3」列出它們成立日期、成立時資本額、組成單位、組成形態與子公司等資料。金控公司的成立，最低資本額爲200億元，資本額在300億元以下者，計有玉

表10.3 金融控股公司成立一覽表
單位：億元

金控公司	成立日期	資本額	組成單位	組成形式	子公司
華南	2001.12.19	414	華南銀行 永昌證券（合 併公誠證券）	股份轉換	銀行子公司：華南銀行 證券子公司：永昌證券
富邦	2001.12.19	546.50	富邦產物保險 富邦人壽保險 富邦銀行 富邦證券	股份轉換	銀行子公司：富邦銀行 保險子公司：富邦產物 保險、富邦人壽保險 證券子公司：富邦證券
國泰	2001.12.31	583.86	國泰人壽	轉型	保險子公司：國泰人壽
中華開發	2001.12.28	783.84	中華開發工業 銀行	轉型	銀行子公司：中華開發 工業銀行
玉山	2002.01.28	229	玉山銀行 玉山票券金融 玉山證券	股份轉換	銀行子公司：玉山銀 行、玉山票券金融 證券子公司：玉山證券
復華	2002.02.04	209.1	復華證券金融 復華證券 （亞太商銀）	股份轉換	證券子公司：復華證券 金融、復華證券
交銀	2002.02.04	291	交通銀行 國際證券	股份轉換	銀行子公司：交通銀行 證券子公司：國際證券
日盛	2002.02.05	219.48	日盛證券 日盛銀行	股份轉換	銀行子公司：日盛銀行 證券子公司：日盛證券
台新	2002.02.18	230	台新銀行與大 安銀行 （台證證券及 台新票券）	合併轉型	銀行子公司：台新銀行
新光	2002.02.19	242.7	新光人壽 力世證券	股份轉換	保險子公司：新光人壽 證券子公司：力世證券
國票	2002.03.26	211.99	國際票券金融 協和證券、大 東證券	股份轉換	銀行子公司：國際票券 金融 證券子公司：協和證券 大東證券
建華	2002.05.09	353.84	華信銀行 建弘證券（金 信華銀證券合	股份轉換	銀行子公司：建華銀行 證券子公司：建華證券

			併)		
中國信託	2002.05.17	460.54	中國信託商銀	轉型	銀行子公司：中國信託商銀
兆豐	2002.12.31	1136.57	交通金控 中國國際商業銀行 中國產物保險	股份轉換	銀行子公司：交通銀行、中國國際商銀 證券子公司：倍利國際證券 保險子公司：中國產物保險
第一	2003.01.02	382.16	第一銀行	股份轉換	銀行子公司：第一銀行

資料來源：本研究整理。

山、日盛、復華、交通、台新、新光與國票等金控公司，資本額在500億元以上者有中華開發、富邦、國泰、兆豐等金控公司。就資本額而言，金控公司之間確實存有頗大差異。

　　金控公司所呈現的金融集團現仍在積極運作發展中。它們在金融業吸收同業或異業，謀求金融版圖的擴展，乃是由於組織大型化與經營多角化的利基，甚至在金控公司彼此之間也存有合併的意圖。從2001年有金控公司起，大致上某金控公司一成立，就會再繼續謀圖金融版圖的擴充。在資本增加方面，不外乎兩個途徑：一為合併，另為增資。有關合併，較顯著的例子，如萬通銀行併入中國信託金控；世華銀行併入國泰金控，而與國泰銀行合併後更名的子公司為國泰世華銀行；台北銀行併入富邦金控，而與富邦銀行合併後更名的子公司為台北富邦銀行；大華證券納入中華開發金控；明台產險與建弘證券投資信託併入第一金控；新光金控納併聯信商銀後更名為台灣新光銀行；台新銀行概括承受新竹十信等。這種合併的動作，或嫁、

或娶，在金融業中仍持續地在發酵、在進行，似乎沒有停止過。經由三年來的合併與增資過程，到2004年底，只剩下日盛與國票兩家金控公司的資本額仍在300億元以下，超過500億元的金控公司增加了華南、中國信託與第一金控，而中華開發與兆豐金控的資本額超過1000億元。三年來，金控公司所實收的資本額有顯著增長。

在資產規模方面，國泰金控高達2.5兆元，為台灣最大的企業；兆豐金控的資產接近2兆元，資產規模在兆元以上的金控還包括了華南、第一、富邦與中國信託；資產在3000億元以下的金控包括日盛、中華開發與國票金控。由此顯示，在金控公司中，不但資本額與淨值存有較大差異外，而資產規模的差異更大。更重要的一點是，資本額與淨值大，並不一定表示資產規模也大，之間沒有必然的關係。中華開發金控，資本額在金控公司的排名為第二，但在資產規模的排名卻為倒數第二，這是最顯著的例子。

金控公司的發展，大都放在業務的擴充上，不但追求量的增長，也開拓新的事業與商品，因而除原本經由營業讓與及股份轉換時，初有的子公司與業務範圍外，也積極開疆闢土，或異業合併，拓展業種；或同業合併，擴大營業據點；或新設子公司，經營新商品，目的在於能同時經營銀行、保險與證券業務，使市場占有率提高，其情形從「表10.3」與「表10.4」對子公司的比較，就可明瞭。「表10.4」顯示，這14家金控公司對銀行、保險公司與證券商至少擁有控制性持股兩家以上的子公司，而同時擁有這三種子公司的金控公司有6家，分別為華南、

表10.4　金融控股公司的發展　　　　　單位：億元

金控公司	資本額（2004年底）	淨值（2004年9月）	資產規模（2004年9月）	子公司
華南	557.96	777	15502	華南銀行 華南產險 華南永昌證券 華南永昌投信 華南票券金融公司 華南金創業投資股份有限公司 華南金管理顧問股份有限公司
富邦	825.41	1487	15005	台北銀行 富邦產險 富邦人壽 富邦證券 富邦證券投資信託股份有限公司 富邦金創業投資股份有限公司 港基國際銀行有限公司 富邦直效行銷顧問股份有限公司
國泰	830.75	1542	25023	國泰世華銀行 國泰人壽 國泰世紀產險 國泰綜合證券 國泰創投 怡泰貳創投 怡泰管理顧問
中華開發	1121.42	1097	2518	中華開發工業銀行 大華證券
玉山	276.79	377	4823	玉山銀行 玉山證券

			玉山票券金融 玉山保險經紀人 玉山證券投資信託 玉山創投
復華	300.64	389	3377	復華銀行 復華綜合證券 復華證券金融 金復華證券投資顧問 金復華投資證券信託 復華期貨 復華創投 復華資產管理 復華服務管理
日盛	275.33	301	2980	日盛國際商業銀行 日盛證券 日盛國際產物保險代理人
台新	429.88	687	7899	台新銀行 台證綜合證券 台新票券金融 台欣創投 台新資產管理 台新行銷顧問
新光	318.12	442	8890	台灣新光銀行 新光人壽 新光綜合證券 新壽保險經紀人 新昕證券投資信託
國票	211.99	245	1978	國際綜合證券 國際票券金融 國際創投
建華	394.52	490	5694	建華銀行 建華證券 建華證券投資信託

				建華人壽保險代理人 建華財物保險代理人 安信信用卡 建華創投 建華客服科技 建華管理顧問 建華行銷顧問
中國信託	577.9	997	14018	中國信託商業銀行(合併萬通銀行) 中信保險經紀人 中信銀綜合證券 中信票券金融 中信創投 中國信託資產管理
第一	554.91	765	15086	第一銀行 第一財產保險經紀人 明台產險 一銀證券 建弘證券投資信託 第一創投 第一金融資產管理 第一金融管理顧問
兆豐	1136.57	1571	19660	交通銀行 中國國際商業銀行 中國產險 中興票券金融 倍利國際證券 兆豐國際證券投資信託 兆豐資產管理

資料來源：本研究整理。

富邦、國泰、新光、第一與兆豐。這14家金控公司，13家擁有銀行(國票金控除外)，由此顯示以銀行爲金控公司子公司的重要地位。表中在子公司欄裡列出子公司的名稱，有些金控公司的子公司甚至發展到10家，但大都擁有5家以上，平均數每家擁有6.4家的子公司，經營業種的類別計有銀行、票券、信用卡、保險、證券、期貨、證券投資信託、證券投資顧問、創投、資產管理、保險經紀、保險代理、財務管理、行銷顧問等，涵蓋整個金融業的業種。這14家金控公司，共擁有90家子公司，其中共擁有15家銀行、8家保險公司、14家證券商與6家票券金融公司。

　　金控公司自己不但謀圖業務的擴充與事業的壯大，政府在規劃新世紀的金融藍圖時，也想藉由金融整併所給予的優惠措施與行政介入，期以能產生規模大且在區域上具有競爭力的金融機構，能產生一到兩家具領導性的金融機構具國際競爭能力，因而在合併的情事上，政府有時會擔任穿針引線的角色。2004年10月，陳水扁總統召開的經濟顧問小組會議，有關金控公司的政策目標有二：

　　(一)2006年底前，鼓勵14家金控公司整併爲7家。

　　(二)2005年底，至少促成3家大型金融機構之市場占有率達
　　　　10%，有效擴大規模經濟。

　　金控公司不但要整併，使家數減少，使存在的金控公司市場占有率提高，便競爭力增強，整個金融業在金融改造工程上，無論是同業或是異業，整合的工作也是持續不斷地在進行中。金融控股公司朝大型化發展，在台灣已成必然趨勢。

第四節　金控公司的地位與影響

一、金控公司在金融業的地位

　　金融控股公司以控制性持股的子公司,經營金融業各種業務,如銀行、保險與證券等,其組織的大型化,經營業務的綜合化、百貨化與專業化,在台灣金融事業中如鶴立雞群,地位顯著。金融控股公司旗下的子公司,以共同行銷、資訊交叉運用、共用營業設備或營業場所等方式,提供投資者或消費者「一站購足」的金融多樣化商品,創造範疇經濟與規模經濟,以降低營運成本。同時,金控公司可整合集團下不同機構的金融資源,對組織、管理與財務加以彈性運用,並以專業分工與經營效率來發揮業務綜效。

　　金控公司成立後,金融從業人員的服務內容與營業場所的營業項目也起變化。以前在銀行與證券的交易大廳,絕對看不到保險商品的廣告,更遑論對其商品的銷售;在從業人員方面,銀行行員就是專注於銀行業務,而證券經紀人員也是專注於證券經紀業務,絕對不會再增加保險業務、信用卡業務等;現在辦理授信、證券經紀之餘,再去努力促銷保險與信用卡等。這就是金控公司利用共同行銷與資訊交叉運用所呈現績效的實例之一,如此更能增長業務。

　　目前金控公司只有14家,就家數而言,在金融事業中所占比例確實不高;然而,這14家以業務或資產規模的市場占有率

而言，仍具有重要地位，因而社會輿論與政府咸認金控公司有再減少家數的必要。這14家金控公司所擁有的子公司中，銀行有15家，保險公司有8家，證券商有14家，票券金融公司有6家。就保險公司與保險業務、證券商與證券業務言，金控公司並不足以扮演舉足輕重的地位，但在銀行與票券金融業務方面，其重要性較高。

2004年底，台灣的銀行共有49家，其中所屬金控公司子公司的銀行有15家，如「表10.5」所示，所占比例為30.61%；然而就資本、資產規模、淨值、2004年稅前盈餘、存款與放款的比例分析，均越過家數比例，資本的比例為49.53%，資產規模的比例為42.27%，淨值的比例為52.36%，稅前盈餘的比例為73.59%，存款的比例為38.95%，放款的比例為39.80%，顯示金控公司的銀行子公司的資本、資產、淨值、稅前盈餘、存款與放款的水準，平均大於整個銀行業的水準。以平均比例為2.04%計，第一、華南、國泰世華、中國國際、台新、中國信託等銀行相對上為大型銀行，2005年初，台北銀行與富邦銀行合併後為台北富邦銀行，也會變為大型銀行；而復華、台灣新光、日盛銀行卻是小型銀行，中華開發工業銀行若不論資本，就其他項目評論，也是屬於小型銀行。

交通、第一、華南、台北、國泰世華、中國國際、建華、玉山、台新、富邦、中國信託等11家銀行的稅前盈餘比例均大於其他各項目比例，如資本、資產、淨值、存款與放款，金控公司創造了規模經濟與範疇經濟的綜效，確實反映在銀行子公司的稅前盈餘上。當然，也有金控公司銀行子公司的稅前盈餘

単位：百萬元

表10.5 2004年12月金控公司銀行子公司財務資料

	資本 金額	%	資產 金額	%	淨值 金額	%	稅前盈餘 金額	%	存款 金額	%	放款 金額	%	逾放比率
總計	988,915		25,505,253		1,574,430		155,348		19,673,436		15,077,668		2.78
交通	26,849	2.71	642,631	2.52	60,630	3.85	7,193	4.63	293,862	1.49	422,788	2.80	2.23
第一	46,216	4.67	1,539,706	6.04	69,675	4.43	12,004	7.73	1,151,706	5.85	836,108	5.55	1.27
華南	37,091	3.75	1,582,710	6.21	65,018	4.13	13,130	8.45	1,216,497	6.18	874,126	5.80	2.27
台北	23,377	2.36	704,463	2.76	51,541	3.27	5,416	3.49	492,203	2.50	317,907	2.11	1.65
國泰世華	43,182	4.37	1,028,724	4.03	84,311	5.36	17,668	11.37	778,867	3.96	586,461	3.89	0.76
中國國際	37,261	3.77	1,181,724	4.63	74,397	4.73	11,889	7.65	745,302	3.79	601,984	3.99	0.77
中華開發	92,669	9.37	202,404	0.79	127,511	8.10	-5,302	-3.41	37,114	0.19	55,301	0.37	1.55
復華	14,000	1.42	280,140	1.10	16,148	1.03	1,887	1.21	227,564	1.16	191,541	1.27	2.93
建華	19,444	1.97	472,046	1.85	28,828	1.83	4,880	3.14	329,205	1.67	259,828	1.72	0.74
玉山	20,175	2.04	436,516	1.71	33,774	2.15	8,443	5.43	330,990	1.68	275,340	1.83	0.88
台灣新光	10,659	1.08	86,286	0.34	10,519	0.67	36	0.02	74,684	0.38	53,091	0.27	2.29
台新	31,023	3.14	757,481	2.97	62,488	3.97	13,309	8.57	560,605	2.85	478,294	3.17	1.03
富邦	21,857	2.21	330,012	1.29	34,581	2.20	5,755	3.70	231,001	1.17	118,095	0.78	4.25
日盛	13,248	1.34	274,118	1.07	13,499	0.86	744	0.48	220,782	1.12	178,307	1.18	3.91
中國信託	52,764	5.34	1,262,683	4.95	91,403	5.81	17,269	11.12	972,170	4.94	751,132	4.98	1.66
合計	489,815	49.53	10,781,644	42.27	824,323	52.36	114,321	73.59	7,662,552	38.95	6,000,303	39.80	

資料來源：銀行局，《金融機構財務統計》(2005年2月)。

表現不盡理想，中華開發工業銀行盈餘爲負的，而日盛與台灣新光都因銀行規模小而獲利不顯著。

票券金融公司共14家，其中有6家爲金控公司的子公司，如「表10.6」所示。就家數言，屬於金控公司子公司的票券金融公司的比例爲42.86%，但就這6家公司合計的淨值、承銷額、交易額與資產比例觀察，均越過家數比例，淨值比例爲59.48%，承銷額比例爲59.02%，交易額比例爲51.34%，資產比例爲59.10%。這種現象產生最重要的原因，爲台灣三家老字號的票券金融公司有兩家爲金控公司的子公司所導致。老字號的票券金融公司因先占先贏，所以市場占有率較高。

表10.6　2004年金控公司票券金融子公司財務資料

單位：百萬元，%

	淨值		承銷額		交易額		資產規模	
	金額	比率	金額	比率	金額	比率	金額	比率
總計	139,195		4,909,867		104,373,123		1,196,225	
中興	37,231	26.75	1,278,118	26.03	21,940,064	21.02	262,131	21.91
國際	22,481	16.15	690,104	14.06	12,669,437	12.14	204,113	17.06
台新	6,913	4.97	438,080	8.92	6,223,004	5.96	67,498	5.64
中信	6,112	4.39	129,901	2.65	8,825,901	8.46	62,468	5.22
玉山	6,043	4.34	183,018	3.73	1,458,155	1.40	58,824	4.92
華南	4,013	2.88	178,510	3.64	2,471,766	2.37	51,876	4.34
合計	82,793	59.48	2,897,731	59.02	53,588,327	51.34	706,910	59.10

資料來源：銀行局，《基本金融資料》（2005年2月）。

二、金控公司所產生的可能影響

金控公司以子公司方式跨業經營，又可共同行銷，交叉運用資訊，可共用營業場所等在經營上的特徵，當然對金融業的影響既深且巨。於此，臚列可能的重要影響如下：

(一)藉金融整併，重組金融版圖，可能產生大者恆大的局面

金融控股公司法固然為台灣金融發展所面對的瓶頸，注入一劑強心針，打通任督二脈，在體制上提供一個新的發展契機。

自金融控股公司成立以來，金融業中的業別，同業也好，異業也罷，就不斷進行整合，不但購併事實呈現眼前，購併之聲亦不絕於耳。

基層金融機構不斷地被銀行與金融控股公司所購併，而金融控股公司為求市場占有率的提高，也不斷地購併銀行與信用合作社，甚至金控公司之間也要進行購併，整個金融版圖不斷地在重組中，金融控股公司的金融版圖愈來愈大。

可預期的重大影響之一，就是將來台灣金融機構的總家數會愈來愈少，大、小金融機構之間的資產規模差距會愈拉愈大，金融業的金融事業機構會產生大者恆大的局面。

(二)金融業今後可為綜合化經營模式

原則上，在金融控股公司法實施之前，台灣金融業的經營為分業經營形態，未獲政府許可，不得兼任他項業務；之後，該法提供了跨業經營的法源依據，綜合化經營是依法許可的，完全改變了台灣既存的金融經營體制。此種新的經營體制，可說改頭換面，影響何等巨大。

(三) 在組織、管理、行銷及財務運用上的彈性化

金融控股公司在經營體制上最大的特徵，就是組織大型化、經營綜合化與金融商品多樣化，因而就會在組織、管理、行銷及財務運用上產生彈性化之影響（見顏慶章，2002）。

1. 在組織方面，隨金融環境變遷，金控公司可經由投資與購併方式，擴增營運項目，而不影響事業既有的內部組織架構；而其他金融事業機構所受限制較多。

2. 在管理方面，因可資利用資源較豐富，在調度上，具有多元配置的選擇；在市場競爭策略上，營運範疇廣，統籌資源運用也廣；在策略規劃上，更具有靈活運用的空間。

3. 在行銷方面，在可共同行銷與可共用營業場所的情況下，不但可提供投資者一站購足的便捷性，多樣化金融商品搭配的銷售組合，也對投資者提高選擇性的可能，並對公司開創新的利基。

4. 在財務運用方面，在資金調度的統合性下，更具流動性及靈活度，金融控股公司對其子公司便具有決策及支援調度的機能。

(四) 因跨業經營，會提高營運風險

金控公司在跨業經營上固然可創造因規模經濟與範疇經濟而來的綜效，若運用不當，也會帶來營運風險的提高，如業別間風險交互感染、利益輸送等，因而興利防弊的措施尤為重要。在台灣，過去經驗顯示，即使是一家區域性的基層金融機構發生問題，因擠兌或異常提領就會對金融體系與經濟造成滿大的

衝擊,更何況資產規模如此龐大的金控公司。台灣經濟經不起金控公司所造成的風暴。合併監理的重要性是不容忽視的。在財務監理上的積極作為,公司內部稽核與控制制度的有效運作,資訊透明化的加強,公司治理的落實,防火牆的建立,都是不可或缺的機制。

第五節　對金控體制的評價

一、金控公司的效益與可能發生的反應

從金融機構的立場來看,由於整合作業平台,有節省公司成本的效果。如數個董事會併成一個董事會,數個總經理只剩下一個,數個營業部只剩下一個。從一般文獻上,金控公司的優點,包括營運效率的提高,因多角化經營分散風險或互保效應;因競爭公司變少,可增加市場力量,可使經營效率高的公司產生移化效果;可整合各公司的研發能力研發新產品,亦可使不同的產品使用相同的配銷通路,收交叉行銷之利。事實是否如此,尚待較多的案例佐證。

(一)從實際經驗上,在整合初期,被併公司的員工都有種因恐懼而產生的痛苦,甚至引發精神病。主併公司的員工也有一種顧慮,即合併後是否薪資會被削減,職位會被取消,在情緒上難免會產生心神不安的現象。無論主併公司或被併公司的員工均會有被裁員的危機感,從而影響工作情緒。針對這種反應,事前的妥善

規劃，合理的安排及必要的處理，至為重要。

(二)如果被併公司與主併公司的文化差異性太大時，強行
合併後，必然因衝突迭起，影響工作效率，降低生產
力，因此需要有時間，讓員工適應新的環境和融入新
的文化。

(三)在合併前，對於被併公司的無形資源要考慮到，諸如
員工的素質與敬業精神，及其與顧客已建立的良好關
係。同時被併公司所建立的良好聲譽也一併考慮在內
[高孔廉、黃啓強，〈台灣金融控股公司整合策略與綜
效之研究〉，《建華金融季刊》（93年7月），27期]。

二、派遣人力成為金控公司業務員的新血輪

為了降低工資成本，提高競爭力，不少金控公司利用派遣
公司所提供的業務員，抵補被遣散的業務員，這種舉動不僅讓
原雇用的業務員失業，也會使新的業務員失去應有的權益，使
其成為用過即丟的「免洗筷」。

傳統的派遣公司，無長期屬於公司成員所提供的人力，完
全是臨時性的組合，既無退休金可提撥，亦無年終獎金可領；
而雇用的金控公司只須付一筆費用給派遣公司，或受雇的業務
員，並不負責雇用人員的福利待遇。這樣一來，金控公司雖省
掉了一筆人事費，卻為社會製造了麻煩——失業率的提高。同
時無法養成員工肯與老闆共同為公司打拚、貧富共享的心。既
然員工都是「臨時性質」，便無法形成對公司「效忠」的情操。
公司一有困難，便會有自謀出路、各奔前程的想法。

三、「數大即是美」但不一定能保證永續發展

台灣迄2005年已成立了14家金控公司，但與西方國家的金控公司比起來，還是小規模。於是，財經當局認為還要繼續再合併，以台灣經濟規模來說，也許6、7家金控公司就夠了。

今後，為因應全球化的衝擊，金融市場是區域性的，也是全球性的。不再有政府的任何保護措施，也沒有差別性的優惠待遇。因此公司規模大，必須要有具國際觀、有魄力、有眼光的企業家當老闆，這對不少財團而言，是一項嚴厲的挑戰，因為在此情況下，家族式繼承必失去功能。公司必須建立一種機制——如何物色賢能的人擔任公司的舵手，才能使公司在激烈競爭中力爭上游；同時更須建立名副其實的公司治理機制，使公司舞弊案之發生降低為零。

公司規模多大才夠規模？因為金融公司為一種服務業，人力成本在總成本中占較大的比例，只要邊際收益等於零時，就達到規模經濟的境界。

第十一章
全球化與台灣金融體制

第一節　全球化在金融領域的意義

　　金融國際化與自由化是金融全球化的先決條件，也就是說，如果一國之金融體制尚未達到國際化與自由化的境界，就直接接受全球化的規範，幾乎是不可能的事。所謂全球化，主要是指經濟全球化，亦即經濟成長的要素（勞動、資本、技術和知識），在市場法則的運作之下，通過貿易、金融和投資等管道，得在世界各地自由流動。

　　經濟全球化對已開發國家而言，認為是經濟自由化的最後歸宿，但對一般開發中國家而言，認為它是難以承受的夢魘，因為：一、現行的國際規範是以已開發國家利益為前提的產物，很少考慮到開發中國家的背景和利益，這會使它們放棄傳統上存在的利益，來迎合這種國際規範；二、它們也認為全球化是對它們金融安全的挑戰。由於一般開發中國家的金融體制落

後，又不健全，一旦開放金融市場，難免會遭受國際投機分子
之覬覦與攻擊，使脆弱的資本市場毀於一旦。

儘管經濟全球化已受到不少人的抗拒，但是跨國企業在各
地迅速發展，而世界貿易組織(WTO)的成員又不斷增加，均已
為全球化疏通了交流的管道[1]。

台灣早已脫離開發中國家的範疇，進入新興工業化社會，
但距已開發國家尚差一段距離，目前能否承受金融全球化的衝
擊，尚為執政當局所疑慮。我們將從下列幾個角度，探討全球
化與台灣金融體制：一、直接投資的全球化，二、直接投資與
外交政策，三、間接投資的全球化，四、金融機構設置全球化，
五、外匯可自由移轉。除此，也將討論金融機構因應全球化的
對策。

第二節　直接投資(FDI)的全球化

作為地球村和世界貿易組織(WTO)成員的台灣，無可避免
地面對金融全球化浪潮的衝擊。台灣的對外貿易自由化程度幾
已達到了WTO所要求的水準，可是台灣資本的國際化尚受到相
當多的限制。單就對外直接投資而言，台灣的中小企業可到世
界各地投資生產，但較大規模的企業到中國大陸投資尚受到很
多限制，包括投資金額的限制和電子資訊產品機器設備的限

1　Joseph E. Stiglitz, Globalization And Its Discontents, *Penguin
　　Books*(2002), Chapter 1.

制。對於外人來台投資，除中國大陸外，都會受到熱烈的歡迎。
至於陸資來台受很大限制的程度，2004年6月間政府曾宣布陸資
來投資製造業受「三不原則」之限制：

　　一、根據「僑外投資負面表列」，禁止及限制陸資投資業別
　　　　項目。

　　二、依經濟部「在大陸地區從事投資或技術合作辦法」公
　　　　告「在大陸地區從事投資或技術合作禁止類製造產品
　　　　項目」，暫不開放陸資投資。

　　三、對產業發展有重大影響或發展中新興產業項目暫不開放。

　　除了製造業以外，農業、運輸業、保險業、礦業、教育服
務業，陸資來台投資的範圍都不能超過僑外資來台投資的範
圍。凡列入「促進產業升級條例」屬於新興重要策略性產業，
享有租稅獎勵的項目，都將禁止或限制陸資來台投資。

　　此外，陸資投資上市公司持股比率也不得超過50%，更不允
許陸資在公開市場收購上市、上櫃公司股權[2]。

　　從以上規定中，可看到對僑外資的投資項目固有所限制，
對中國大陸來台投資之限制更嚴。對於享受租稅獎勵的新興重
要策略性產業，不准陸資染指，顯示既不符合投資對國民經濟
的重要性，也違反WTO國民待遇，一律平等對待的原則。

　　台商在大陸投資並不限於傳統產業，也擴及電子業和資訊
產業，相對而言，大陸企業來台投資這方面的產業都被禁止。
這種限制更與全球化的潮流相違背。

　2　參見《經濟日報》（2004年6月23日），7版。

　　近年來，由於台灣政局杌隉不安，兩岸政治關係又變化莫測，致使其他國家的企業對來台投資不夠熱絡。

　　近13年來，與中國大陸的商品貿易發展很快，唯由於進口大陸商品受到很大限制，每年都呈現出超現象，即以最近四年（2000至2003年）而言，對大陸出超，依次為199.21億美元、181.59億美元、214.99億美元及243.96億美元，而這些出超為構成台灣外匯存底的重要部分。台灣對大陸的直接投資，以過去13年（1991至2003年）而言，經濟部的核備金額為287.04億美元，其實，這是個低估的數字[3]。可是大陸對台灣的直接投資卻無任何紀錄。

表11.1　對外（外人來台）直接投資　　　　　　　單位：億美元

年	對外直接投資			外人來台投資	出超		
	合計	對中國大陸	對其他地區		總出超	對中國大陸	對其他地區
1999	44.20	12.53	31.67	29.26	109.01	166.95	-57.94
2000	67.01	26.07	40.94	49.28	83.11	199.21	-116.10
2001	54.80	27.84	26.96	41.09	156.29	181.59	-25.30
2002	48.86	38.59	10.27	14.45	180.66	214.99	-34.33
2003	56.82	45.95	10.92	4.53	169.31	243.96	-74.65

資料來源：海峽交流基金會，《兩岸經貿》（2004年12月），156期。行政院主計處，《中華民國統計月報》（2004年12月），467期。

3　為逃避政府的禁止，不少台商到香港或南太平洋的維京群島設立紙公司，在當地註冊，然後到大陸投資，而這些投資當然不在經濟部核准之列。

　　除此，台灣對東南亞國家，如越南、馬來西亞、泰國、印尼均有相當數額之直接投資，同時，台灣在美國、歐洲國家也有不少直接投資。外人來台直接投資，主要的爲美國和日本。例如2000年，外人來台直接投資爲49.28億美元，台灣對外直接投資爲67.01億美元，到2003年，前者降爲4.53億美元，後者減爲56.82億美元，其中對大陸直接投資增至45.95億美元，對其他地區直接投資減爲10.92億美元。

　　在東亞各國均力爭外資前來直接投資的風氣下，近幾年台灣的外人直接投資不增反減現象具有兩種原因：一、投資環境不利於外人投資；二、國家安全受到嚴重威脅。前者是經濟環境欠佳問題，包括勞動成本高，缺乏國際競爭力，政府的行政效率差等問題。如果本身具有開發新產品的技術，也可抵銷勞動成本偏高的缺點。但是，台灣的新興產業仍然是以OEM和ODM方式接訂單生產，本身無自己的品牌，致直接外銷的通路不多。再就後者而言，政治環境的杌隉不安，不僅境內有尖銳的政治爭鬥、族群失和、治安不良，而且兩岸關係始終是個不定時的炸彈，作爲外商，自然會考慮到企業經營的安全問題，以及生命財產的安全問題。其實，兩岸關係的安危是企業做決定最重要的考慮。如果兩岸關係和諧，其他的問題也會迎刃而解。

第三節　直接投資與外交政策

　　在台灣，儘管市場經濟的發展已有相當的年代，但是執政

當局對市場經濟的本質仍然不夠明瞭。自政府於1971年退出聯合國之後,與中華民國有邦交的國家愈來愈少,到1990年代,與中華民國有邦交的國家尚不到30個,而且這些國家大都是中美洲、非洲及南洋的小國,國家幅員既小,且經濟又十分落後,它們無不渴求與其有邦交的國家給予它們金錢、物資的援助。在1980年代,台灣對很多非洲弱小國家,給予技術上的援助,而且也產生了良好的績效,可是這些國家經常有政變,政變之後,獲勝的一方多不承認前朝所留下的外交關係,往往使台灣的援助無法賡續,導致前功盡棄。

無論在威權時代,或非威權時代,執政當局總認為:要鞏固與這些落後國家的外交關係,一是政府資助它們建公路、橋梁、機場、漁港,甚至支持其執政當局的選舉;一是鼓勵民營企業到這些國家投資。而這些外交與國了解到台北政府與北京政府有敵對關係,它們就利用這個矛盾,進行對兩岸政府的勒索;事實上,它們確實達成了勒索的目的,如南洋的諾魯、東非之吉尼亞比索等小國。所謂「食髓知味」,它們就會不斷地勒索,往往都達成了目的。

至於鼓勵台灣民營企業去這些國家投資,執政當局完全忽略民營企業為求生存、求發展的目的。民營企業之到海外投資有其自利的動機,包括:一、為了利用當地的廉價勞工,繼續從事勞力密集產業的生產;如不出走,留在台灣繼續生產會因所生產的產品賣不出去而倒閉關門;二、為了掌握當地的原料:有些開發中國家盛產一些有價值的原料,如木材、煤炭、石油等,而且這些產地的政府不願直接輸出原料,而本身又無資本

開發，因此到這種國家投資，可利用其原料，加工生產高價值產品，獲利較豐；三、爲了就地掌握市場：爲減少運輸上的不便，通常在接近市場的地方生產，既可減少生產成本，又可掌握市場的需求情況，也有利於調整生產線；四、爲了掌握具比較優勢的產地：稍具規模的企業總是將生產線分布在世界各地具比較優勢的地方，然後利用各地生產的零組件，集中在母場，將其組裝成爲最具比較優勢的產品；五、到受大國優惠待遇的開發中國家，設廠生產，也可享受優惠，進入大國市場。除此，民營企業更要考慮當地的投資環境，包括經濟的及非經濟的，如果當地的投資環境不佳，民營企業也不願去冒險。以上這些條件是民營企業對外投資要考慮的條件，而近年來全球化浪潮對上述目的達成，提供了有利的條件。

　　政府之鼓勵民營企業到這些國家投資，主要著眼於鞏固外交關係。有些民營企業之願意配合政府的外交政策，也有其不足爲外人道的動機，即爲了獲得公營金融機構的大量融資、公共工程優先得標等機會。可是要達成這些目的，所冒的風險就相當大。首先，外交與國一旦發生政變，台商往往首當其衝被犧牲，因爲這個國家的政府認爲台商是政府外交的馬前卒，而不認爲他們是眞正的民營企業。至於受到損失的台商能否得到政府的補償？如果在野黨在國會占大多數席次，政府的財經部門就不敢因犯「圖利他人」之罪名，而去支援受損失的台商。如果政府長年處於大量財政赤字的情況下，更不敢輕舉妄動，從事「利益輸送」的勾當。所以受損失的台商，也就得不到政府的補償。

　　總而言之，在市場經濟體制下，直接投資是民營企業本身的事，而外交政策不宜與民營企業的直接投資掛鉤，否則受傷的民營企業所產生的「寒蟬效應」，則非政府力量所能挽回。況自2006年起，台灣在對外經貿關係上必須服膺WTO的規定；而且對它所引進的全球化浪潮，必須做更周延的適應，才不致手足無措。

第四節　間接投資的全球化

　　對外間接投資或外人來台間接投資主要為證券投資和債券投資，台灣政府對於對外間接投資並無明文限制，很多人可購買美國的道瓊股票和那斯達克股票，也可購買美國政府的債券或民間企業所發行的公司債券。可是外資來台投資貨幣基金卻受一些限制，政府為避免外資錢進台灣，在貨幣市場上從事短期套利，加劇台幣升值壓力，乃限制外資可投資於投信所發行的貨幣型基金，且其投資金額不得逾總額度的30%。唯在現行法令下，外資匯入的資金，可全數投資於受益憑證(或基金)，像債券型基金、股票型基金、組合型基金等。外資可將匯入的金額全數投資於這些基金上面，唯投信所發行的貨幣型基金卻受到投資比例上的限制。

　　尤其近年來，外國銀行在台灣設立分行；它們可辦理各國的衍生性金融商品，很多是債券和股票組合而成的金融產品。同樣，外國人也可在台灣購買股票和債券，不過在金額上要受某種程度的限制。政府的考慮是：如果某一外國企業由某一發

行股票公司所購買的股票在該公司發行股票中占較大份額，當它被全部拋售時，就會影響此種股票的價位，甚至使其破產。台灣的企業在國際市場上對於購買外國股票或債券，尚未形成呼風喚雨的力量。

　　至於在這方面與大陸的關係，政府尚不准大陸個人或企業購買台灣的股票，以免中共利用此機會，造成股市或債市的崩盤。這種想法是假定大陸企業購買台灣股票是中共政府所指使的，這種想法如果是在大陸經改以前，或有其可能性，可是大陸經濟經過25年的經改，民營企業如雨後春筍一般地興起，而且對國有企業的發展形成嚴重的威脅，因為絕大部分國有企業缺乏效率與國際競爭力，而且呆帳比率相當高，處在這種困境下，中共政府還能利用它們擾亂台灣金融市場，可說是件不可思議的事。大陸的民營企業在經營作風上，和台灣的民營企業並無軒輊之分，它們來台灣投資金融市場完全是為了自己牟利。在這個觀點上，它們的進出台灣金融市場，完全視有無牟利機會而定。如果大陸資金投入台灣金融市場，會使消沉不振的市場振作起來，反而有利於台灣金融業的發展。

　　對於這個問題，在台的外商曾語重心長地直言，台灣的政府應重新檢視兩岸經貿政策，「讓政治的歸政治，經濟的歸經濟」，不要忽略「台灣會被邊緣化」的潛在危機，因為他們看到台股成交量急速萎縮，企業搶著上市、上櫃的榮景不再，認為台灣資本市場已面臨關鍵轉折點。這是外國廠商的感受，至於國內廠商，他們認為建言無回應，只有悄悄地用行動表示他們的選擇。

不過,台商在大陸可購買大陸的股票,而且也可申請股票上市,兩相對照,又顯示台灣所爲是種歧視行爲,這於台灣的形象亦不利。

第五節 金融機構設置全球化

爲了支持海外投資,或者爲了引進外人資本,通常本國的業者到哪裡,就會有本國的金融機構服務到哪裡,這對海外投資提供了方便,使海外投資不致因融資無著,陷於困境;對於外人前來國內投資的廠商,同樣,也提供了及時的服務,使其投資計畫如期實現。近十年來,歐美國家在台灣設立銀行者相當多,而它們的表現也較優異,例如呆帳比率相對較小。

到目前爲止,台商可在世界各國設立金融機構的分行,唯中國大陸除外。通常台商以設辦事處的方式,在有限的銀行作業情況下發展;至於中國大陸銀行能否在台灣設立分行,迄今尚無可能,原因是兩岸政治關係尙未解決,台灣的執政當局認爲准許對岸來台設立銀行,是國與國對等關係之下的產物;如果缺乏這種關係,兩岸互設機構的可能性就很低了。

據統計,在大陸台商有百萬多家。如果得不到當地銀行的融資,它們往往利用在大陸,或新、港的外國銀行解決融資問題,這對台灣總體經濟而言,是一種損失。照目前政府的觀念與作風,要使兩岸互設金融機構似乎是件不可能的事。這對兩岸都是損失。

第六節　外匯可自由移轉

　　所謂金融全球化，也指一般社會大眾可持有外匯不受限制，可是缺乏信心的執政當局反對這種作法，總認為：一旦政局不穩，一般社會大眾在瞬息之間，會將政府所累積的外匯匯到國外去，形成政府的金融危機。這種經驗在台灣是有先例的。直到現在，政府對一般人民每年匯出的外匯設有一定的數額，而且超出某一限額，必須額外申請，申請是否獲准，完全視政府的決定。同時對於匯入外匯，也有一定的限制，政府所考慮的是，怕國際投機客進入股市，進行投機行為，造成股市崩盤。這些考慮都是從過去的經驗得來的。

　　由於兩岸政治關係仍處於緊張狀態，對於到大陸投資廠商將資金匯到大陸，凡逾5000萬美元者，必須經過政府的核准。這種限制只約束了聽從命令的廠商，對於大型廠商的限制，實質上，發生的效果很小，因為它們利用與外商的關係，從事合夥投資，或者將資金先轉移到太平洋的小島，在上面設一紙公司，利用此紙公司，便可將大量的美金匯入大陸；至於一般中小企業，大都採用「陳倉暗渡」的方式，將資金帶到大陸去投資。

　　對於一般民眾的匯款，如數額不大，很多銀行可以辦理，如超過新台幣50萬元的美元匯款，要填表，由主辦銀行呈報政府當局備查。其實，台灣與大陸的資金來往，有不少是靠地方管道完成的，如銀樓、當鋪等機構，它們有來往兩岸的管道，

而且效率很高。

時代變了，而且在台灣，政府所擁有的外匯之多已居世界第三位（第一位爲日本，第二位爲中國大陸）。在這種情況下，是否須有此種顧慮？根據金融自由化的眞諦，人民持有外匯有自由移轉的權利，而政府所應做的，不是去限制人民對外匯的自由移轉，而是如何去消除影響人民持有大量外匯的根本因素，這才是治本之道。

第七節　金融機構因應全球化的對策

自二十世紀的後期，西方國家的金融機構無不增大其規模，俾收規模經濟之利；如有大的規模，就有力量同外國的金融機構進行競爭，於是金融機構兼併、購併之風興起。自1990年代以來，西方國家的大型銀行根據「巴塞爾協議」的要求，開始了大規模的合併、購併等活動，以提高其效益。1993年以來，世界排名200名以內的大規模銀行之間至少發生了25次合併；僅1999年，就發生了7次大規模的金融機構兼併案[4]。

復次，在很多國家，銀行、證券和保險是分別經營的，美國首先將此三種業務合併在一起，而台灣也於2002年通過金融控股公司法，允許這種分離的行業合併在一起經營，從而增多資產，卻減少同質工作的員工。目前，台灣已有14家金控公司獲准成立，然就台灣的經濟規模而言，14家金控公司仍屬偏多。

4　張宗斌，《全球與國企命運》（台灣日報出版社，2002年），頁4。

　　至於這14家金控公司能否與國際上的大型金融機構相競爭，尚待考驗。不過，在全球化擴展的領域，凡未能占市場較大份額的金融機構，在競爭上就非常吃力，因此，有人主張，以台灣的經濟規模而言，最多能容納五家金控公司，然而在「寧為雞首，不為牛後」的傳統觀念支配之下，要進一步整合，也是件困難的工作。

　　擴大經營規模，是否會順理成章地帶來高的生產力？這是個待證明的議題。金控的結果往往是削減同質的員工，造成結構性失業，成為難以解決的社會問題，最後由政府去傷腦筋。

　　金融機構因應國際性競爭，除了擴大經營規模外，更重要的是：

一、金融機構內部的監理要認真執行，避免員工利用監控疏忽，發生掏空其財務的情事；過去台灣的銀行曾發生過嚴重的掏空事件。

二、會計制度要健全，對財務上的幾個重要指標要確實呈現出來。

三、對借貸對象要認真查核：在借貸前，要了解其經營背景、財務狀況；在貸出後，要時時了解其運用情況，以免將貸款改作投機行動。

四、對員工要定期培訓，增加其現代金融觀念與技術。

五、對員工建立優良的退休制度，使員工心悅誠服地為公司效勞。

六、要增強金融研發部門，對舊有的制度要不斷改良，對新產品要做縝密的設計。同時要掌握全球的金融動態

及對金融有直接影響的重大事件之資訊。

七、使員工有適應國際化的應對能力，提高對客戶服務的滿意程度。

其實，增強國際競爭力，主要為人才和制度。所謂人才是國際性的人才，對這種人才，一定要爭取，它包括技術人才、研發人才、經理人才、行銷人才。同時要有優良的制度能留住人才。就這兩方面而言，台灣須加強努力，痛改以往狹隘的地域觀念，建立良好的人事制度，吸收並適用最優秀的人才。

質言之，唯使金融機構能經常健全自己，不斷提升技能，及時掌握全球有關資訊，才能在全球化潮流下，免被淘汰，永續發展。

第十二章
金融在經濟發展中之角色

第一節　金融發展與經濟發展

　　經濟之所以能持續發展，要件之一是靠資本不斷累積；而資本能產生累積，需要有一個具效率的金融體系，將社會上閒置游資導向生產性投資。因而，在經濟發展上，金融業所提供的服務，不但是國內生產毛額的重要成分，且爲經濟活動的供血系統，對經濟發展注入新的活力，使之持續。

　　經濟發展必須要有金融，金融絕對不是經濟的一層面紗。金融在經濟發展上的重要性，Goldsmith（1969）、Shaw（1973）與Mckinnon（1973）等都曾特別予以強調。

　　近年來，內生經濟成長理論在學術上地位的升高，亦強調金融中介的重要性，如Bencivenga與Smith（1991）、Levine（1991, 1997）、Saint-Paul（1992），以及Benhabib與Spiegel（2000）等，而世界銀行（World Bank）更對金融在經濟發展與成長上的角色與

地位進行大量而豐富的研究[1]。

　　經濟發展，所得增加，可使國民儲蓄提高；交易頻繁，投資機會多，更能擴大金融規模。通常，發達的經濟更重視效率，這有助於金融服務邁向效率化與現代化。無庸置疑，經濟發展須靠金融配合；經濟發展也會促使金融發展，兩者相輔相成，不能偏廢。

一、從金融服務不足到金融過度競爭

　　茲從經濟發展的角度，分析台灣金融發展現象。自金融體制建立後，在早期由於嚴格管制，造成金融服務不足現象；在後期由於金融自由化的結果，卻造成金融過度競爭的局面。

　　1980年代之前，政府對金融業採取嚴格管制措施。對於銀行業，基本上不讓民間來經營，因此，體制上多屬公營，並納入行政體系下來運作。對資金價格與分配，也是小心翼翼，不讓銀行獨立作業；在貸款方向，常以政策性貸款扶助某些產業發展。至於對匯率，因外匯有限，甚至不足，管制更為嚴格。之後，由於台灣經濟的快速成長，國內資金因而大量累積，同時又迫於外來壓力，政府便於1980年代中期逐步放寬對利率與匯率的訂定；對融資與融匯的決定，也由市場機制去調整。到1990年代初期，政府准許民營銀行設立，使金融市場也變成可競爭的市場。

　　1　如世界銀行曾出版 *Finance for Growth: Policy Choice in a Volatile World*（2001）。

　　在政府嚴格管制銀行新設的情況下，銀行家數增長緩慢，遠遠落後於國內經濟活動規模的擴大與金融體系存、放款的成長。從1961到1981年，本國銀行（指一般銀行與中小企業銀行）由18家增到23家，只新增5家；分支機構由326家增加到713家，而全部金融機構分支機構由1961年的2,084家，增加到1981年的3,293家，增加58.01%。在這期間，實質國內生產毛額增加5.32倍；全國金融機構的存款與放款餘額分別增加53.72倍與58.65倍。由此顯示，金融機構家數的增長率遠低於經濟活動的增長率。在1980年代，金融機構發展家數落後於經濟發展的現象仍然存在。1981到1991年間，本國銀行只增加2家，而分支機構增加198家，增長率為35.48%；至於全部金融機構分支機構的家數由3,293家增加到4,005家，增加率為21.62%（見「表3.2、表3.5、表3.6」）。同期間，實質國內生產毛額增加1.17倍，全國金融機構的存款與放款餘額分別增加5.89倍與4.32倍。與經濟活動相比，金融機構家數增長依然緩慢，跟不上經濟發展的腳步，致呈現金融服務不足的局面。

　　金融機構在政府聯合壟斷經營下，又採取官訂利率，實施低利率政策。公營金融機構服務不足，導致台灣金融體系產生「金融壓抑」（financial repression），而黑市借貸市場於焉誕生，因而金融體系成為雙元形態（duality）：有組織的金融機構體系與無組織的民間黑市借貸並存。金融壓抑的結果，呈現出民間借貸利率大大地高於銀行體系的官定利率，在1960與1970年代，民間借貸利率至少比銀行一般放款利率平均高出46%；而民間借貸利率比銀行的外銷貸款利率平均高出69%。由於有組織金融機

構之作風類似衙門，行事類似當鋪，金融中介功能不彰，一般人就轉向民間借貸；尤其是互助會一類組織，在台灣確是一股實力龐大的民間借貸市場。就資金流量而言，從1964到1981年，民間借貸所占比例為35.83%。民間借貸市場在提供家庭部門與民營企業所需資金的重要性，可能不亞於金融機構，比例約為47%，由此顯示民間借貸市場在資金供需上所扮演角色的重要性（許嘉棟，1984）。

在金融壓抑期間，財金當局對銀行資金分配，也曾實施選擇性信用管制。銀行在放款對象上，比較偏愛公營事業與大企業。1964到1981年間，公營事業的生產總值為民營企業的23.08%，所獲金融機構的借款比例卻高達36.45%[2]。大企業取得金融機構的融資，也比中小企業為多，根據1965到1972年台灣工礦業調查報告，運用資金在1000萬元以上的大企業，平均每單位營業收入中獲金融機構借款數，為運用資金在1000萬元以下之中小企業的5.39倍（許嘉棟，1984）。

1980年代政府推動金融自由化，到了1990年代，不但允許商業銀行由民間開設，也鼓勵其他金融機構如信託投資公司、中小企銀改制為商業銀行，同時體質不佳的信用合作社及農、漁會信用部則由公營銀行概括承受。2001年金融機構變化情形，其中中小企業銀行、信用合作社、農、漁會信用部與信託投資公司的總機構家數都比1996年減少了，唯獨本國一般銀行的總家數繼續增加，由1991年17家增到2001年48家，淨增31家，

---

2 根據許嘉棟（1984）的表6計算而得。

這比過去40餘年所增加的總機構家數還多。金融機構的總數在2001年為6,068家,比1991年淨增2,107家,增率為53.19%,其中本國銀行分支機構增加到3,005家,比1991年淨增1,959家,增率為187.28%(見「表3.2」)。開放商業銀行新設後,商業銀行的總家數與分支機構家數都呈快速增長,與1991年之前相比,可說是截然不同的兩種局面。同期間,國內存、放款增長率分別為166.1%與142.51%,增長的情形反而落後於本國銀行家數的增長。由此顯示銀行存貸業務的競爭狀況。

民營銀行加入金融業服務行列,金融服務呈現質的變化,由以供給為主導的營運轉為以需求為導向的服務,以客為尊,服務變為親切。銀行間呈現激烈競爭局面,利差縮小,乃開挖邊際客戶,導致營運風險增高;而基層金融機構,因受區域經營之限,又面對銀行大軍壓境,營運因而產生困境。

金融自由化,不僅表現為銀行開設的許可,同時也表現為資本市場與貨幣市場的自由化與效率化。直接金融的壯大,對間接金融如銀行貸款業務就具替代性,如此對銀行以存貸為主的業務就產生另一種競爭,而壓縮其發展空間。金融機構在內、外競爭環境的快速變遷下,家數急速增加,造成過多銀行(over banking),過度競爭。此種現象所呈現的局面,就是銀行資產報酬率與淨值報酬率的滑落,以及問題金融機構的爆發。金融業開放競爭,也許效率可彰顯,在金融紀律未能落實的情況下,反而呈現金融不安全的危機。台灣在1990年代後期,問題金融機構不斷發生擠兌風波,就是最佳的寫照。

二、金融深化

金融發展，除產生質變與結構變化外，一般對其研究大都集中於量化的衡量上，其中最為普遍者莫過於金融深化（financial deepening）。金融深化的指標，係以金融性資產或相關變數占GDP的比例來表示，最初所選取的變數為貨幣供給。隨著經濟發展，國民所得水準提高，生產交易擴大，貨幣經濟的範圍亦跟著擴大，即是貨幣化；而生產在效率的追求上，講求專業與分工，導致生產迂迴化，如台灣電子業原本為廠內本身的垂直整合生產模式變為廠外合作的垂直分工生產模式，貨幣供給的增長會大於GDP。至於其衡量方法包括下列三類：

（一）隨著經濟發展，貨幣供給占GDP的比例會逐漸提高，這就是金融深化

在台灣經濟發展過程中，貨幣供給占GDP的比例，由M_{1b}所示者，從1961年10.99%穩定地上升到1981年25.40%，之後也呈穩定上升格局，到2004年為72.19%；由M_2所示者，從1961年24.77%穩定地上升到1981年63.08%，1986年超過百分之百，為111.77%，之後持續攀升，2004年為225.37%。由貨幣供給所示金融深化的現象，台灣金融確實隨著經濟發展而發展。

金融發展的表徵，不僅是貨幣供給占GDP比例會提高，銀行體系也會跟著發展，存、放款所示的金融性資產與負債的規模也會不斷擴大。存款餘額占GDP的比例，從1961年28.70%穩定地上升到1981年62.04%，1986年超過百分之百，為111.34%，之後持續攀升，2004年為227.87%，各年間的比例略與M_2的比例

表12.1　以與GDP比所示的金融深化指標

單位:%

年	M₁B	M₂	存款	放款	股票 市值	股票 成交	票券 餘額	票券 成交	債券 餘額	債券 成交	債券 買賣斷
1961	10.99	24.77	28.70	27.13					1.28		
1966	14.40	36.93	41.90	33.41	14.44	3.62			4.13	0.04	
1971	17.33	45.70	46.72	42.48	7.91	8.95			3.94	0.04	
1976	23.15	58.00	60.83	60.55	13.36	20.62	0.20		2.35	0.15	
1981	25.40	63.08	62.04	61.59	11.35	11.79	9.80	66.02	3.58	0.02	
1986	39.75	111.77	111.34	67.39	19.21	23.66	8.86	123.87	5.00	4.96	
1991	44.87	153.89	157.49	118.38	66.19	201.27	15.94	308.12	10.57	77.86	
1996	44.62	182.00	185.73	145.94	98.06	168.11	22.79	586.48	16.69	368.55	34.28
2001	53.20	208.91	213.39	148.57	108.47	194.28	15.75	614.54	30.37	1259.49	561.24
2004	72.19	225.37	227.87	155.48	137.07	233.94	12.90	478.44	46.81	2017.71	1209.55

資料來源：主計處國民所得資料與中央銀行重要金融指標。

相近。在放款餘額方面，比例由1961年的27.13%，穩定地上升到1981年61.59%，1991年超過百分之百，爲118.38%，2004年爲155.48%。

　　貨幣供給的增加，銀行體系的發展，雖爲金融發展的重要指標，但金融發展也應將金融市場的發展包括在內。發達的金融市場，相對於銀行體系之間接金融，對資金不足者與剩餘者扮演直接金融的功能，而使金融性資產呈現多元化面貌，故在金融發展上有其重要性。

（二）金融市場的融通工具，主要爲股票、債券與票券等，因而延伸出股票市場、債券市場與票券市場

　　在股票市場，表示金融深化的量化指標，分別爲上市股票

市值占GDP的比例,與上市股票成交總值占GDP之比例,分別稱爲股市資本率與股市成交值比,前者表示股市規模,後者表示股市流動性。台灣股市雖在1962年建立,但在1986年之前股市資本率與股市成交值比大都未超過20%,表示股市規模小、流動性低;之後,就呈遞增式攀升,股市資本率由1986年的19.21%上升到1991年的66.19%,再到2004年的137.07%;成交值比的攀升,呈跳躍形態,由1986年的23.66%升到1991年的201.27%,再到2004年的233.94%。台灣股市規模與成交值確實呈快速擴大現象,規模持續擴大,而成交值受牛市與熊市的更迭,呈現較大的波動。

在票券市場,票券發行餘額占GDP的比例,1996年爲最高,達22.79%,其餘年份皆未達20%,但在成交值比方面,卻呈現快速擴展局面,由1981年66.02%攀升到2001年的614.54%,到2004年爲478.44%。在債券市場,債券發行餘額占GDP的比例,不但低,增加亦慢,1961年爲1.28%,到1986年只不過爲5%而已;之後,由於資本市場的發達,政府財政赤字的增加與企業籌資多管道的應用,債券發行量才呈快速增加局面,1996年發行餘額占GDP的比例爲16.69%,2004年再攀升爲46.81%。在成交值比方面,1986年之前似呈無交易狀況,直到1991年才呈現大額交易情形,成交值比達77.86%;之後呈遞增式攀升,1996年爲368.55%,2001年爲1,259.49%,2004年達2,017.71%。有關買賣斷交易值比,從1996年34.28%起,亦呈快速遞增局面,到2004年達1,209.55%。

從金融性資產,如貨幣供給、存款餘額、放款餘額、上市

股票市值、票券發行餘額與債券發行餘額等變數，占GDP的比例，大都隨經濟發展而提升，呈現金融深化現象；而金融性商品的交易更為急速快增，如股票、票券與債券的成交值比在1990年代與二十一世紀初也都呈遞增式的攀升，金融性商品已成為國民所恃的理財與投資工具，金融經濟在台灣呈現蓬勃發展的現象。經濟發展會伴隨金融深化的金融發展，其因來自於貨幣化的深化，生產的迂迴，金融體系的發展，金融資產性交易的擴張等。台灣經濟發展的成就在貨幣經濟體系，因所得增加與富裕的力量，金融性資產累積的快速增長，對金融發展具有促進功能。

（三）另一種詮釋金融深化的量化指標，以人口為基礎，為平均每萬人使用金融機構數，或其倒數，即平均每金融機構服務人口數

　　金融機構家數的增長，若符合人口的增長，則每萬人使用的金融機構數不變，平均每金融機構服務的人口數亦不變；若金融機構家數的增長大於人口，則每萬人使用的金融機構數會增加，平均每金融機構服務的人口數亦減少，這就是金融深化。「表12.2」列出以人口為基礎的金融深化指標。

　　台灣收受存款金融機構家數，從1961年起，都呈穩定增加走勢，由1961年的1,334家，增加到2004年的6,139家，增加3.6倍；而人口數由1119.7萬人增加到2268.9萬人，增加1.03倍，使得每萬人使用的金融機構家數由1.191家，增到2.706家，每萬人使用金融機構家數增長1.63倍；相對應的，平均每金融機構服務的人口數由8,390人下降到3,700人。在收受存款機構中，最

表12.2 以與人口比所示的金融深化指標

年	1961	1966	1971	1976	1981	1986	1991	1996	2001	2004
收受存款機構	1334	1550	1812	2232	2856	3311	3961	5269	6068	6139
本國銀行	260	338	417	494	580	618	773	1498	2760	2931
人口數	11197	13065	15073	16580	18194	19509	20606	21525	22405	22689
深化度										
收受存款機構	1.191	1.186	1.202	1.346	1.57	1.697	1.922	2.448	2.708	2.706
本國銀行	0.232	0.259	0.277	0.298	0.319	0.317	0.375	0.696	1.232	1.292
服務人數										
收受存款機構	0.839	0.843	0.832	0.743	0.637	0.589	0.520	0.409	0.369	0.370
本國銀行	4.307	3.865	3.615	3.356	3.137	3.157	2.666	1.437	0.812	0.774

資料來源：依「表3.4」與內政部人口數計算而得。

為骨幹的部分便是本國銀行，本國銀行的總分支機構由1961年260家，增到2004年2,931家，增加10.27倍，遠大於收受存款機構的增長，使得每萬人使用本國銀行的家數由0.232家增到1.292家，增長4.57倍；相對應的，平均每金融機構服務的人口數由4.307萬人下降到7,740人。1990年代初期，政府開放商業銀行設立，同時又鼓勵其他金融機構改制為商業銀行；在二十世紀末與二十一世紀初，台灣發生嚴重的金融問題時，政府鼓勵或安排銀行承接一些問題基層金融機構。因而在這期間，銀行總分支機構每5年約增加一倍，在所有觀察期間裡，此為銀行機構家數增加最快速的時期。

第二節　金融在經濟發展過程中的角色

一、金融的功能

金融體系在經濟發展中的地位，最重要者，就是如何有效率地將社會閒置資金導向生產性投資，為資金剩餘者與資金不足者之間搭建一條流通之橋。在經濟社會裡，儲蓄者與投資者分屬不同的個體，金融機構任金融中介角色，吸收游資，動員儲蓄，匯聚成大額資金，投資在具生產性的活動上；在金融市場，證券的發行承銷亦為企業籌措資金的管道之一，負責動員社會游資。有關金融體系的主要功能（見李庸三、陳上程，1984b），臚列如下：

（一）金融機構使社會的支付機能運作圓滿，中央銀行發行

通貨,貨幣機構的支票存款及其他移轉工具,如匯票與本票等,再加上信用卡公司或其他金融機構所發行的信用卡之類的塑膠貨幣,對交易的促進,具有降低交易成本、提高交易效率之功能。除此之外,金融機構所提供的ATM與轉帳的服務,具便捷性。

(二)金融機構扮演金融中介角色,動員儲蓄,具集資功能。金融機構可提供各類型金融性資產,以符合資金剩餘者的偏好,促使多使用金融機構的服務,提高儲蓄。

(三)在投資議題上,金融機構的運行具有分散風險、增加儲蓄流動性管理、過濾出具有價值的投資者、減少逆向選擇及道德風險之功能。投資報酬率較高的投資,一般而言,其風險也高,在儲蓄者厭惡風險的情況下,個別儲蓄者就會排斥此種投資方案,但金融機構將所吸收的資金貸放在各種不同的投資,具風險分散的功能,對存款者可降低風險,對投資者可使高報酬的計畫付諸實施。投資者的資金需求與儲蓄者的資金供給有時差與長短不一的問題,金融機構在儲蓄流動性上,具管理功能,可解決兩者之間不一致的現象,可將集資用於較長的投資方案上。投資者與投資方案的評估訊息具成本性,也具公共財,有規模經濟效果。金融機構蒐集資訊,對投資者徵信,具有過濾功能。在資訊不對稱的貸放市場中,誘因衝突的逆向選擇與道德危機之問題,金融機構可行使存款者代理監督之任務。

(四)金融體系中的金融市場，如貨幣市場與資本市場，提
　　供多樣性的金融性資產，以及不同的利率與報酬率，
　　供資金剩餘者選擇，以符合其偏好；同時與金融機構
　　處於既互補又競爭的地位，可促進資金存放的有效運
　　用與分配。

二、金融機構與資金流通途徑

　　金融在經濟發展中的地位，也可從對資金流通途徑的分析
中，了解金融機構的重要性。資金流通，在融通形態上有兩種：
直接融通與間接融通。直接融通係指資金不足者與剩餘者直接
所做的融通，如資金剩餘者直接在金融市場購買資金不足者所
發行的股票、商業本票、公司債或其他債券等；間接融通係指
資金剩餘者將閒置資金存入金融機構或購買人壽保險保單，而
金融機構再將這些所集資的資金貸放或投資於資金不足者。我
們對資金流通途徑的分析，就是探討台灣金融機構在資金流通
中所扮演的角色與地位，以及對台灣資本形成的貢獻。於此，
我們分別對國民儲蓄對金融機構的流入率，分析金融機構對儲
蓄動員的情形；對金融機構的放款與投資，分析金融機構對國
內資本形成的融通比率；對家庭及非營利團體金融性資產的分
析，了解金融工具的相對重要性。

(一)國民儲蓄對金融機構的流入率

　　為了觀察金融機構集資的功能，我們利用存款機構的歷年
存款餘額，就其變動額，占國民儲蓄毛額之比率，為流入率，
進行分析。「表12.3」為從1961到2004年的資料。從表中所示，

表12.3　歷年國民儲蓄流入金融機構比　　單位：億元，%

年	金融機構存款餘額 (1)	存款變動額 (2)	國民儲蓄毛額 (3)	流入比 (4)＝(2)／(3)
1961	201			
1962	235	34	117	29.06
1963	304	69	166	41.50
1964	377	73	207	35.29
1965	439	62	233	26.62
1966	528	89	279	31.86
1967	624	96	335	28.61
1968	711	87	380	22.91
1969	848	137	469	29.24
1970	1,013	165	579	28.49
1971	1,232	219	760	28.82
1972	1,632	400	1016	39.37
1973	2,210	578	1410	40.98
1974	2,722	512	1730	29.59
1975	3,453	731	1567	46.65
1976	4,305	852	2273	37.49
1977	5,473	1,168	2684	43.52
1978	7,287	1,814	3402	53.32
1979	8,180	893	3993	22.36
1980	9,581	1,401	4806	29.15
1981	11,006	1,425	5530	25.77
1982	13,788	2,782	5711	48.72
1983	17,456	3,668	6759	54.27
1984	21,060	3,604	8005	45.02
1985	25,831	4,771	8442	56.52
1986	31,789	5,958	11252	52.95
1987	39,644	7,855	12722	61.75
1988	48,812	9,168	12452	73.63
1989	58,664	9,852	12530	78.62
1990	64,715	6,051	12939	46.76

1991	75,765	11,050	14488	76.27
1992	90,737	14,972	15826	94.60
1993	104,544	13,807	17376	79.46
1994	120,314	15,770	18150	86.89
1995	131,309	10,995	19278	57.03
1996	142,609	11,300	20817	54.28
1997	154,213	11,604	22121	52.46
1998	166,969	12,756	23303	54.74
1999	180,642	13,673	24228	56.43
2000	193,087	12,445	24738	50.31
2001	201,607	8,520	22905	37.20
2002	206,098	4,491	25154	17.85
2003	217,469	11,371	26424	43.03
2004	232,565	15,096	27680	54.54

資料來源：中央銀行，《重要金融指標》；主計處，《國民所得》。

國民儲蓄流入金融機構的情形，為震盪走高格局，由不及30%的比率震盪走向1990年代初期的90%以上，顯示金融機構在動員儲蓄的功能上，與日俱增，並於開放商業銀行設立時達最高峰，後因問題金融機構的浮現，國民儲蓄流入率開始下降，於2001年通貨緊縮與經濟衰退時達最低點。流入比率上升的現象，與銀行服務的便捷性、金融性資產的收益性、安全性等有關。

　　國民儲蓄流入金融機構的比率，不是穩定走高，而是震盪走高，乃是受景氣波動與物價高低的影響。金融機構的儲蓄性存款，其報酬率與其他金融性資產具競爭性，其決定因素頗多，如所得高低、交易額大小、各種資產的報酬率與風險程度、總資產規模、市場利率水準與預期物價變動率等。在不景氣或物價平穩時，據李庸三(1984b)的研究，民間對資金運用的機會會

降低,風險會提高,而銀行所提供的儲蓄性存款,既安全又有不錯的收益,因而流入率會提高;相對的,在景氣好與物價上漲之際,情形恰好反轉,此時民間的資金運用途徑不但多,且具有高報酬、低風險之性質,同時在銀行裡的儲蓄性存款報酬因通膨而減縮,因而流入率會降低。

(二)金融機構對投資之融通比率

前已言之,金融機構具金融中介角色的功能,對加速資本形成,促進經濟發展有其貢獻。以Harrod與Domar經濟成長理論模式所示,一國經濟成長率的高低,就決定於國民儲蓄率的高低。金融機構在動員國民儲蓄上具有功勞,同時將所集聚的資金導入生產性的行列,才能促使經濟持續增長。然而在投資所需資金的融通管道上,投資者可向社會大眾經資本市場籌募,也許來自於自有資金,或向無組織的民間借貸市場借貸。無庸置疑,金融機構的融通為投資資金最主要、也是最重要的流通途徑。「表12.4」列出從1962到2004年金融機構融通比率的情形,以了解台灣金融機構在資本形成上所扮演的角色。

金融機構的融通比率,如同流入率般,也是呈現震盪走高格局,但年間變動幅度尤大於流入率,呈現更為不穩定的現象。融通比率的走高,正顯示金融機構在資本形成中的地位是愈加重要,也顯示在經濟發展中的重要性與日俱增。從表中所示,融通比率在1980年代後期與1990年代初期達到最高峰,甚至超過100%;但到1998年之後,因本土型的企業財務危機而影響到金融機構的資產品質,通融比率低於50%,甚至於2001與2002年的融通比率反而變成負數,使得由直接金融擔負起資本形成

表12.4　歷年金融機構對投資資金的融通比率

單位：億元，%

年	金融機構放款與投資 (1)	放款與投資變動額 (2)	資本形成毛額 (3)	融通比率 (4)＝(2)／(3)
1961	202			
1962	250	48	137	34.95
1963	279	29	160	18.18
1964	336	57	191	29.86
1965	406	70	255	27.40
1966	474	68	267	25.43
1967	576	102	359	28.43
1968	706	130	426	30.50
1969	844	138	482	28.62
1970	993	149	579	25.74
1971	1195	202	692	29.20
1972	1429	234	811	28.86
1973	2065	636	1194	53.28
1974	2938	873	2153	40.54
1975	3819	881	1790	49.20
1976	4446	627	2162	29.00
1977	5412	966	2330	41.47
1978	6864	1452	2797	51.92
1979	8247	1383	3934	35.16
1980	10443	2196	5039	43.58
1981	12168	1725	5298	32.56
1982	14439	2271	4792	47.39
1983	16712	2273	4929	46.12
1984	18696	1984	5194	38.20
1985	19897	1201	4714	25.48
1986	21048	1151	5007	22.99

1987	24547	3499	6669	52.46
1988	33954	9407	8339	112.80
1989	44090	10136	9234	109.77
1990	50635	6545	9941	65.84
1991	61897	11262	11204	100.52
1992	79605	17708	13624	129.98
1993	95110	15505	15496	100.06
1994	109556	14446	16406	88.05
1995	121003	11447	17775	64.40
1996	130518	9515	17814	53.41
1997	143520	13002	20093	64.71
1998	154716	11196	22172	50.50
1999	160249	5533	21648	25.56
2000	166220	5971	21960	27.19
2001	164893	-1327	16735	-7.93
2002	160780	-4113	16291	-25.25
2003	165351	4571	16368	27.93
2004	179646	14295	21159	67.56

資料來源：中央銀行，《重要金融指標》；主計處，《國民所得》。

的責任。由此顯示健全的金融機構在資本形成上所扮演的角色。

　　融通比率的震盪走勢，是與景氣及政府金融政策有關（見李庸三，1984a）。景氣好，或經濟趨向繁榮時，民間投資意願會高，對資金需求較為殷切，金融機構信用擴張承受較大的壓力，因而有比較高的融通比率。另者，若政府為刺激景氣，或協助企業紓困，採取寬鬆的貨幣政策，或提供各種專案貸款，也會使融通比率提高。

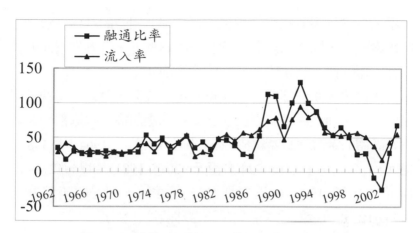

圖12.1　金融機構資金流入率與融通比率

　　我們將金融機構動員儲蓄的流入率與對資本形成的融通比率，繪製成「圖12.1」。

　　圖12.1顯示，在1987年前，流入率與融通比率大都維持在25%到50%之間震盪，而兩者之間的波動方向有時相反，即流入率高時，融通比率低；流入率低時，融通比率高。1987年之後，乃產生結構性變動：即流入率上升時，融通比率高於流入率；流入率低於50%而再繼續下探時，融通比率下探的程度更大。因而，1987年後的流入率與融通比率之間有相同的走勢，即同起同落，但融通比率的起落幅度卻大於流入率。

（三）家庭部門與非營利團體的金融性資產結構

　　家庭部門金融性資產持有的結構，一則決定於金融體系可提供的金融工具，一則決定於家庭部門的理財組合與偏好。在發達的金融體系中，有較多的金融工具可讓家庭部門來選擇，

金融工具會呈現多樣化的現象。關於理財組合的結構，決定性的因素頗多，除受家庭對風險喜好的程度外，金融性資產的貨幣性、報酬性、流動性等，都是考量的因素。

在台灣，家庭部門隨著所得水準的提高，財富也呈快速累積的現象，而金融性資產的金額更是水漲船高。家庭部門及非營利團體的金融性資產總額，如「表12.5」所示，1964年爲548.25億元，10年（1974）後爲4924.47億元，20年（1984）後爲4兆2704.83億元，30年（1994）後爲23兆1137.47億元，到2003年爲38兆5224.91億元，金融性資產似呈滾雪球般地在膨脹。

家庭部門金融性資產快速的膨脹，金融體系也向多樣化金融工具發展，如1970年代提供了信託資金；1980年代又增加了商業本票、銀行承兌匯票、金融債券等；1990年代又有受益憑證與退休金準備等。家庭部門金融性資產結構會隨種類多樣化與年代的變遷而發生變化。從「表12.6」所示，定期性存款及外匯存款（比例在26%到32%之間）與公司股權（比例在29%到43%之間），無論在任何年代，皆爲家庭部門中極爲重要的金融性資產，其次爲活期性存款（比例在6%到11%之間）。定期性存款、外匯存款與活期性存款，皆爲金融機構所提供的金融性資產。在台灣經濟變遷過程中，雖金融性資產在市場中競爭激烈，但金融機構在家庭部門的地位，並沒有被其他所替代，也沒有降低，金融機構仍保有既有的集資功能。

表中呈現通貨比率的下降，由1964年7.23%降到2003年0.93%，這也許與塑膠貨幣的普遍使用及ATM廣設有關；代之而起的是人壽保險準備，其比例由1964年0.92%上升到2003年的

10.77%，呈現國人理財的多元性。顯然，對具生命與財產上避險性的金融性商品，其重要性愈來愈凸顯。

表12.5　家庭部門及非營利團體金融性資產結構

單位：百萬元

	1964年	1974年	1984年	1994年	2003年
通貨	3,962	22,836	114,785	213,414	358,506
活期性存款	5,337	38,191	284,033	1,389,417	4,298,858
定期性存款及外匯存款	17,497	131,167	1,112,444	6,497,693	10,816,755
信託資金		14,101	141,566	318,182	1,264,068
企業對家庭之借貸	7,175	54,998	235,817	1,459,299	67,945
政府債券	495	2,428	28,285	224,277	135,027
商業本票			4,146	2,451	10,830
銀行承兌匯票			27,980	22,416	5,506
公司債	37	29	—	3,137	179,327
金融債券			376	—	37,729
受益憑證			—	160,798	1,464,510
公司股權	16,237	171,683	1,689,524	10,032,566	11,569,334
非公司企業權益	994	13,744	66,036	220,923	349,328
人壽保險準備	504	6,615	101,984	952,197	4,148,006
退休金準備			—	88,761	544,973
商業信用	2,376	36,655	96,874	462,821	2,285,461
其他國內債權債務淨額	211		366,627	1,065,395	986,329
合計	54,825	492,447	4,270,483	23,113,747	38,522,491

資料來源：中央銀行，歷年台灣地區資金流量統計。

表12.6 家庭部門及非營利團體金融性資產結構比   單位：%

	1964年	1974年	1984年	1994年	2003年
通貨	7.23	4.64	2.69	0.92	0.93
活期性存款	9.73	7.76	6.65	6.01	11.16
定期性存款及外匯存款	31.91	26.64	26.05	28.11	28.08
信託資金		2.86	3.31	1.38	3.28
企業對家庭之借貸	13.09	11.17	5.52	6.31	0.18
政府債券	0.90	0.49	0.66	0.97	0.35
商業本票			0.10	0.01	0.03
銀行承兌匯票			0.66	0.10	0.01
公司債	0.07	0.01		0.01	0.47
金融債券			0.01		0.10
受益憑證				0.70	3.80
公司股權	29.62	34.86	39.56	43.41	30.03
非公司企業權益	1.81	2.79	1.55	0.96	0.91
人壽保險準備	0.92	1.34	2.39	4.12	10.77
退休金準備				0.38	1.41
商業信用	4.33	7.44	2.27	2.00	5.93
其他國內債權債務淨額	0.38		8.59	4.61	2.56
合計	100.00	100.00	100.00	100.00	100.00

資料來源：依據「表12.4」計算而得。

第十三章
結論與政策意涵

　　從前面的分析，我們獲得如下的結論，從而也理出我們對改善金融體系所提出的政策意涵。

第一節　結論

　　通常，一國金融發展程度是與其經濟發展程度相配合的，這就是何以已開發國家的金融制度比較進步，開發中國家的金融制度比較落後的道理。如果經濟發達的國家，其金融制度不能與之配合，必會影響這個國家的經濟發展。同樣，凡金融制度進步的國家必然是經濟高度發展的國家，幾乎找不到例外。

　　自1950年，台灣經濟發展以來，歷經經濟管制時期、經濟鬆綁時期，以及經濟自由化時期。跟著經濟發展的腳步，台灣的金融制度由保守落後，當鋪性質進展為進步、現代化，具調節資金供需的功能。在早期，政府鑑於國內資金極度匱乏，而外資又無興趣，對於資金之使用十分謹慎，所以採取管制措施，

譬如匯率是固定的，利率也是固定的，對於資金運用之途徑也受到一些限制。到了1980年代，台灣經濟快速發展的結果，為民間創造了大量的財富，而政府對資金的調配也有了信心，於是放棄管制，接受經濟自由化、國際化的潮流，而將各種管制予以鬆綁。到了1990年代，經濟自由化的具體作為已表現在匯率、利率的決定，及民營銀行的開放設立。同時台灣金融制度除經歷泡沫經濟破滅的洗禮後，又體驗東亞金融危機所引發的高達8%至10%的逾放比率。在此期間，公營銀行民營化，以及民營銀行的設立，使公營銀行獨霸金融之局面有了重大的轉變，而衍生性金融商品也如雨後春筍般由各民營銀行推出，加強了台灣金融業間的競爭。到了2001年政府通過金控法，使金融機構綜合經營銀行、證券及保險，擴大其規模有了法理依據。復為實踐世界貿易組織規定與因應全球化浪潮的衝擊，台灣金融機構繼續進行金融改革。

　　在公營金融機構壟斷台灣金融業時期，每年上繳盈餘動輒數百億元，乃予一般人以錯誤的觀念，認為開銀行是一定賺大錢的行業。因此台灣金融機構的家數及其分支機構，無論從人口密度或人均GDP來觀察，都嫌過多。各金融機構為了生存與發展，無不施出渾身解數，致造成微利現象。有些金融機構為了降低逾放比率，竟冒大的風險，增加劣質的貸款戶。如果發生了信用危機，就期待政府以「概括承受」方式來拯救。

　　台灣金融市場以資本市場最為活絡，尤其股市，到1980年代後期，因股價不斷上升，誘使許多人熱中於股市活動。參與股市活動的股民，無不炒短線，希望一夜致富，致使股市成了

另種形式的賭場。1990年股市泡沫崩潰，始予人以慘痛的教訓：即「追高殺低」的從眾行為不可取，而一般股民也較有理性去看待股市。在台灣股市發展早期，有所謂「大戶」曾在股市興風作浪，不可一世。自1990年以來，財團崛起，取代「大戶」，對股市波動有了左右的影響力。同時國際投機集團憑其雄厚的財力、靈通的資訊，在各地的股市乘機蠢動。如果股民不理性，而匯率又固定不變，往往會使其投機成功。

有些台灣的銀行，本來就兼營證券業務，可是保險業的加入，使銀行定存找到了更多的理財方式。這些金控公司很容易將定期存款變為保險業的一部分。為了分散風險，國內銀行也結合外國的保險機構來處理其定存問題。現在的保險業，除了傳統的人壽保險、產物保險外，更增加人體器官的保險。

金融體制之健全與否關係到存款人、投資者的利益。要使金融機構健全，近年來，倡導「公司治理」，增強董事會獨立性，加強監管。監管是為了防弊，保護存款戶、投資者。外來的監管有其限度，內在的監管較能切中時弊。為使監管制度行之有效，須靠健全的會計制度，因為蓄意作弊的會計會廢去監管制度的功能。

所謂「道高一尺，魔高一丈」，網絡經濟的迅速發展，使金融交易無遠弗屆，而且瞬間完成，因此，金融犯罪也愈來愈多。二十一世紀初期的台灣社會所呈現的金融犯罪多屬智慧型。他們利用人們貪圖小利的心理，大行其盜。

儘管已進入二十一世紀，台灣的金融體制仍為二元：即法定的和非法定的。當法定的金融體制不能為社會大眾解決燃眉

之急時，往往求助於非法定的金融體制。非金融體制效率高，服務費用亦高。這也是今日台灣一件無可奈何的事。

迄今最棘手的金融問題是農業金融問題，儘管農業委員會下設農業金融局專司其事；但農業金融問題並未解決。面對農業與非農業間的競爭、國內與外國間的競爭均存在的時候，農業部門的金融單位如以盈利維持其生存與發展，很難同非農業部門的金融單位競爭，也很難同外國金融部門競爭。如政府以編列預算方式維持其存在，何必在農委會設立金融局？事實上，農業金融問題並未解決。

金融控股公司的出現，使「大而強」的論調有了藉口，但也難免「船大難掉頭」的困境。除非每個公司都是獨立經營，各自負責，否則，會發生尾大不掉的現象。金控公司很難排除「交叉持股」現象。「交叉持股」有互相支援的功能，可是萬一發生問題，則易產生「骨牌效應」。

公營銀行民營化像是快速行駛的列車，不可隨時煞車。近年來的經驗告訴我們，民營化要徹底，以免政黨輪替後，公股會成為政黨酬庸的工具。同時對公股釋出問題包括時機與對象都要徹底加以解決，不宜再拖延。

第二節　政策意涵

根據前面的分析，對於改進台灣的金融體制，我們提出下列數點政策意涵，供有關當局參考。

一、同國際接軌的切入點

由於台灣已成爲世界貿易組織的成員，區域化與全球化的影響也愈來愈大，台灣的金融體制必須與國際金融法規契合。像新巴塞爾資本協定就爲台灣指出應遵循的原則。該協定對於風險管理有三大支柱：即最低資本要求、監理審查，和市場紀律。最低資本要求包含：(一)信用風險(信用沖抵)；(二)市場風險；(三)作業風險。市場紀律在於公開揭露。

實施新巴塞爾資本協定已爲國際趨勢，像日本、香港、新加坡等地將於2006年實施，台灣亦不宜例外，儘管台灣尚無機會簽訂是項協定[1]。

二、對金改方案應貫徹執行

自2002年6月政府推動第一階段金融改革以來，最顯著的是使金融法規漸趨完備，諸如信託業法、金融機構合併法、金融控股公司合併法、證券投資人及期貨交易人保護法、金融產業證券化條例、行政院金融監督管理委員會組織法、不動產證券化條例、農業金融法、農業金融局組織條例及證券投資信託及顧問法。對於這些林林總總的法規，如能貫徹實行，可使台灣

---

1 國際清算銀行於1974年結合10大工業國共同設立巴塞爾銀行監理委員會。1988年簽訂巴塞爾資本協定，成爲新巴塞爾資本協定。參見鍾慧貞，〈由巴塞爾 II 看台灣金融業未來發展〉；見紀念謝森中先生國際學術研討會(2005年4月)。

金融體制更加完備，而且不會落後於已開發國家。第一階段金
融改革已見成效，諸如金融體質獲得改善，像逾期放款比率已
大幅下降，金融機構的市場規模擴大；近年來，金融機構整併
相當成功，對市場開放也有顯著成果。至於減少金融犯罪，保
護投資人權益之成果尚不顯著。2004年推動「區域金融服務中
心案」成為第二階段金融改革重心。關於發展台灣成為區域金
融服務中心，要達成此目的，須界定「區域」的範圍。若以金
馬台澎為範圍，則不成為區域金融服務中心；若以菲律賓、日
本、台澎為區域，亦不切實際，因為它必須涉及台灣海峽對岸
的大陸。要將大陸、港、澳包括在所謂的「區域」內，才有意
義[2]。

三、建立保險業的風險控管

在經濟穩定成長過程中，保險業的經營風險較少發生，但
在經濟經常波動時期，保險業同樣不保險。保險業之不能毫無
風險，主要在於保險公司利用投保人的資金從事各種投資所遭
遇的風險；一旦投資失敗，最後的損失者是投保人。根據
RBC（Risk-Based Capital）計算方式，保險公司所承擔的風險可分
為四類：

（一）資產風險

由於市場上的不確定因素產生，資產價值會經常增或減。

---

2 葉明峰，〈台灣金融發展〉，參見紀念謝森中先生國際學術研討會（2005
年4月）。

例如投資股票、公債、公司債、不動產,以及國外資產,均有不同程度的風險;若為國外資產,尚包含匯率升貶的風險。

(二)保險風險

保險公司對所承攬的業務,如人壽、醫療、火災、責任保險等是否達到風險分散的效果,所收取的保險費是否合理?如果不合理,則難以解決風險發生後的賠償問題。

(三)利率風險

或者說是資產負債配置風險。利率變動會影響資產與負債的價值。時間愈長,風險愈大。由於人壽保險多以長期保單為主,在資產配置上,需要長期獲利的投資工具。厚植國內資本市場並逐步開放國外投資工具,可減少所面臨的風險。

(四)其他風險

例如操作風險、系統風險等,要加強檢測系統的功能,以減低人為的疏失[3]。

四、整頓會計師事務所

無論台灣或外國,企業經營出了紕漏,大都與會計師事務所有關。金融機構之貸款對象為一般企業,企業健全與否,直接牽涉到貸放的金融機構,要健全金融機構一定要有健全的企業配合,因此,金融機構對借款的企業一定要有充分而正確的了解,對貸款的使用也能瞭若指掌。要達到這個目的,貸款企業所雇用的會計師事務所要負很大的責任。貸款企業的資產負

---

3 黃芳文,〈保險業與風險控管〉,《經濟日報》(2005年4月30日),A8。

債表及金融報表,如能翔實無誤,則變成呆帳的風險就會很低。

這其間,有個重要的問題先解決,即會計師事務所的心態,他們認為如不幫企業單位造假,就會失去這筆生意;無生意上門,便不能續存。對於這個現實的「結」如何打開,至為重要。解開這個「結」並非無任何途徑。例如所有會計師事務所應訂定自律公約,對不遵守自律公約者,不得成為會員,在協助企業處理帳目時,便失去合法的資格;另種方式是對違法的會計師事務所施以重罰,以收殺雞警猴之效。

五、建立金融預警系統

該系統依據過去經驗,找出金融機構與金融市場有關具預警效果之金融危機早期領先指標。關於領先指標之建立,須考慮其一般性徵象與個別性徵象。一般性徵象,是指國內經濟是否正步入嚴重不景氣時期?股市是否正形成泡沫現象?房地產業是否正屆於供過於求的嚴重滯銷時期?投資環境是否日趨惡化等。至於個別性徵象,是指個別金融機構的表現,諸如資本適足率的偏離一般程度、逾期放款率偏離正常程度、對財務槓桿操作過度等。

六、金融人才之培植與引進

近年來,金融業發展極快,競爭亦趨激烈,而金融業在一國經濟中之地位也愈來愈突出。金融業環境的改善,須賴政府的大力支持,而增強金融業的競爭力,則賴金融人才之有無。優秀的金融人才一方面靠培植,另方面靠引進外來人才。由於

金融情勢變化太快，培植人才會力不從心，所以引進外來人才亦成爲金融業一項競爭的條件。在這方面，台灣的配套措施幾乎全不具備，首先要有引進外來人才的辦法，而且要有留住人才的生活環境。政府對於引進外來人才，特別是大陸出生的外來人才，懷有戒心。目前，美國是各類的人才庫。他們既受過嚴格的訓練，又有豐富的經驗，如能引進到台灣來，爲我所用，必會使台灣的金融業大放異彩。同時，爲了留住優秀的人才，必須提供舒適的生活環境，以滿足他們求安全得安全、求舒適得舒適的要求。

七、應排除政策干預

　　政府往往假「仁政」之名，行「干預」之實。爲恐存款人遭受「存款無歸」之災，經常利用「概括承受」的手段拯救奄奄一息的金融機構，但也引發「道德危機」的風險。更重要的，存款戶爲圖高利率，往往將資金存在信譽不良的金融機構。有些金融機構爲了壯大規模，爭取客戶，於是用高利引進資金，用低利貸出資本，一旦遇到景氣欠佳，就會搖搖欲墜。

　　近年來，社會上流行"BOT"的投資方式，凡重大公共設施，鼓勵民間利用"BOT"方式，使政府不必花任何經費，即可使公共設施完成並應用。像尚未完成的高鐵工程，原本是採用"BOT"方式的，可是得標取得營建權的企業集團，因資金不足，也讓政府成了高鐵的大股東，而且還要爲高鐵的成敗背書。這一案例對營建業來說製造了不公的待遇。這是否也是一種「利益輸送」行爲？值得懷疑。不過凡由高鐵案獲特殊待遇的營造商對

執政當局，難免「利益回報」，以示報答。

　　要使金融業正常發展，「概括承受」的方式不宜繼續，而應用"BOT"興建公共設施時，不應再令公營事業做這種「冤大頭」。從而，我們也建議，公營事業民營化的腳步不宜停頓，也不宜從事非本業應有的投資行為。

參考文獻

一、中文部分

于宗先

2001　東亞金融危機概論，收集於于宗先與徐滇慶所編的《從危機走向復甦：東亞能否再度起飛》（台北市：喜馬拉雅研究發展基金會），頁1-20。

于宗先、王金利

1999a(再版)　《台灣泡沫經濟》（台北：聯經出版事業公司）。

1999b　《台灣通貨膨脹》（台北：聯經出版事業公司）。

2003a　《一隻看得見的手：政府在經濟發展過程中的角色》（台北：聯經出版事業公司）。

2003b　〈台灣民營銀行之體檢〉（北京市：北京大學中國經濟研究中心所舉辦的「台灣開放民營銀行經驗研討會」，2003

年10月11-13日），收錄於于宗先所編的《開放民營銀行設立之經驗與啓示：台灣案例》（台北市：喜馬拉雅研究發展基金會），頁11-93。

于宗先、徐滇慶

2001　《從危機走向復甦：東亞能否再度起飛》（台北市：喜馬拉雅研究發展基金會）。

中華民國加強儲蓄推行委員會金融研究小組

2001　《金融集團監理之比較研究》。

中華徵信所

2000　《台灣地區集團企業研究》。

中興票券金融公司

1986　《貨幣市場十年》。

尹仲容

1975　〈對當前外匯貿易管理政策及辦法的檢討〉，收集於孫震編印的《台灣對外貿易論文集》（台北：聯經出版事業公司），頁9-28。

王作榮

1983　〈尹仲容對台灣經濟的貢獻〉，收集於王作榮的《掌握當

前經濟方向》（台北：經濟與生活出版事業公司），頁35-54。

王金利

2003a 〈民營銀行兼營業務範圍〉（北京市：北京大學中國經濟
研究中心所舉辦的「台灣開放民營銀行經驗研討會」，
2003年10月11-13日），收錄於于宗先所編的《開放民營銀
行設立之經驗與啓示：台灣案例》（台北市：喜馬拉雅研
究發展基金會），頁127-146。

2003b 〈民營銀行設立之時代背景與目的〉（北京市：北京大學
中國經濟研究中心所舉辦的「台灣開放民營銀行經驗研
討會」，2003年10月11-13日），收錄於于宗先所編的《開
放民營銀行設立之經驗與啓示：台灣案例》（台北市：喜
馬拉雅研究發展基金會），頁93-108。

王耀興

2002 〈金融改革的眞諦〉，《存款保險資訊季刊》（2002年3月），
15卷3期，頁1-45。

臺灣證券交易所

1998-2002 《年報》。

台灣銀行經濟研究室

1969 《台灣金融之研究》。

合作金庫調查研究室

1994　《台灣金融發展歷程》。

朱素徵、曾怡景、艾文

2002　〈台灣銀行業風險分析〉（中華信用評等公司，網址：www.taiwanratings.com，2002年7月）。

朱雲鵬

1999　〈經濟自由化政策之探討〉，收錄於施建生編印的《1980年代以來台灣經濟發展經驗》，頁133-170。

何顯重

1975　〈台灣之金融檢查──中央銀行在台灣地區之金融檢查概況〉，收錄於台灣銀行經濟研究室所編的《台灣研究叢刊》，頁20-26。

吳中書

2003　〈金融機構發生財務危機時政府之對策〉（北京市：北京大學中國經濟研究中心所舉辦的「台灣開放民營銀行經驗研討會」，2003年10月11-13日），收錄於于宗先所編的《開放民營銀行設立之經驗與啓示：台灣案例》（台北市：喜馬拉雅研究發展基金會），頁189-202。

吳春來

1973 《台灣信用合作事業之研究》。

吳懿娟

2003 〈我國金融危機預警系統之研究〉,《中央銀行季刊》(2003年9月),25卷3期,頁5-41。

巫和懋、張世忠

2001 《迎向金融風暴》(台北:商訊文化事業公司)。

李紀珠

2003 〈台灣金融監理體系之改革與建制——我國金融監理一元化〉,《台灣銀行季刊》,54卷4期,頁51-70。

李紀珠、邱玉

2003 〈當前農漁會信用部改革評析〉,《貨幣市場》,7卷1期,頁1-11。

李桐豪

1995 〈由功能性管制觀點探討我國金融監理制度的改革方向〉,《存款保險資訊季刊》,9卷2期,頁23-36。

李國鼎、陳木在

1987 《我國經濟發展策略總論》（台北：聯經出版事業公司）。

李庸三

2001 〈金融改革政策〉，《中國商銀月刊》，11月號。

2002 〈從金融危機談我國金融改革〉，《中國商銀月刊》，6月號。

李庸三、陳上程

1984a 〈台灣金融政策對工業化之影響〉（中央研究院經濟所：
台灣工業發展研討會）。

1984b 〈台灣金融發展之回顧與前瞻〉（中央研究院經濟所：台
灣經濟發展會議），頁23-90 。

李智仁

2003a 〈試論金融控股公司之監理問題〉，《存款保險資訊季刊》，
17卷3期，頁177-203。

2003b 〈從問題金融機構之處理談存款保險法制之再造〉，《存
款保險資訊季刊》，17卷4期，頁179-202。

李滿治等

2001 《強化我國問題金融機構處理機制之研究》（中央存款保
險公司）。

周添城

1999　《台灣民營化的經驗》(台北：中華徵信所)。

周濟、陳元保

2001　《加入WTO對我國證券市場結構與制度之影響評估》(臺灣證券交易所委託研究計畫)。

林大侯、吳再益等

2003　《金融機構合併對解決我國逾期放款問題可行性研究》(行政院研究發展考核委員會)。

林晉

1995　〈台灣地區金融機構不公平競爭現象之探討——由制度面之不平等出發〉，收錄於李庸三主編的《台灣服務業發展論文集》(台北：聯經出版事業公司)。

林維義

1999　〈金融監理一元化與存保制度定位之探討〉，《存款保險資訊季刊》，13卷1期，頁1-17。

林寶安

2001　《台灣1990年代的金融擠兌、合併與金融秩序》(國科會專題計畫)。

林鐘雄

1991　《防制地下金融活動問題之研究》(行政院研究發展考核
　　　委員會委託計畫)。

邱正雄

2001　〈我國金融自由化、波動度與透明化的回顧與展望〉,《經
　　　濟前瞻》(3月),頁96-105。

金融監督管理委員會

2005　〈從金改成效展望區域金融服務中心之發展〉(金融監督
　　　管理委員會銀行局網站,2005年1月)。

范以瑞、顏秀青

2004　〈由國際觀點看銀行危機──兼論問題銀行退出市場機
　　　制〉,《存款保險資訊季刊》,17卷3期,頁1-21。

徐滇慶、于宗先、王金利

2000　《泡沫經濟與金融危機》(北京市:中國人民大學出版社)。

殷乃平

1998　〈對我國金融體制改革的建言〉(中國國民黨中央委員會
　　　政策研究工作會)。

2000　〈我國產業危機對金融體制的影響〉(財團法人孫運璿學

術基金會，金融危機後台灣問題廠商及金融機構之探索研
討會），頁73-138。

殷乃平、沈中華

1999　〈各國對於金融危機處理策略及我國因應之道〉（行政院
研究發展考核委員會，1999年11月）。

許振明

2003　〈公營銀行民營化問題〉（北京市：北京大學中國經濟研
究中心所舉辦的「台灣開放民營銀行經驗研討會」，2003
年10月11-13日），收錄於于宗先所編的《開放民營銀行設
立之經驗與啟示：台灣案例》（台北市：喜馬拉雅研究發
展基金會），頁189-202。

許振明、林炯垚

2000　〈企業財務危機及金融機構營運困境之個案分析〉（財團
法人孫運璿學術基金會，金融危機後台灣問題廠商及金融
機構之探索研討會），頁23-40。

許嘉棟

1984　〈台灣之金融體系雙元性與工業發展〉，收錄於《台灣工
業發展會議》（台北；中研院經濟所），頁87-114。

許嘉棟、梁明義等

1991 〈台灣金融體制之研究〉，收錄於楊雅惠主編的《台灣經濟研究論叢》，第四輯《貨幣與金融制度》，頁1-62。

郭瑜芳

2000 《對問題金融機構處理方法之法律研究》（東吳大學法律學系碩士論文）。

陳思明

1993 《金融風暴》（台北：中華徵信所）。

曾國烈等

1996 《金融自由化所衍生之銀行監理問題探討：美、日經驗對我國之啓示》（中央存款保險公司）。

黃得豐、何聰賢等

2002 《農漁會信用部體制改革相關方案》（儲委會金融研究小組）。

黃達業

2001 《金融監督管理委員會之設立問題》。

楊朝成

1999 〈股票市場〉，收集於劉憶如所主編的《證券市場》（台北：華泰書局），頁36-73。

楊雅惠

1999 〈金融制度金融改革〉，收錄於施建生所主編的《1980年代以來台灣經濟發展經驗》，頁427-462。

楊雅惠、林華德

2001 〈台灣金融開放歷程之探討〉，《貨幣市場》，5卷5期，頁1-14。

葉明峰

2000 《企業財務危機因應之道》（財團法人孫運璿學術基金會，金融危機後台灣問題廠商及金融機構之探索研討會），頁41-60。

劉玉珍

1999 〈股市制度結構與行為之介紹〉，收集於劉憶如所主編的《證券市場》（台北：華泰書局），頁74-132。

劉壽祥

1995 〈台灣金融機構的發展與檢討〉，收錄於李庸三主編的《台

灣服務業發展論文集》（台北：聯經出版事業公司）。

劉憶如

1999　《證券市場》（台北：華泰書局）。

蔡友才

2003　〈我對金融監理一元化及金融監督管理委員會組織法之看法〉，《中國商銀月刊》，7月號。

蔡進財

2000　〈我國建立問題金融機構處理機制之探討〉，《台灣金融財務季刊》，1輯2期，頁1-12。

2003　〈後金融重建基金時代我國存保制度如何因應變革〉，《存款保險資訊季刊》，17卷4期，頁1-22。

賴英照

1997　《台灣金融版圖：回顧與前瞻》（台北：聯經出版事業公司）。

霍德明

2001　〈東亞金融危機與台灣〉，收集於于宗先與徐滇慶所編的《從危機走向復甦：東亞能否再度起飛》（台北市：喜馬拉雅研究發展基金會），頁229-252。

2003　〈農會與漁會信用部經營問題〉（北京市：北京大學中國

經濟研究中心所舉辦的「台灣開放民營銀行經驗研討會」，2003年10月11-13日），收錄於于宗先所編的《開放民營銀行設立之經驗與啟示：台灣案例》（台北市：喜馬拉雅研究發展基金會），頁189-202。

儲委會金融研究小組

1998　《我國金融制度與政策》。

薛琦、胡仲英

1999　〈民營化政策的回顧與展望〉，收錄於周添城主編的《台灣民營化的經驗》，頁1-36。

薛琦、詹方冠

1997　〈WTO與我國金融自由化與國際化〉（第二屆「梁國樹教授紀念學術研討會」論文集），頁159-183。

顏慶章

2002　〈金融控股公司對國內金融環境生態之影響與政府因應對策〉，《中國商銀月刊》（2002年2月）。

證券暨期貨市場發展基金會

2001　《圖解中華民國證券暨期貨市場》。

二、英文部分

Bencivenga, Valerie and Bruce Smith

1991 "Financial Intermediation and Endogenous Growth," *Review of Economic Studies*, 58, pp.195-209.

Benhabib, J. and Mark M. Spiegel

2000 "The Role of Financial Development in Growth and Investment," *Journal of Economic Growth*, Vol.5, No.4, pp.341-360.

Caprio, Gerald Jr. and Daniela Klingebiel

1996 "Bank Insolvencies: Cross Country Experience," *World Bank Policy and Research WP 1574*.

Chang, S. C.

2001 "Stock Market Development and Economic Growth: A Panel Data Approach," *Asian Pacific Management Review*, 6, pp.357-376.

Demirguc-Kunt, A and E. Detragiache

1999 "Monitoring Banking Sector Fragility: A Multivariate Logit

Approach with An Application to the 1996/97 Banking Crises," *IMF Mimeo*.

1998 "The Determinant of Banking Crisis in Developing and Developed Countries," *IMF Staff Papers*, Vol.45, No.1.

Goldsmith, Raymond

1969 *Financial Structure and Development* (New Haven: Yale Univ. Press).

Goldstein, Morris, et al.

2000 "Assessing Financial Vulnerability: An Early Warning System for Emerging Markets," Institute for International Economics (Washington, D.C.).

Levine, R. and S. Zervos

1998 "Stock Market, Banks, and Economic Growth," *American Economic Review*, 88, pp.537-558.

Levine R.

1997 "Financial Development and Economic Growth: View and Agenda," *Journal of Economic Literature*, pp.688-726.

Levine, Ross

1991 "Stock Market, Growth and Tax Policy, Journal of Finance",

46, pp.1445-1465.

Mckinnon, Ronald

1973   *Money and Capital in Economic Development* (Washington, D.C.: Brookings Institution).

Saint-Paul, Gilles

1992   "Technical Choice, Financial Markets and Economic Development," *European Economic Review*, 36, pp.763-781.

Shaw, Edward

1973   *Financial Deepening in Economic Development* (New York: Oxford Univ. Press).

索引

19點財經改革方案　36, 179

ATM　380, 388

Bencivenga　369

Benhabib　369

CAMELS（評等等級）　198, 260

Caprio　267

Demirguc-Kunt　267

Detragiache　267

GATT　51

Glass-Steagall法案　319, 320

Goldsmith　369

Goldstein et al.　267

Klingebiel　267

Levine　151, 369

Mckinnon　369

Saint-Paul　369

Shaw　369

Smith（1991）　369

Spiegel　369

一畫

一元化　14, 67, 70, 180, 181, 182, 183, 184, 186, 204, 205, 290, 296, 302

二畫

人身　73, 166, 167, 168, 169, 170, 171, 192, 335

人身保險市場　167, 168, 169

十信　3, 18, 19, 52, 85, 178, 258, 268, 269, 270, 271, 272, 275, 276, 277, 279, 280, 300, 301, 340

三畫

上市市場　74, 156

上櫃市場　74, 156

于宗先　iii, 5, 37, 54, 138, 144, 152, 170, 232, 235, 239, 254, 262, 283, 288

工業銀行設立與管理辦法　57

四畫

不動產證券化　13, 23, 24, 25, 395

中心匯率　104

中心匯率制　104

中央銀行　9, 11, 12, 18, 29, 30, 33, 40, 41, 46, 48, 49, 64, 70, 72, 76, 77, 79, 80, 81, 87, 91, 100, 103, 105, 106, 109, 121, 127, 128, 129, 130, 132, 133, 134, 137, 164, 176, 180, 181, 183, 187, 195, 197, 198, 199, 200, 201, 202, 203, 205, 207, 211, 269, 272, 280, 307, 322, 375, 379, 383, 386, 389

中國國際商業銀行　9, 47, 49, 81, 92, 114, 124, 220, 223, 269, 309, 322, 338, 340, 344

中國農民銀行　29, 33, 76, 81, 114, 207, 221, 223, 270, 298, 312

中國銀行　29, 33, 81, 207, 220

中華開發金控　60, 97, 334, 338, 340, 341

中興票券　47, 124, 126, 135, 136, 322, 344

中鋼公司　61, 165

中聯信託　3, 34, 273, 278

尹仲容　39

內線交易　159, 231, 256, 264

公司治理（corporate governance）　16, 17, 159, 215, 257, 290, 296, 313, 352, 354, 393

公平競爭　65

公撫基金　308

公營事業民營化推動指導委員會　217

公營銀行民營化　ii, 25, 83, 207, 208, 211, 213, 216, 219, 220, 221, 222, 227, 228, 229, 230, 306, 392, 394

公營銀行徹底民營化　227

分離課稅　135

分類物資控制計畫　38

王金利　iii, 5, 37, 54, 55, 70, 138, 144, 152, 232, 235, 239, 254,

262, 283, 288, 320

五畫

世界貿易組織（WTO）　ii, 6,
　210, 213, 243, 356, 357, 362,
　392, 395

主力炒作　159, 231

出口導向　32, 42

可轉讓定期存單　11, 46, 47, 48,
　49, 74, 126, 127, 128, 129, 130,
　131, 133, 287

台中商銀　3, 287

台北十信　18, 19, 52, 178, 280,
　309

台北外幣拆放市場　65

台北市第十信用合作社　85,
　268, 269

台新票券　126, 136, 339, 343

台幣　5, 8, 9, 10, 16, 30, 35, 37,
　39, 42, 44, 45, 50, 51, 100, 103,
　109, 114, 121, 122, 127, 129,
　134, 136, 153, 162, 164, 172,
　174, 224, 234, 235, 236, 237,
　238, 239, 240, 244, 281, 293,

307, 362, 365, 382, 385, 389

台積電　61, 165, 326

台灣人壽保險公司　28, 328

台灣土地銀行　28, 30, 76, 78,
　81, 116, 188, 207, 225, 226, 328

台灣合會儲蓄公司　28, 81, 207

台灣股市泡沫　43, 45, 53, 231,
　234, 235, 239, 241, 251

台灣省合作事業改進方案　84

台灣省合作金庫　22, 28, 31, 81,
　82, 85, 181, 188, 199, 203, 207,
　225

台灣省合會儲蓄業管理規則　29

台灣省進出口貿易及匯兌金銀
　管理辦法　37, 69

台灣省農會與合作社合併辦法
　85

台灣產物保險公司　28, 328

台灣期貨交易所公司　61, 165

台灣銀行　4, 9, 11, 28, 30, 31, 33,
　37, 38, 41, 44, 47, 49, 81, 87,
　92, 110, 116, 124, 126, 142, 172,
　188, 207, 225, 226, 276, 287,
　298, 300, 322, 328, 334

台灣銀行開發A/P、L/A及普通國
　外匯款審核辦法　38
外人直接投資　26, 359
外國專業投資機構　65, 139
外債危機（foreign debt crisis）
　267, 282
外匯市場　ii, 8, 11, 12, 25, 37,
　39, 42, 43, 50, 51, 52, 71, 73,
　74, 119, 171, 172, 173, 174, 179,
　228
外匯交易中心　9, 50, 172, 173
外匯清算辦法　9
外匯貿易管理辦法　32
市場失靈（market failure）　175,
　226
市場機制　27, 42, 48, 139, 142,
　212, 286, 296, 370
本土性企業財務危機　55, 125,
　245, 246
民間匯入款　12
民營化　ii, 12, 13, 25, 83, 207,
　208, 209, 210, 211, 212, 213,
　215, 216, 217, 218, 219, 220,
　221, 222, 223, 225, 226, 227,
　228, 229, 230, 306
民營銀行　ii, 4, 7, 8, 11, 12, 22,
　23, 33, 43, 55, 57, 83, 213, 215,
　225, 262, 310, 320
玉山票券　126, 136, 331, 339,
　343

六畫
交通銀行　29, 33, 44, 47, 49, 57,
　59, 76, 81, 114, 124, 142, 207,
　221, 222, 223, 224, 270, 322,
　339, 340, 344
全球化　21, 26, 213, 215, 257,
　354, 355, 356, 357, 362, 364,
　365, 366, 367, 368, 392, 395
同業拆款中心　137
合併　iii, 2, 13, 19, 20, 21, 28, 39,
　55, 56, 57, 60, 63, 67, 82, 83,
　84, 85, 89, 95, 97, 113, 123, 126,
　137, 139, 181, 182, 184, 185,
　186, 187, 189, 190, 191, 205,
　219, 227, 228, 264, 265, 267,
　274, 279, 287, 289, 294, 295,
　296, 297, 299, 300, 301, 302,

324, 334, 336, 337, 338, 339, 340, 341, 344, 345, 347, 352, 353, 354, 366, 395

合意購併 21

合會儲蓄公司 28, 29, 30, 31, 43, 52, 80, 81, 86, 87, 207

地下金融 3, 46, 53, 55, 238, 310, 314, 315

地下金融組織 3

地雷股 1, 246, 251, 252

地雷效應 244, 246, 285

多元化 64, 143, 161, 178, 180, 181, 322, 325, 336, 375

存保公司 18, 265, 266, 297

七畫

利率 ii, iii, 6, 7, 8, 10, 11, 23, 24, 42, 43, 48, 49, 50, 52, 53, 54, 70, 74, 83, 127, 128, 130, 131, 132, 133, 137, 146, 161, 166, 170, 186, 208, 209, 212, 228, 238, 245, 253, 261, 266, 282, 289, 307, 310, 319

利率限期結構 128, 130

呆帳 14, 19, 20, 112, 212, 214, 215, 262, 273, 287, 289, 291, 292, 293, 294, 297, 306, 310, 312, 363, 364

吳懿娟 267

宏福證券 3

投保率 168, 169, 170

改進外匯貿易方案 32, 39

李庸三 iii, 379, 383, 386

李滿治 260, 261, 263, 266

沈中華 283, 285, 286, 289

那斯達克（nasdaq） 248, 362

八畫

亞洲信託 3, 18, 34, 268, 271, 309

亞洲信託投資公司 268, 271

兩檔限制 150, 145

周添城 117

固定匯率制 9, 39, 172

店頭市場 13, 35, 36, 45, 74, 140, 146, 148, 163, 179

拍賣 21, 143, 220

林寶安（2001） 273, 280

法幣　8

泡沫經濟　ii, 7, 15, 16, 232, 234,
　235, 392

直接投資　26, 356, 358, 359,
　362

直接金融　24, 74, 119, 120, 121,
　122, 125, 128, 137, 288, 373,
　375, 384

股份交換　1

花信　3

金控公司　ii, 21, 26, 60, 61, 97,
　98, 165, 183, 192, 205, 223,
　226, 227, 301, 302, 334, 335,
　336, 338, 339, 340, 341, 345,
　346, 347, 348, 349, 350, 351,
　352, 353, 354, 366, 367, 393,
　394

金圓券　8

金融犯罪　16, 273, 393, 396

金融危機　2, 3, 8, 14, 15, 25, 26,
　110, 121, 128, 160, 189, 242,
　244, 246, 248, 257, 259, 267,
　268, 271, 272, 281, 282, 283,
　299, 365, 392, 398

金融改革　13, 20, 25, 26, 55, 60,
　67, 97, 113, 126, 170, 182, 183,
　225, 227, 228, 230, 259, 268,
　278, 287, 289, 294, 299, 392,
　395, 396

金融制度　2, 5, 23, 60, 62, 97,
　184, 192, 301, 311, 312, 319,
　320, 391, 392

金融服務業現代化法（financial
　services modernization act）　320

金融重建基金　13, 19, 20, 72,
　84, 85, 86, 113, 289, 296, 297

金融控股公司　22, 26, 55, 59,
　60, 61, 64, 66, 71, 72, 84, 96,
　97, 126, 139, 182, 185, 186,
　187, 192, 204, 215, 325, 329,
　334, 335, 336, 337, 339, 342,
　345, 346, 350, 351, 353, 394,
　395

金融控股公司法　13, 21, 55, 59,
　60, 64, 84, 97, 123, 126, 139,
　182, 192, 289, 296, 299, 301,
　325, 329, 334, 335, 336, 337,
　338, 350, 366

金融深化 (financial deepening)
26, 374, 375, 377, 378

金融預警系統　260, 398

金融監理一元化　70, 182, 186, 204, 290, 302

金融監理制度　67, 69, 180, 182

金融監督管理委員會　13, 70, 71, 72, 138, 141, 162, 183, 184, 185, 186, 187, 189, 201, 204, 205, 290, 302, 395

金融緊急新措施　38

金融機構合併法　20, 55, 95, 97, 113, 123, 126, 189, 289, 296, 299, 336, 395

金融壓抑 (financial repression)
83, 371, 372

金融檢查　52, 182, 185, 186, 194, 195, 198, 199, 200, 203, 204, 205, 270

九畫
信用卡公司　75, 77, 79, 94, 98, 380

信用合作社　22, 23, 28, 30, 31, 56, 57, 64, 72, 75, 76, 77, 78, 79, 82, 83, 84, 85, 86, 88, 89, 91, 93, 96, 99, 100, 102, 103, 104, 106, 107, 108, 109, 112, 113, 117, 176, 177, 180, 187, 188, 189, 190, 191, 192, 195, 199, 202, 207, 264, 268, 269, 272, 275, 278, 279, 280, 287, 294, 297, 299, 300, 323, 350, 372

信用合作社法　64, 177, 189

信託投資業　75, 323

保險　ii, iii, 2, 13, 17, 18, 20, 21, 25, 28, 29, 30, 31, 35, 41, 43, 52, 55, 58, 60, 61, 63, 64, 66, 70, 72, 73, 75, 76, 79, 93, 94, 97, 98, 102, 103, 106, 107, 109, 119, 121, 134, 138, 144, 163, 165, 166, 167, 168, 169, 170, 171, 178, 179, 180, 181, 182, 183, 185, 186, 187, 188, 190, 192, 193, 195, 196, 197, 198, 199, 200, 201, 202, 203, 204, 205, 253, 260, 264, 271, 272,

273, 277, 278, 289, 297, 299,
302, 303, 305, 313, 319, 320,
323, 324, 325, 326, 327, 328,
329, 330, 331, 332, 333, 334,
335, 336, 338, 339, 340, 341,
343, 344, 345, 346, 347, 357,
366, 381, 388, 389, 390, 392,
393, 396, 397

保險公司　18, 28, 29, 30, 31, 35,
41, 52, 55, 58, 66, 72, 73, 93,
94, 97, 102, 103, 106, 107, 109,
121, 134, 163, 167, 178, 181,
183, 187, 188, 190, 193, 195,
197, 198, 199, 200, 201, 202,
203, 253, 260, 264, 272, 277,
278, 297, 299, 302, 313, 326,
327, 328, 334, 335, 336, 338,
341, 345, 347, 396, 397

保險公證人　73, 188

保險代理人　73, 98, 167, 187,
188, 325, 330, 331, 335, 343,
344

保險司　70, 180, 183, 187, 199,
200, 201

保險市場　25, 73, 119, 166, 167,
168, 169, 170, 179, 180

保險合作社　73, 94

保險密度　168, 169

保險經紀人　73, 188, 331, 335,
343, 344

保險滲透度　168, 169

南亞公司　61, 165

威權時代　360

指數期貨　13, 61, 62, 73, 138,
141, 165, 166

政商勾結　17

政策干預　399

派遣公司　353

美國保險公司申請在我國境內
設立分公司審核要點　58

美國聯邦存款保險公司 (Federal
Deposit Insurance Corporation,
FDIC)　260

英國南海股票泡沫　231

衍生性金融商品市場　25, 61,
73, 119, 137, 163

風險控管　396, 397

十畫

庫藏股　22, 149

徐敏鐘　226

殷乃平　283, 285, 286, 289

財務槓桿　15, 246, 250, 251,
　255, 256, 283, 284, 398

骨牌效應　14, 244, 246, 256,
　285, 315, 394

十一畫

停滯性通貨膨脹　42

商業本票　47, 48, 74, 121, 122,
　126, 127, 128, 130, 131, 132,
　133, 270, 284, 381, 388, 389,
　390

問題金融機構　3, 19, 20, 55, 67,
　84, 85, 86, 89, 110, 113, 259,
　260, 261, 263, 264, 265, 266,
　267, 268, 269, 270, 271, 278,
　279, 286, 288, 290, 296, 297,
　299, 373, 383

問題銀行（troubled bank）　260,
　267, 297

國民待遇　58, 65, 357

國民銀行　77, 78

國家發展會議　217, 220, 229

國庫券　46, 47, 48, 73, 74, 121,
　122, 126, 127, 128, 129, 131

國庫券發行條例　126

國泰金控　60, 84, 97, 334, 338,
　340, 341

國泰信託　3, 18, 34, 56, 268,
　270, 271, 309

國泰信託投資公司　56, 268,
　270, 271

國際化　5, 6, 45, 50, 54, 62, 64,
　65, 66, 67, 92, 139, 145, 209,
　212, 243, 306, 355, 356, 368,
　392

國際金融業務條例　65, 176

國際票券　3, 126, 135, 136, 271,
　276, 322, 339, 343

密西西比股票泡沫　231

從眾行為　243, 256, 257, 317,
　318, 393

現貨交易　61, 62, 163, 166

產物　25, 28, 29, 30, 31, 35, 41,
　73, 103, 106, 109, 167, 168,

170, 171, 313, 328, 331, 332, 333, 338, 339, 340, 343, 355, 364, 393

票券金融公司　43, 46, 47, 55, 58, 59, 66, 72, 74, 75, 77, 79, 93, 94, 95, 106, 107, 109, 123, 124, 125, 126, 127, 130, 131, 133, 134, 135, 136, 137, 163, 178, 180, 187, 188, 190, 195, 196, 198, 199, 202, 251, 271, 276, 297, 299, 301, 322, 324, 326, 342, 345, 347, 349

票券商業務管理辦法　123

票券商管理辦法　123, 178

規則基礎式（rule-based）　264

許嘉棟　211, 372

貨幣市場　6, 25, 42, 43, 46, 47, 48, 52, 54, 58, 67, 71, 72, 73, 74, 79, 119, 120, 122, 123, 124, 126, 127, 128, 129, 130, 131, 133, 134, 135, 137, 138, 178, 238, 362, 373, 381

通貨危機（currency crisis）　267

陳上程　379

陳明郎　379

郵政儲金　29, 33, 41, 75, 77, 79, 80, 81, 83, 92, 93, 94, 96, 100, 101, 102, 103, 105, 106, 109, 137, 202, 308

郵政儲金匯兌　75

郵政儲金匯業局　29, 33, 41, 77, 79, 80, 81, 83, 92, 93, 94, 96, 100, 101, 102, 103, 105, 106, 109, 137, 202

間接投資　356, 362

間接金融　24, 72, 75, 119, 120, 121, 122, 125, 288, 373, 375

十二畫

張清溪　226

第一商業銀行　28, 81, 92, 114, 116

第一銀行　30, 172, 207, 221, 223, 298, 328, 329, 340, 344

勞保基金　253, 308

勞退基金　253, 308

博達　17, 317

單一匯率　9, 37, 39, 40

富邦金控　60, 61, 97, 98, 165, 223, 227, 329, 338, 340

富邦金控公司　61, 165, 227

普及率　168, 169, 170

期貨　ii, 12, 13, 24, 55, 60, 61, 62, 63, 66, 70, 71, 72, 73, 74, 93, 94, 95, 119, 127, 138, 141, 145, 162, 163, 165, 166, 179, 180, 183, 184, 185, 186, 187, 188, 196, 199, 201, 204, 205, 250, 323, 325, 330, 331, 332, 334, 335, 336, 343, 345, 395

期貨市場　ii, 12, 13, 55, 61, 74, 94, 138, 145, 162, 165, 179, 180, 184

期貨交易　55, 61, 66, 73, 74, 95, 138, 163, 165, 179, 196, 395

期貨信託事業　73, 335

期貨商　66, 73, 93, 94, 95, 179, 180, 335

期貨業　60, 71, 72, 73, 183, 184, 185, 186, 187, 196, 204, 205, 334, 335

湯姆森金融　21

無力償付（insolvency）　259, 264

華南金控　60, 97, 223, 227, 329, 338, 339, 341, 342, 348, 349

華南商業銀行　28, 81, 92, 114, 116, 224

華南票券　126, 136, 342, 349

華南銀行　9, 13, 30, 97, 132, 172, 207, 221, 223, 298, 328, 329, 338, 339, 342, 347

華僑信託　3, 18, 34, 268, 270, 271, 309

華僑信託投資公司　268, 270, 271

裁量權式（discretionary）　264

證券　ii, iii, 2, 3, 12, 13, 21, 23, 24, 25, 32, 35, 36, 41, 42, 43, 44, 45, 46, 54, 55, 59, 60, 61, 62, 63, 64, 65, 66, 70, 72, 74, 75, 93, 94, 95, 96, 97, 98, 99, 102, 106, 109, 120, 121, 122, 127, 133, 135, 138, 139, 140, 141, 142, 143, 145, 146, 147, 148, 149, 150, 154, 155, 156, 159, 160, 161, 162, 163, 164,

165, 166, 170, 171, 173, 179,
180, 181, 182, 183, 185, 186,
187, 188, 190, 191, 192, 193,
196, 198, 199, 200, 201, 204,
205, 214, 219, 227, 228, 234,
250, 254, 270, 286, 289, 290,
299, 302, 305, 319, 320, 321,
322, 323, 324, 325, 326, 327,
328, 329, 330, 331, 332, 333,
334, 335, 336, 338, 339, 340,
341, 342, 343, 344, 345, 346,
347, 362, 366, 379, 392, 393,
395

貿易出超　51, 235, 240

貿易自由化　26, 54, 356

超級301條款　58

超額儲蓄　45, 53, 55, 209, 235,
236, 239, 240, 255

進口物品結匯審核標準　38

黃寶慧　150

十三畫

債券市場　71, 72, 120, 137, 160,
163, 375, 376

匯入款　12

匯率　ii, iii, 5, 7, 8, 9, 10, 12, 16,
37, 38, 39, 40, 42, 50, 51, 52,
74, 172, 173, 174, 212, 236,
244, 281, 282, 307, 370, 392,
393, 397

匯率市場化　10

會計師事務所　314, 397, 398

概括承受　3, 15, 18, 19, 52, 57,
85, 89, 256, 264, 265, 269, 270,
271, 274, 275, 276, 279, 288,
296, 297, 299, 300, 301, 308,
309, 336, 340, 372, 392, 399,
400

經濟自由化　5, 6, 25, 27, 50, 53,
54, 55, 66, 208, 209, 234, 355,
391, 392

經濟自由化時期　25, 27, 53,
391

經濟革新委員會　6, 50, 54, 189,
209

經濟管制鬆綁時期　25, 27, 42,
52

經濟管制嚴格時期　25, 27

解除管制（de-regulation） 212, 273

資本適足率 264, 289, 312, 398

資訊不完整（incomplete information） 175

資訊不對稱（asymmetric information） 144, 175, 194, 380

資產管理公司 12, 13, 20, 66, 113, 290

農會信用部 30, 31, 75, 77, 86, 88, 177, 178, 189, 195, 272, 273, 277, 278, 279, 297, 312

農業金庫 14, 23

農業金融法 14, 204, 395

十四畫

境外金融中心 65

彰化商業銀行 28, 81, 92, 114, 116, 224

彰化銀行 9, 13, 30, 49, 172, 207, 221, 222, 223, 227, 298, 328

槓桿交易商 73, 335

漁會信用部 19, 23, 72, 75, 76, 78, 79, 84, 85, 86, 88, 89, 91, 93, 96, 99, 100, 101, 102, 103, 104, 106, 107, 108, 109, 112, 113, 176, 177, 178, 180, 187, 188, 189, 191, 192, 199, 202, 204, 205, 207, 263, 264, 272, 273, 274, 277, 278, 279, 280, 294, 295, 297, 299, 312, 372

滲透度 168, 169

綜合銀行 62, 78, 192, 299, 319, 324, 335

網絡股泡沫化 248

認購權證 62, 73, 74, 138, 149, 165, 166

銀行公會 10, 11, 49, 130, 137

銀行危機（banking crisis） 267, 334

銀行利率調整要點 11, 130

銀行承兌匯票 46, 47, 48, 74, 121, 122, 126, 127, 128, 129, 130, 131, 133, 388, 389, 390

銀行業利率審議小組 11

十五畫

劉維琪　150

敵意購併　22

標的股　62, 165

蔡進財　18, 19, 20, 260, 261, 263, 265

十六畫

複式匯率　9, 37, 38, 172

調整外匯貿易業務及機構案　40

機動匯率制　9

機動匯率制度　9, 50, 172

遊戲規則　210, 212

道德危機　ii, 4, 175, 265, 299, 380, 399

過多銀行　373

逾放比　15, 19, 20, 22, 23, 67, 97, 110, 111, 112, 113, 247, 248, 267, 273, 274, 275, 287, 288, 289, 290, 291, 292, 293, 294, 295, 348, 392

逾期放款　13, 17, 18, 19, 20, 112, 113, 309, 396, 398

興櫃市場　74

融通比率　381, 384, 385, 386, 387

融資融券　44, 59, 72, 95, 142, 147, 148, 250, 282

選擇性信用管理　160

選擇權　61, 62, 73, 74, 138, 165, 166, 174, 281

霍德明　283

十七畫

總體經濟失衡　209, 235

聯華電子公司　61, 165

購併　iii, 21, 22, 350, 351, 366

隱藏限價委託單　150

十八畫

櫃檯買賣中心　13, 72, 74, 138, 140, 141, 146, 199

雙元形態（duality）　371

十九畫

證券市場　12, 13, 36, 42, 44, 45, 59, 61, 65, 66, 95, 120, 138, 139, 140, 141, 142, 147, 149,

163, 173, 180, 185, 250

證券交易 35, 36, 45, 63, 135,
139, 140, 179, 191, 196, 219,
321, 336

證券交易所 32, 35, 36, 41, 44,
74, 138, 139, 140, 141, 145,
179, 180, 187, 199, 234

證券投資信託公司 44, 66, 140,
141, 179

證券投資顧問公司 44, 66, 140,
141, 142, 179

證券金融公司 44, 55, 59, 66,
93, 94, 95, 106, 109, 139, 142,
147, 179, 190, 193, 198, 199,
201, 250, 326

證券商設置標準 45, 139, 321

證券商管理規則 45, 139

證券商管理辦法 36, 179, 321

證券集中保管公司 139, 140,
179

證券集中保管帳簿劃撥制度 140

證券暨期貨管理委員會 61, 70,
138, 141, 165, 179, 180, 183,
187, 199, 201

證券管理委員會 13, 36, 41, 44,
45, 61, 138, 165, 179, 200, 201

證券櫃檯買賣中心 72, 74, 140,
146

關稅暨貿易總協定 5

二十畫
議定匯率制 9, 173

台灣經濟論叢12

台灣金融體制之演變

2005年12月初版　　　　　　　　　　　　定價：新臺幣420元
有著作權・翻印必究
Printed in Taiwan.

著　者	于	宗	先
	王	金	利
發行人	林	載	爵

出　版　者　聯經出版事業股份有限公司
台北市忠孝東路四段555號
台北發行所地址：台北縣汐止市大同路一段367號
　　　　　電話：（02）26418661
台北忠孝門市地址：台北市忠孝東路四段561號1-2樓
　　　　　電話：（02）27683708
台北新生門市地址：台北市新生南路三段94號
　　　　　電話：（02）23620308
台中門市地址：台中市健行路321號
台中分公司電話：（04）22312023
高雄門市地址：高雄市成功一路363號
　　　　　電話：（07）2412802
郵政劃撥帳戶第0100559-3號
郵　撥　電　話：26418662
印　刷　者　雷射彩色印刷公司

叢書主編　顏　惠　君
特約編輯　李　淑　芬
校　　對　呂　佳　真
封面設計　楊　鳳　儀

行政院新聞局出版事業登記證局版臺業字第0130號

本書如有缺頁，破損，倒裝請寄回發行所更換。　　ISBN　957-08-2932-X（平裝）
聯經網址 http://www.linkingbooks.com.tw
　信箱 e-mail:linking@udngroup.com

國家圖書館出版品預行編目資料

台灣金融體制之演變 / 于宗先、
王金利著 . --初版 . --臺北市 . --聯經
2005 年（民 94），448 面，索引：15 面
14.8×21 公分 .（台灣經濟論叢：12）
ISBN　957-08-2932-X(平裝)

1.金融−台灣−歷史

561.9232　　　　　　　　　94020949